● 王桂玲 著

QINGSONG XUE WULI

轻松学物理

甘肃科学技术出版社

甘肃·兰州

图书在版编目（CIP）数据

轻松学物理 / 王桂玲著. -- 兰州：甘肃科学技术
出版社，2018.12（2024.6 重印）
ISBN 978-7-5424-2411-2

Ⅰ.①轻… Ⅱ.①王… Ⅲ.①中学物理课–高中–教
学参考资料 Ⅳ.①G634.73

中国版本图书馆 CIP 数据核字（2018）第 259358 号

轻松学物理
王桂玲 著

责任编辑 杨丽丽
编　辑 贺彦龙
封面设计 蒉晓明

出　版 甘肃科学技术出版社
社　址 兰州市城关区曹家巷 1 号 730030
电　话 0931-2131575（编辑部） 0931-8773237（发行部）

发　行 甘肃科学技术出版社 印　刷 天津旭丰源印刷有限公司
开　本 787 毫米×1092 毫米 1/16 插 页 2 印 张 18.5 字 数 380 千
版　次 2018 年 12 月第 1 版
印　次 2024 年 6 月第 2 次印刷
印　数 601~1 650
书　号 ISBN 978-7-5424-2411-2
定　价 58.00 元

前　　言

　　在多年的物理教学中，经常听到学生说：物理难学，习题难解。笔者对此进行了全面的分析和研究，最终得出结论：在智力相同的情况下，教师的教法或学生的学法将直接影响学生的学习效果。

　　本书是在新课标理念的指导下，依据学生的认知特点和心理需求，结合物理模型及模型教学法，精心策划编写，旨在让读者走出学物理的困境，相信一定会为广大读者提供帮助。

　　本书注重实效性，突出教师的教和学生的学。书中问题的提出和例题选取凸显构建和运用物理模型，注重知识性、趣味性和生活性于一体。在解题思路上重在体现新课标，使学生加深理解物理概念和物理规律，启迪思维，提高分析问题和解决问题的能力，努力培养和提高学生的科学素养。

　　本书既是同步辅导书，也是考试指导书，同时也是学生学好物理的好向导和年轻物理教师教学的好帮手。

　　由于编写水平有限，加之时间仓促，疏忽和不足在所难免，敬请读者批评指正。

作　者
2018 年 6 月

目　　录

第一章　运动的描述　匀变速直线运动

第一讲　描述运动的基本概念

【考点导悟】

一、机械运动

一个物体相对于另一个物体位置的改变叫机械运动,简称运动。包括平动、转动和振动等运动形式。

二、参考系

俗称参照物,它是为了研究物体的运动而假定不动的那个物体。对同一个物体而言,选择的参考系不同,得到的运动情况可能不同,通常以地面为参考系来研究物体的运动。

三、质点

(1)质点:是用来代替物体的只有质量没有形状和大小的点,它是一个理想化的物理模型。

(2)把物体当成质点的条件:只考虑物体的平动或物体本身的大小和形状,对研究的问题没有影响或可以忽略不计,就可以把它看成质点。

四、时刻和时间

时刻指的是某一瞬时,在时间轴上对应的是一个点,是状态量。如 1 秒末、3 秒初,而 1 秒末与 2 秒初对应的是同一个时刻。而时间是两个时刻之间的间隔,在时间轴上对应的是一段线段,是过程量。如 2 秒内、第 4 秒内、3 分钟等。

五、位移和路程

位移是指质点位置的变化,是矢量,其方向由初始位置指向末位置。

路程则是指质点运动轨迹的长度,只有大小,没有方向,是标量。

走过相同的位移,路程总是大于等于位移大小。

六、速度和速率

速度是描述物体运动快慢的物理量,有下面几种情况:

1.平均速度

表示物体平均快慢程度,数值上等于位移与完成这一位移所用时间的

1

比值。

公式 $v = \dfrac{s}{t}$，平均速度是矢量，在直线运动中，速度方向与位移方向相同。

2.瞬时速度

是指物体经过某一位置或某一时刻的速度。

当 $\Delta t \to 0$，$v = \dfrac{\Delta x}{\Delta t}$，在 x-t 图像中等于该时刻对应图线的斜率。斜率的正、负表示瞬时速度的方向。

3.瞬时速率

瞬时速度的大小，是标量。

4.平均速率

是指物体运动的路程与所用时间的比值，即单位时间内完成的路程，是标量。

注意:通常所说的速度既可能是平均速度，也可能是瞬时速度，要根据题目中上下文的意思进行判断。

七、加速度

加速度是表示物体速度改变快慢的物理量，数值上等于单位时间内的速度变化量，加速度大，表示速度改变快;加速度小，表示速度改变慢。

1.加速度意义

不是反映运动快慢的，也不是反映速度变化大小的，而是反映速度变化的快慢，即单位时间内速度的改变量，也称速度的变化率。

2.加速度的表达式

定义式为 $a = \dfrac{\Delta x}{\Delta t}$，其决定式是 $a = \dfrac{F}{m}$，说明加速度的大小由物体受到的合力和物体的质量共同决定，加速度的方向由合力的方向决定。

3.矢量性

加速度有大小，有方向，其方向与方向一致，是由合外力方向决定的，而跟速度方向没有必然联系。

4.对加速度、速度符号关系的理解

由于加速度、速度均为矢量，正、负代表两个相反的方向。因此，加速度与速度同号，代表同向，表示加速运动;加速度与速度异号，代表反向，表示减速运动。

八、极限思维方法

1.定义

如果把一个复杂连续的物理全过程分成若干个小过程，那么，选取每一个小过程的极限来进行分析,其结果必然代表了所要讨论的物理过程,从而能使求解过程简单、直观,这就是极限思维方法。

应注意的是:极限思维法只能用于在选定区间内所研究的物理量连续、单调变化的情况。

2. 常见类型

用极限思维法,可求瞬时速度和瞬时加速度。如:

(1)公式 $v = \dfrac{\Delta x}{\Delta t}$ 中,当 $\Delta t \to 0$ 时,v 是瞬时速度。

(2)公式 $v = \dfrac{\Delta v}{\Delta t}$ 中,当 $\Delta t \to 0$ 时,a 是瞬时加速度。

3. 解题思路

(1)选取研究过程的一段极小的位移 Δx(或 Δv)。

(2)本段位移(或速度变化量)对应的时间可视为极短时间 Δt。

(3)用定义式 $v = \dfrac{\Delta x}{\Delta t}$(或 $a = \dfrac{\Delta v}{\Delta t}$)求解。

【活题精析】

【例1】 (多选题)甲、乙、丙三人各乘一个热气球,甲看到楼房匀速上升,乙看到甲匀速上升,甲看到丙匀速上升,丙看到乙匀速下降。那么,从地面上看,甲、乙、丙的运动情况可能是(　　)。

A.甲、乙匀速下降,$v_乙 > v_甲$,丙停在空中

B.甲、乙匀速下降,$v_乙 > v_甲$,丙匀速上升

C.甲、乙匀速下降,$v_乙 > v_甲$,丙匀速下降,且 $v_丙 > v_甲$

D.以上说法均不对

[分析与解]

同一物体的运动,选取不同的参考系,得出的运动性质不同,所以巧选参考系,可以使问题的解答大为简化。本题中,楼房和地面相当于同一参考系,所以,甲是匀速下降。乙看到甲匀速上升,说明乙匀速下降,且 $v_乙 > v_甲$。甲看到丙匀速上升,丙有三种可能:①丙静止。②丙匀速上升。③丙匀速下降,且 $v_丙 < v_甲$。丙看到乙匀速下降,丙也有三种可能:①丙静止。②丙匀速上升。③丙匀速下降,且 $v_丙 < v_乙$。经上述分析,A、B 选项均有可能。

答案:A、B

【例2】 如图 1-1 所示,物体沿两个半径为 R 的圆弧由 A 到 C,则它的位移和路程分别为(　　)。

A. $\dfrac{5\pi}{2}R$，由 A 指向 C；$\sqrt{10}R$

B. $\dfrac{5\pi}{2}R$，由 A 指向 C；$\dfrac{5\pi}{2}R$

C. $\sqrt{10}R$，由 A 指向 C；$\dfrac{5\pi}{2}R$

D. $\sqrt{10}R$，由 C 指向 A；$\dfrac{5\pi}{2}R$

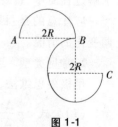

图 1-1

[分析与解]

位移不同于路程，位移是由始末位置决定的，因此，物体由 A 到 C 的位移是 A 到 C 的有向线段，故其方向是由 A 指向 C，位移大小为：$\sqrt{(3R)^2 + (R)^2}$ $= \sqrt{10}R$，又物体运动的路程等于 $\pi R + \dfrac{3}{4} \times 2\pi R = \dfrac{5\pi R}{2}$，故只有选项 C 正确。

答案：C

【例3】 一个做变速直线运动的物体，加速度逐渐减小到零，那么该物体的运动情况不可能是（　　）。

A. 速度不断增大，到加速度为零时，速度达到最大，而后做匀速直线运动

B. 速度不断减小，到加速度为零时，物体运动停止

C. 速度不断减小到零，然后向相反方向做匀加速运动，而后物体做匀速直线运动

D. 速度不断减小，到加速度为零时，速度减小到最小，而后物体做匀速直线运动

[分析与解]

加速度与速度没有直接关系，因此分析时不要认为加速度随速度的变化而变化。做变速直线运动的物体可以是加速，也可以是减速，加速度不断减小到零，表明物体速度变化的越来越慢至速度不变，故选项 A、B、D 均有可能，C 选项不可能。

答案：C

【例4】 气垫导轨上滑块经过光电门时，其上的遮光条将光遮住，电子计时器可自动记录遮光时间 Δt。测得遮光条的宽度为 Δx，用 $\dfrac{\Delta x}{\Delta t}$ 近似代表滑块通过光电门时的瞬时速度。为使 $\dfrac{\Delta x}{\Delta t}$ 更接近瞬时速度，下面措施正确的是（　　）。

A. 换用宽度更窄的遮光条

B. 提高测量遮光条宽度的精确度

C. 使滑块的释放点更靠近光电门

D. 增大气垫导轨与水平面的夹角

［分析与解］

根据 $v = \dfrac{\Delta x}{\Delta t}$，当 $\Delta t \to 0$ 时，$\dfrac{\Delta x}{\Delta t}$ 可看成物体的瞬时速度，Δx 越小，Δt 也就越小，$\dfrac{\Delta x}{\Delta t}$ 越接近瞬时速度，故选项 A 正确。

答案：A

点拨：

提高测量遮光条宽度的精确度，只能提高测量平均速度的准确度。而使滑块的释放点更靠近光电门或增大气垫导轨与水平面间的夹角，都不能保证从根本上使平均速度更接近瞬时速度。

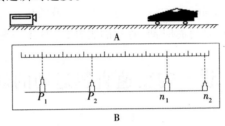

图 1-2

【例5】　如图 1-2 所示，图 A 是高速公路上用超声波测速仪测量车速的示意图，测速仪发出并接收超声波脉冲信号。根据发出和接收的信号间的时间差，测出被测物体的速度。图 B 中 P_1、P_2 是测速仪发出的超声波信号，n_1、n_2 分别是 P_1、P_2 由汽车反射回来的信号，设测速仪匀速扫描，P_1、P_2 之间的时间间隔 $\Delta t = 1.0\text{s}$，超声波在空气中传播速度是 $v = 340\text{m/s}$，若汽车是匀速行驶的，则根据图 B 可知，汽车在接收到 P_1、P_2 两个信号之间的时间内前进的距离是多少米？汽车的速度是多少 m/s？

［分析与解］

先做出示意图 1-3：

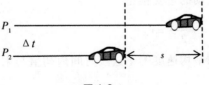

图 1-3

通过信号的发射与车接收信号的情况，容易求出车两次接收信号的时刻，进而求出车在这两个时刻之间运动的距离和运动的时间，再根据速度公式求车运动的速度。

由图 B 可求发出信号 P_1 到车接收 P_1 时间间隔 $\Delta t_1 = 0.4\text{s}$，发出信号 P_2 到

车接收 P_2 时间间隔 $\Delta t_2 = 0.3\text{s}$。以第一次发射超声波信号为计时起点,则车第一次接收到信号的时刻是 $t_1 = \dfrac{\Delta t_1}{2}$,第二次接收到信号的时刻是 $t_2 = \Delta t + \dfrac{\Delta t_2}{2}$,于是车在两次接收信号之间向前运动的时间为 $t = t_2 - t_1 = 0.95\text{s}$,在这段时间内车向前运动的路程是:

$$s = \frac{\Delta t_1}{2}v - \frac{\Delta t_2}{2}v = \frac{0.4 - 0.3}{2} \times 340 = 17\text{m}。$$因此,汽车匀速运动的速度是:

$$v = \frac{s}{t} = \frac{17}{0.95} = 17.9\text{m/s}$$

点拨:

这是一道生活实际问题,它将车的运动与信号的传播通过时间有机联系起来,读者抓住信号与车之间的时刻、时间的关系,是解决问题的关键。

第二讲　匀变速直线运动的规律

【考点导悟】

一、匀变速直线运动

1. 概念

匀变速直线运动是加速度恒定的直线运动。

2. 匀变速直线运动的规律

(1)速度公式:$v = v_0 + at$

(2)位移公式:$x = v_0 t + \dfrac{1}{2}at^2$

(3)速度-位移关系式:$v^2 - v_0^2 = 2ax$

3. 匀变速直线运动的重要推论

(1)平均速度:$\bar{v} = \dfrac{v_0 + v}{2} = v_{\frac{t}{2}}$

即一段时间内的平均速度等于这段时间内初值与末值和的一半,也等于中间时刻的瞬时速度。

(2)任意两个连续相等的时间间隔(T)内,位移之差是一恒量。

即 $\Delta x = x_2 - x_1 = x_3 - x_2 = \cdots = x_n - x_{n-1} = aT^2$

(3)初速度为零的匀加速直线运动中的几个重要推论:

①$1T$ 末,$2T$ 末,$3T$ 末……瞬时速度之比为:

$v_1 : v_2 : v_3 : \cdots : v_n = 1 : 2 : 3 : \cdots : n$

②$1T$内,$2T$内,$3T$内……位移之比为:

$x_1 : x_2 : x_3 : \cdots : x_n = 1^2 : 2^2 : 3^2 : \cdots : n^2$

③第 1 个 T 内,第 2 个 T 内,第 3 个 T 内……第 n 个 T 内的位移之比为:

$x_1 : x_2 : x_3 : \cdots : x_n = 1 : 3 : 5 : \cdots : (2n-1)$

④通过连续相等的位移所用时间之比为:

$t_1 : t_2 : t_3 : \cdots : t_n = 1 : (\sqrt{2}-1) : (\sqrt{3}-\sqrt{2}) : \cdots : (\sqrt{n}-\sqrt{n-1})$

二、区分两种匀减速运动

1. 生活中的刹车问题

实际刹车问题是匀减速到速度为零后即停止运动的问题,加速度突然消失,求解时要注意确定其实际运动时间。如果涉及停止运动,可把这一阶段看作是初速度为零的匀加速直线运动。

2. 双向匀变速运动

当运动物体受到不变的恒力作用做匀减速运动时,必有当速度减为零还继续减速,实际上是反向的匀加速运动,但由于在整个过程中加速度大小、方向均不变,因此可把这样的物理过程看成是单纯的匀减速运动。通常取初速度 $v_0 > 0$、$a < 0$ 代入公式进行全程一次处理,但要特别注意 x、v、a 这三个矢量的正、负号及其物理意义。

三、处理问题常用的方法

1. 基本公式法

是指运用速度公式 $v = v_0 + at$、位移公式 $x = v_0 t + \dfrac{1}{2}at^2$、速度-位移关系式 $v^2 - v_0^2 = 2ax$ 直接求解物理问题。运用基本公式应该注意题目中的条件,已知什么,求什么,各个物理量的符号,恰当选择公式,以方便求解,最后对结果进行分析和讨论。

2. 平均速度法

平均速度 $\bar{v} = \dfrac{x}{t}$,$x = \bar{v}t$ 对任何性质的运动都适用,而 $\bar{v} = \dfrac{v_0 + v}{2}$ 只对匀变速直线运动才适用。

3. 中间时刻速度法

$\bar{v} = v_{\frac{t}{2}}$ 只适用于匀变速直线运动,在某些题目中使用它可以大大简化运算过程。

4. 逆向思维法

这种方法是把运动过程的"末态"作为"初态"的反向研究问题的方法。如物体做加速运动可看成反向的减速运动;物体做减速运动可看成反向的加速运动,尤其是后者末速度为零的情况,可使问题大大简化。

5. 比例法

对初速度为零的匀加速直线运动(或末速度为零的匀减速直线运动),可直接利用初速度为零的匀加速直线运动的比例关系求解。

6. 图像法

应用 $v\text{-}t$ 图像,可把较复杂的问题转变为直观的、简单的数学问题处理。用图像法解决问题可避免烦琐的数学计算。

7. 推论法

对匀变速直线运动的问题,如果出现连续相等的时间间隔 t 问题,应用推论 $\Delta x = at^2$ 往往很简捷。

【活题精析】

【例1】 物体以一定的初速度冲上固定的光滑的斜面,到达斜面最高点 C 时速度恰为零,如图1-4 所示。已知物体运动到斜面长度 $\dfrac{3}{4}$ 处的 B 点时,所用时间为 t,求物体从 B 滑到 C 所用的时间。

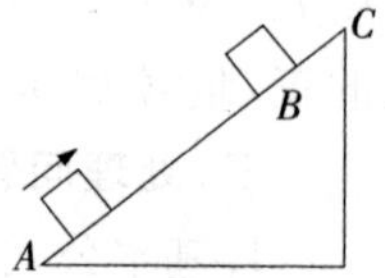

[分析与解]

因物体做匀变速直线运动且末速度为零,故可用运动学公式求解,也可应用推论进行分析和计算。

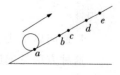

图1-4

方法一:比例法。

由推论 $x_1 : x_2 : x_3 : \cdots : x_n = 1 : 3 : 5 : \cdots : (2n-1)$

而 $x_{BC} : x_{BA} = \dfrac{AC}{4} : \dfrac{3AC}{4} = 1 : 3$

可知,通过 AB 的时间为 t,故通过 BC 的时间也为 t。

方法二:逆向思维法。

物体沿斜面向上做匀减速运动,可看成沿斜面向下做匀加速直线运动。设从 B 到 C 的时间为 t'

由于 $x_{BC} = BC = \dfrac{1}{2} at'^2$,$x_{AC} = AC = \dfrac{1}{2} a(t + t')^2$

又 $x_{BC} = \dfrac{1}{4} x_{AC}$,联立解得:$t' = t$,即从 B 运动到 C 的时间为 t。

【例2】 如图1-5所示,小球沿足够长的斜面向上做匀减速运动,依次经 a、b、c、d 到达最高点 e。已知 $ab = bd = 6\text{m}$,$bc = 1\text{m}$,小球从 a 到 c 和从 c 到 d 所用的时间都是 2s,设小球经 b、c 时的速度分别为 v_b、v_c,则(　　)。

　　A. $v_b = \sqrt{10}\,\text{m/s}$　　　　　　B. $v_c = 3\,\text{m/s}$

图1-5

C. $de = 3\mathrm{m}$　　　　　　　　D. 从 d 到 e 所用时间为 4s

[分析与解]

本题条件给的数据较多,正确理解和灵活使用推论是解决此题的关键。首先从小球沿斜面向上做匀减速直线运动,又从 a 到 c 和从 c 到 d 所用时间相等,可知 c 点为 a 到 d 的时间中点,由推论知 $v_c = \dfrac{ad}{2T} = \dfrac{6+6}{2\times2}\mathrm{m/s} = 3\mathrm{m/s}$,选项 B 正确;因 $ac = ab + bc = 7\mathrm{m}, cd = bd - bc = 5\mathrm{m}$,由公式 $\Delta x = at^2$ 得 $\Delta x = ac - cd = at^2$ 得 $a = 0.5\mathrm{m/s^2}$,由 $v_b^2 - v_c^2 = 2ax_{bc}$ 得 $v_b = \sqrt{10}\mathrm{m/s}$,故选项 A 正确;因 c 为最高点,速度为零,故 $t_{ce} = \dfrac{v_c}{a} = \dfrac{3}{0.5}\mathrm{s} = 6\mathrm{s}$,故从 d 到 e 所用的时间 $t_{de} = 6\mathrm{s} - 2\mathrm{s} = 4\mathrm{s}$,又 $x_{de} = \dfrac{1}{2}at^2 = \dfrac{1}{2}\times0.5\times4^2 = 4\mathrm{m}$,故选项 C 错误,选项 D 正确。

答案:A、B、D

【例3】　一物体在与初速度相反的恒力作用下做匀减速直线运动,已知 $v_0 = 20\mathrm{m/s}$,加速度大小为 $a = 5\mathrm{m/s^2}$。求:

(1)物体经过多长时间才能回到出发点。

(2)从开始运动计时,6s 末物体的速度是多大。

[分析与解]

由于物体受恒力作用,因此物体始终以同一加速度做变速直线运动,虽然运动速度方向可能与原来相反,但全程可做一次性处理,把它看成是一个单纯的匀减速直线运动。规定 v_0 方向为正方向,则 $a = -5\mathrm{m/s^2}$。

(1)设经时间 t_1 回到出发点,则此过程中位移 $x = 0$,由公式 $x = v_0 t + \dfrac{1}{2}at^2$ 得:

$t_1 = 8\mathrm{s}$

(2)由匀变速直线运动的速度公式:

$v = v_0 + at$,并将数值:

$v_0 = 20\mathrm{m/s}, a = -5\mathrm{m/s^2}, t = 6\mathrm{s}$ 代入公式,可求出 6s 末物体的瞬时速度:

$v = 20 + (-5)\times6\mathrm{m/s} = -10\mathrm{m/s}$

其中"-"号表示 6s 末物体的速度方向与初速度方向相反。

点拨:

本节公式较多,习题运算量较大,灵活运用推论是快速解决问题的关键,有时题设条件不足,需要灵活使用已给的条件,当然灵活运用公式、灵活使用条件,首先要正确理解公式及公式中符号的意义。

第三讲　自由落体和竖直上抛运动

【考点导悟】

一、自由落体运动

1. 定义

物体在只受重力的作用下,由静止开始下落的运动。

特点是:初速度 $v_0 = 0$,加速度 $a = g$(通常 g 取 9.8m/s^2,在粗略计算中 g 取 10m/s^2)。

2. 规律公式

(1)速度公式: $v = gt$

(2)位移公式: $h = \dfrac{1}{2}gt^2$

(3)速度-位移关系式: $v^2 = 2gh$

二、竖直上抛运动

1. 定义

物体在只受重力作用下,以一定的初速度竖直向上抛出后所做的运动。

$v_0 \neq 0$,加速度 $a = -g$(通常 g 取 9.8m/s^2,在粗略计算中 g 取 10m/s^2)。

2. 规律

(1)速度公式: $v = v_0 - gt$

(2)位移-时间公式: $h = v_0 t - \dfrac{1}{2}gt^2$

(3)速度-位移关系式: $v^2 - v_0^2 = -2gh$

(4)上升的最大高度: $h_{\max} = \dfrac{v_0^2}{2g}$

(5)达到最大高度所用时间: $t = \dfrac{v_0}{g}$

三、竖直上抛运动的特征规律

1. 时间对称性

如图 1-6 所示,一物体以初速度 v_0 竖直上抛,设 A、B 为上升过程中的任意两点,C 为最高点,则物体上升过程中从 $A \rightarrow B$ 所用时间和下降过程中从 $B \rightarrow A$ 所用时间相等,即 $t_{AB} = t_{BA}$。同理,$t_{AC} = t_{CA}$,$t_{BC} = t_{CB}$。

图 1-6

2. 速度对称性

物体上升过程与下降过程经过同一点的速度大小相等。

3. 能量对称性

无论上升还是下降,物体经过同一位置时的动能、势能、机械能均不变。

四、竖直上抛运动的处理方法

1. 分段处理法

竖直上抛运动到达最高点后,将进行自由落体运动。因此,上升过程按匀减速运动处理、下降过程按自由落体运动进行处理,这是一种常见的处理方法。

2. 全程一次处理法

由于竖直上抛运动和返回下降过程中的加速度大小和方向相同,因此,下降过程可看成是竖直上抛过程的延续(即匀减速运动的延续),可看成是一个匀减速运动的过程进行全程一次处理。

【活题精析】

【例1】　一个自由下落的物体,在落地前的最后一秒内下落了 25m,问此物体是从离地面多高的地方开始下落的(g 取 10m/s^2)?

[分析与解]

这是一道常规题,解决问题的方法很多。下面用两种方法求解。

方法一:基本公式法。

设全程所用总时间为 $t+1$,则根据题意得:

$$\frac{1}{2}a(t+1)^2 - \frac{1}{2}at^2 = 25$$

解得:$t = 2\text{s}$

下落的高度为:

$$h = \frac{1}{2}gt^2 = \frac{1}{2} \times 10 \times 3^2\text{m} = 45\text{m}$$

方法二:推论法。

自由落体在第 1 秒内的位移是:

$$h_1 = \frac{1}{2}gt^2 = 5\text{m}$$

再根据初速度为零的匀加速直线运动的推论:

第 1 秒内,第 2 秒内,第 3 秒内……第 n 秒内位移之比

$x_1 : x_2 : x_3 : \cdots : x_n = 1 : 3 : 5 : \cdots : (2n-1)$ 得:

$\dfrac{1}{2n-1} = \dfrac{5}{25}$解得:$n = 3$,这说明最后一秒为第 3 秒,下落的总时间为 3 秒,因

此下落的高度为:

$$h = \frac{1}{2}gt^2 = \frac{1}{2} \times 10 \times 3^2 \, m = 45m$$

【例2】 如图1-7所示,气球以 10m/s 的速度匀速上升,当它上升到离地 175m 的高处时,一重物从气球上掉落,则重物需要经过多长时间才能落到地面。到达地面前的瞬时速度是多大(g 取 10m/s^2)。

[分析与解]

重物脱落后做竖直上抛运动,可用分段法和全程法两种方法解题。

方法一:分段法。

把物体脱落后的运动分两段,即竖直向上的匀减速运动和向下自由落体运动。设重物离开气球后,经过时间 t_1 达到最高点,则有:

$$t_1 = \frac{v_0}{g} = 1s$$

能达到的最大高度:$h_1 = \frac{v_0^2}{2g} = 5m$

所以,重物达到最高点离地面的高度为:

$$H = h_1 + h = 180m$$

重物从最高点向下做自由落体运动的时间为:

$$t_2 = \sqrt{\frac{2H}{g}} = 6s$$

故重物从气球上脱落到落地共经历的时间为:

$$t = t_1 + t_2 = 7s$$

落地时的速度:

$v = gt_2 = 60m/s$,方向竖直向下。

方法二:全程法。

本题用全程法会更简洁些,但应该特别注意位移的方向及大小。现取竖直向上为速度的正方向,$v_0 = 10m/s$,若以物体脱离时开始计时,则至物体落地这段时间内物体的位移是 $h = -175m$,将这两个数值代入公式:

$$h = v_0 t - \frac{1}{2}gt^2 \text{ 解得:}$$

$t = 7s(t = -5s \text{ 不合舍去})$

落地前的速度:

$$v = v_0 - gt = 10 - 10 \times 7 \, m/s = -60m/s$$

"−"号表示速度的方向与初速度的方向相反,即竖直向下。

【例3】 从同一地点以相同的初速度20m/s先后竖直向上抛出两个小球，第二个小球比第一个小球晚1s，则第二个小球抛出后经过多长时间与第一个小球相遇(不计空气阻力)。

[分析与解]

这是一个考查对竖直上抛运动位移公式理解的问题，公式 $h = v_0 t - \dfrac{1}{2} g t^2$ 的 h 是位移，是位置的变化，与运动路线无关。本题中，两小球相对同一地点的位移相等就是相遇。因此，令二者位移相等即可求解。

设第二个小球抛出 t 时间后二者相遇，则在相遇时必有：

$$20(t+1) - \frac{g(t+1)^2}{2} = 20t - \frac{1}{2}gt^2$$

解方程得：

$t = 1.5\text{s}$

因此，第二个小球抛出1.5s两小球相遇。

点拨：

本节习题的难点在于对竖直上抛运动中位移-时间公式的理解，正确理解公式中物理量的含义及其矢量符号，可以大大减少运算量，也是一个学习者机智和学习能力的重要体现。

第四讲　运动图像

【考点导悟】

一、位移-时间(简称 x-t)图像

1. 物理意义

反映了做直线运动的物体的位移随时间变化的规律。

2. 图线斜率的意义

(1)图线上某点切线的斜率的大小表示物体速度的大小。

(2)图线上某点切线的斜率的正负表示物体速度的方向。

3. 两种特殊的 x-t 图像

(1)匀速直线运动的 x-t 图像是一条倾斜的直线。

(2)若 x-t 图像是一条平行于时间轴的直线，则表示物体处于静止不动的状态。

二、速度-时间(简称 v-t)图像

1. 物理意义

反映了做直线运动的物体的速度随时间变化的规律。

2．图像斜率的意义

（1）图线上某点切线的斜率的大小表示物体运动的加速度的大小。

（2）图线上某点切线的斜率的正负表示加速度的方向。

3．两种特殊情况 v-t 图像

（1）匀速直线运动的 v-t 图像是与横轴平行的直线，斜率为零，表示加速度为零。

（2）匀变速直线运动的 v-t 图像是一条倾斜的直线。

特别提醒两点：

①无论是 x-t 图像、还是 v-t 图像，都只能描述直线运动。

②x-t 图像和 v-t 图像不表示物体运动的轨迹。

4．图线与时间轴围成的"面积"的意义

（1）图线与时间轴围成的面积的数值表示相应时间内的位移。

（2）面积在时间轴的上方，表示这段时间内的位移方向为正方向；若此面积在时间轴的下方，表示这段时间内的位移方向为负方向。

三、速率-时间（v-t）图像

速率即速度的大小，这里指的是瞬时速率与时间的关系图像，它具有直观、形象地表征物体的运动快慢及速率的变化快慢的特点，又因速率没有方向，故处理复杂的曲线运动问题往往具有出奇制胜的效果，也是我们应该掌握的一种方法。

【活题精析】

【例1】　A、B、C 三质点同时同地沿一直线运动，其 x-t 图像如图 1-8 所示，则在 $0 \sim t_0$ 这段时间内，下列说法中正确的是（　　　）。

A．质点 A 的位移最大

B．质点 C 的平均速度最小

C．三质点的位移相同

D．三质点的路程相等

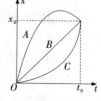

图 1-8

[分析与解]

位移-时间图像，表达了质点在任意时刻的位置。因此，可以通过图像求发生一段位移所用的时间，也可以根据图线的斜率求质点运动的速度，从而利用位移-时间图像能够分析物体的运动情况。

根据三个质点的位移-时间图像可以看出，三个质点在 $t = 0$ 时位置相同，即起点相同，又末点位置相同，于是在 $0 \sim t_0$ 这段时间内，三个质点位移相同，因此平均速度相等；又从曲线斜率关系可知三个质点的运动情况为：质点 B、C 斜率

一直为正,表示二者始终朝正方向做直线运动直至末点,B、C 的路程相同;而质点 A 的斜率是先为正后为负,表示先向正方向运动超过末点又返回至末点,显然 A 的路程最大。因此,本题只有选项 C 正确。

答案:C

【例2】 如图 1-9 所示,在 A、B、C、D 四幅图中,能表示一个自由下落的小球触地后,竖直向上跳起(取竖直向下为正方向,并设小球碰撞地面前后的时间极短、速度大小不变)的运动过程的是( )。

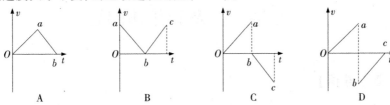

图 1-9

[分析与解]

由题意,小球碰撞地面前后的速度大小不变,只是速度方向改变,即由正变为负。又下降与反弹后上升过程中的加速度 g 保持不变,因此下降与上升两段过程中的 $v\text{-}t$ 图线必然平行,即加速度相同,所以,只有 D 选项正确。

答案:D

【例3】 如图 1-10 甲所示,一个小滑块 m 从静止开始沿光滑斜面由 A 滑到底端 C,经历的时间为 t_1,如果改由光滑折面滑动到底端 C'(其中 $DC' /\!/ AC$),并且转弯处无能量损失,所经历的时间为 t_2,则下列关于 t_1 和 t_2 关系正确的是( )。

A. $t_1 > t_2$ B. $t_1 < t_2$ C. $t_1 = t_2$

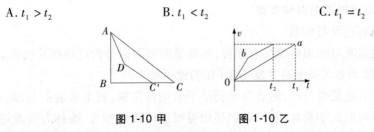

图 1-10 甲   图 1-10 乙

[分析与解]

滑块沿斜面由 A 滑到 C,做初速度为零的匀加速直线运动,做出其速率 $v\text{-}t$ 图像,如图乙中直线 a 所示。滑块沿 ADC' 折面下滑时,在 AD 段的加速度大于沿斜面下滑时的加速度大小,在 DC' 段下滑时的加速度等于沿斜面下滑时的加速度,可做出其速率 $v\text{-}t$ 图像如图 1-10 乙中折线 b 所示,由机械能守恒定律知,它们滑到底端时的速率相同。因此,从做图上很容易得出 $t_1 > t_2$,故选项 A 正确。

答案:A

点拨：

图像类问题，理解图像尤其是速度、速率与时间关系图线的斜率的物理意义是关键：在图像中，要明确图线与横轴所成的面积代表位移还是路程；做图时要抓住两个要点，即图线的切线斜率代表加速度大小和方向。能够灵活运用图像法解决复杂问题是学习者头脑灵活的表现，由此看来，学好图像部分相关知识非常必要。

第五讲　追及和相遇问题

【考点导悟】

一、追及和相遇

1. 内涵

当两个物体在同一直线上运动时，由于两物体的运动情况不同，所以两物体之间的距离会不断发生变化，这时就会涉及追及、相遇或避免碰撞等问题。

2. 通常有两种情况

（1）同向运动的两物体追及即相遇。

（2）相向运动的两物体，当它们运动的距离之和等于开始时两物体之间的距离时即相遇。

二、追及与相遇的两种类型

1. 质点的追及与相遇

质点的追及与相遇的情况有多种，不妨举两例加以分析以寻找其规律。

（1）速度大者匀减速追速度小者（如匀速运动）。

若当二者速度相等时，追者位移仍小于被追者位移，则永远追不上，此时的距离是二者间的最小距离；若二者位移相等时速度恰好相等，则称为恰能追上，这也是二者避免碰撞的临界条件；若二者位移相等时，追者速度仍大于被追者的速度，之后二者距离又拉大，当二者速度相等时有一个最大值，以后间距减小，被追者还有一次反超追者的机会。

（2）速度小者匀加速追速度大者（如匀速运动）。

当二者速度相等时有最大距离；当二者位移相等时则追上，以后二者间距逐渐拉大，不会出现再次相遇的问题。

由此看来，在追及与相遇问题中，质点的速度相等往往是临界条件，也正是解决问题的突破口，要特别加以注意。

2.刚体的追及与相遇

因为刚体有一定的线度,对这类问题往往比质点的相遇问题要烦琐得多。处理这类问题的方法还是要转化为质点相遇的问题。如头头相遇即相遇初的时刻,尾尾相遇即为分离的时刻。头头相遇和尾尾相遇之间的时间间隔即为相遇的时间。解决这类问题要掌握良好的解题方法和解题技巧。

三、方法指导

1.画出示意图

直观、形象的示意图,有利于打开解题的思路,方便对物理过程的分析。要学好物理,就要养成良好的画简图的习惯。

2.画出两个物体的 $v\text{-}t$ 图像

速度-时间($v\text{-}t$)关系图像,包含很多物理意义,如交点代表两个物体的速度相等,图像与时间轴所成的面积代表位移,通过两个物体的位移关系,可以知道两物体的位置关系,根据图线的走向及斜率的变化可直观了解物体的运动特点,可见求解追及、相遇问题利用图像法是很方便、快捷的。

【活题精析】

【例1】 减速的物体 A 追赶前方 Δs 处的匀速运动的物体 B,分析追赶过程中可能出现的情况。

[分析与解]

首先,画出 A、B 两个物体 $v\text{-}t$ 的图像,如图 1-11 所示。由图线可知 t_0 时刻二者速度相等,在 t_0 以后,A 的速度一直比 B 的速度小,最终停止下来。若 A 追上 B,一定是在 t_0 之前,若 t_0 之前未追上,则 t_0 时刻 AB 之间距离最小,以后二者间距越来越大。A 刚好追上 B 是在 t_0 时刻相遇,题中条件 Δs 大小,决定着 A、B 之间的各种可能。

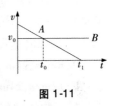

图 1-11

【例2】 两辆汽车,乙前甲后同向匀速行驶,甲、乙两车的速度分别是 $v_1 = 40\text{m/s}$、$v_2 = 20\text{m/s}$,当两车相距 $\Delta s = 250\text{m}$ 时同时刹车,已知刹车时的加速度分别是 $a_1 = -1\text{m/s}^2$、$a_2 = -\dfrac{1}{3}\text{m/s}^2$。问甲车能否撞上乙车?

[分析与解]

根据题意做出两车的 $v\text{-}t$ 图像,如图 1-12 所示,因两车做减速运动,故搞清物理情境至关重要。通过图像可知,甲若能追上乙一定是发生在 t_0 或 t_0 之前,否则,t_0 以后甲、乙间距越来越大,不可能撞车。

图 1-12

因此,只要比较速度相等之前的位移就可确定能否相撞。

由 $v_1 + a_1t_0 = v_2 + a_2t_0$

得:$t_0 = 30s$

在这 30s 时间内,甲、乙的位移分别是:

$$s_1 = v_1t_0 + \frac{1}{2}a_1t_0^2 = 750m$$

$$s_2 = v_2t_0 + \frac{1}{2}a_2t_0^2 = 450m$$

因为 $s_1 > s_2 + \Delta s = 450m + 250m = 700m$

所以,甲能撞上乙,事故发生在二者均向前运动之中。

点拨:

在同一直线上运动的两个物体的追及、相遇或避碰问题是运动学中较为综合且有实际意义的问题,解决此问题的关键是:一要认真审题,画出示意图;二要利用图像。因为很多追及问题都涉及变速运动,尤其是减速运动及最后停止的一类问题,增加了问题的复杂性。而借助图像能够更好地了解真实的物理情境,有助于正确解决问题。

单元检测一

1. 一质点沿直线 Ox 方向做加速运动,它离开 O 点的距离 x 随时间变化的关系有 $x = 3 + 2t^3$ m,它的速度随时间变化的关系为 $v = 6t^2$ m/s。则该质点在 $t = 2s$ 时的瞬时速度和 $t = 0$ 到 $t = 2s$ 间的平均速度分别为(　　)。

A. 8m/s,24m/s　　　　　B. 24m/s,8m/s

C. 12m/s,24m/s　　　　　D. 24m/s,12m/s

2. 一物体做匀变速直线运动,某时刻速度大小为 4m/s,1s 后速度的大小变为 10m/s,在这 1s 内该物体加速度的大小方向可能为(　　)。

A. 加速度的大小为 $6m/s^2$,方向与初速度的方向相同

B. 加速度的大小为 $6m/s^2$,方向与初速度的方向相反

C. 加速度的大小为 $14m/s^2$,方向与初速度的方向相同

D. 加速度的大小为 $14m/s^2$,方向与初速度的方向相反

3. 为了测定气垫导轨上滑块的加速度,滑块上安装了宽度为 3.0cm 的遮光板,滑块在牵引力作用下先后匀加速通过两个光电门,配套的数字毫秒计记录了遮光板通过第一个光电门的时间为 $\Delta t_1 = 0.30s$、通过第二个光电门的时间为 $\Delta t_2 = 0.10s$,遮光板从开始遮住第一个光电门到开始遮住第二个光电门的时间为 $\Delta t = 3.0s$。试估算:

（1）滑块的加速度多大。

（2）两个光电门之间的距离是多少。

4. 百货大楼一楼和二楼间有一个正在以恒定速率向上运动的自动扶梯，一个小孩相对扶梯以恒定的速率 v 沿扶梯从一楼跑到二楼，数得梯数为 N_1，从二楼以大小不变的相对速率 v 跑回一楼数得的梯数为 N_2，求自动扶梯实际有多少级。

5. 如图检 1-1 所示，甲从 A 地由静止匀加速跑向 B 地，当甲前进距离为 s_1 时，乙从距 A 地 s_2 处的 C 点由静止出发，加速度与甲相同，最后二人同时到达 B 地，则 AB 两地距离为（　　）。

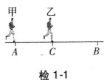

检 1-1

A. $s_1 + s_2$

B. $\dfrac{(s_1 + s_2)^2}{4s_1}$

C. $\dfrac{s_1^2}{4(s_1 + s_2)}$

D. $\dfrac{(s_1 + s_2)^2}{(s_1 - s_2)s_1}$

6. 在离地 $h = 30\text{m}$ 处，竖直上抛一个物体，经过 6s 落地，不计空气阻力，g 取 10m/s^2，求初速度 v_0 和这 6s 内的平均速度是多少。

7. 如图检 1-2 所示，两个完全相同的小球，分别从光滑的 a 管和 b 管由 A 处静止滑下至 C 处滑出，设转弯处无能量损失，a、b 管构成一个矩形。关于两球滑到底端所用时间的说法正确的是（　　）。

A. $t_a = t_b$

B. $t_a > t_b$

C. $t_a < t_b$

D. 因为矩形长宽未知，故 t_a、t_b 大小不能确定

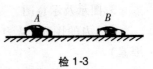

检 1-2

8. 如图检 1-3 所示，A、B 两车在同一轨道上向同一方向做匀速运动，其速度大小分别是 $v_1 = 4\text{m/s}$ 和 $v_2 = 10\text{m/s}$，当前边的 B 车与后边的 A 车相距 $S_0 = 7\text{m}$ 时，B 车以加速度 $a = -2\text{m/s}^2$ 开始紧急刹车并停止，求 A 车追上 B 车所用的时间。

检 1-3

9. 如图检 1-4 所示，A、B 两棒长均为 $L = 1\text{m}$，A 的下端和 B 的上端相距 $s = 20\text{m}$，若 A、B 同时运动，A 做自由落体运动，B 做竖直上抛运动，初速度大小是 $v_0 = 40\text{m/s}$。求：（1）A、B 两棒何时相遇。（2）从相遇开始到分离所用的时间。

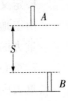

检 1-4

第二章　相互作用　共点力的平衡

第一讲　力　重力　弹力

【考点导悟】

一、力

1. 概念

（1）力是物体对物体的作用,其效果是改变物体运动状态或使物体发生形变。

（2）力的三要素:力的大小、方向、作用点。

2. 性质

（1）物质性:力不能脱离物体而存在,没有"施力物体"或"受力物体"的力是不存在的。

（2）相互性:力的作用是相互的,施力（受力）物体同时也是受力（施力）物体。

（3）矢量性:力是矢量,既有大小,又有方向。

3. 图示及示意图

（1）力的图示:从力的作用点沿力的方向画出的有向线段（包括力的三要素）。

（2）力的示意图:受力分析时,做出的表示物体受到某一力的有向线段。

二、重力

1. 定义

由于地球的吸引而使物体受到的力。

重力的方向总是竖直向下,大小为 $G = mg$。

2. 重心

重力的等效作用点。

（1）重心的位置与物体的形状及质量分布有关,重心不一定在物体上。

（2）质量分布均匀、形状规则的物体,重心在几何中心上。

（3）薄板类物体的重心可用悬挂法确定。

三、弹力

1. 定义

发生弹性形变的物体，由于要恢复原状，对与它接触的物体产生的作用。

2. 产生条件

（1）物体相互接触。

（2）物体发生弹性形变。

3. 弹力的方向

弹力的方向总是与施力物体形变的方向相反。有下面几种情形：

（1）压力：垂直于支持面而指向被压的物体。

（2）支持力：垂直于支持面而指向被支持的物体。

（3）细绳拉力：沿绳指向绳收缩的方向。

4. 轻杆的弹力

不一定沿杆，要具体情况具体分析。

5. 弹力大小

（1）弹簧弹力：遵从胡克定律。

在弹性限度内，弹簧产生的弹力大小与弹簧的形变量成正比，即 $F = kx$，其中 k 是弹簧的劲度系数，由弹簧本身的性质决定；x 表示弹簧的伸长或缩短的量。

（2）非弹簧类弹力大小应由平衡条件或动力学规律进行求解。

6. 弹力有无的判断方法

（1）根据弹力产生的条件直接判断：根据物体间是否直接接触并发生弹性形变来判断物体间是否存在弹力，此方法适用于形变较明显的情况。

（2）利用假设法判断：对形变不明显的情况，可假设两个物体间不存在弹力，看物体还能否保持原有的状态。若运动状态不变，则此处不存在弹力；若运动状态改变，则此处一定存在弹力。

【活题精析】

【例1】　如图 2-1 所示，两辆货车以相同的速度做匀速运动，请你根据两图中所给的信息判断下面的问题，其中正确的是（　　　）。

A. 物体各部分都受重力作用，但可以认为物体各部分所受重力集中于一点

B. 重力的方向总是垂直向下的

C. 物体重心的位置与物体形状或质量分布有关

D.力是使物体运动的原因

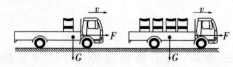

图 2-1

[分析与解]

物体各部分都受重力作用,但可以把物体各部分所受重力集中于一点,这个点就是物体的重心,故选项 A 正确;重力的方向总是竖直向下,不是垂直向下,故选项 B 错误;从图中能够看出汽车的总质量和整体的形状发生了变化,重心的位置也就发生了改变,故选项 C 正确;力不是使物体运动的原因,而是使物体发生形变或改变运动状态的原因,故选项 D 错误。

答案:A、C

【例 2】 如图 2-2 所示,绳子竖直悬挂小球,球与光滑的斜面接触,则小球受到的力是(　　)。

A.重力、绳的拉力

B.重力、绳的拉力、斜面的弹力

C.重力、斜面的弹力

D.绳的拉力、斜面的弹力

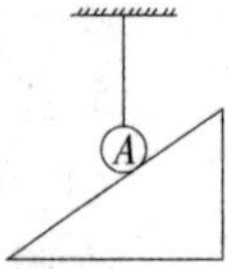

图 2-2

[分析与解]

小球 A 与绳和光滑斜面接触,故小球 A 可能受到的力只有三个:重力、绳子的拉力、斜面对小球 A 的支持力。其中拉力和支持力是弹力。是由物体接触的绳和斜面发生弹性形变产生,由于形变量很小,难以观察到。这时,可用"假设法"判断有无弹力:假设绳子没有弹力作用,则物体将沿斜面下滑,与题中状态不符,所以,不受绳子弹力作用的假设不成立,绳子对小球有向上的拉力作用;同理,假设斜面对小球没有弹力作用,如图 2-3 所示。小球 A 受两个相反方向的力作用仍能保持静止平衡状态,与题设状态符合。因此,小球 A 只受两个力,即重力 G、绳子拉力 F。

图 2-3

答案:A

【例 3】 如图 2-4 所示,小车上固定着一根弯成 α 角的曲杆,杆的另一端固定一个质量为 m 的球。试分析下列几种情况下杆对球的弹力的大小和方向:

(1)小车处于静止状态。

(2)小车以加速度水平向右做匀加速运动。

(3)小车以大小为 $g\tan\alpha$ 的加速度向右做匀加速运动。

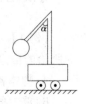

图 2-4

[分析与解]

我们知道,杆的弹力不一定沿杆的方向,因此在分析杆的弹力方向时,一般要借助牛顿定律进行求解。

(1)当小车静止时,小球所受合外力为零,所以杆对球的弹力与重力平衡,即 $F_1 = mg$,方向竖直向上。

(2)当小车向右做匀加速运动时,受力如图 2-5 所示,设杆对球的弹力方向与竖直方向夹角为 θ,将 F_2 沿水平和竖起方向分解并由牛顿第二定律得:

$$F_2 \sin\theta = ma, F_2 \cos\theta = mg$$

解得:$F_2 = m\sqrt{g^2 + a^2}$ $\qquad \theta = \arctan\dfrac{a}{g}$

(3)当 $a = g\tan\alpha$ 是(2)解的特例,这时有 $\theta = \alpha$,且

$F_2 = \dfrac{mg}{\cos\alpha}$,此时弹力方向沿杆向上。

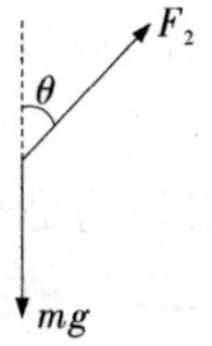

图 2-5

点拨:

弹力是一种被动力,其分析与计算常结合平衡条件、牛顿运动定律并利用科学的思维方法才能顺利进行。要注意以下两点:

(1)绕端点自由转动的轻杆的弹力方向一定沿杆,而端点固定的轻杆的弹力方向不一定沿杆,这时弹力可由其他受力物体并结合其运动状态共同确定。

(2)绳子打"死结"与"活结"时拉力的差异:一根绳打上"死结",这时绳子就变成了"两根",这"两根"绳子的形变及它们的弹力可能不同;而绳子打"活结"时,如绕在光滑滑轮上的绳子,整个绳子上的张力大小仍处处相等。

第二讲 摩擦力

【考点导悟】

一、摩擦力

1.摩擦力定义

两个相互接触的物体,由于有相对运动或相对运动的趋势而在接触面上产生的阻碍相对运动或相对运动趋势的力叫作摩擦力。

2.摩擦力产生的条件

两物体直接接触、相互挤压、接触面粗糙、有相对运动或相对运动趋势。

3.摩擦力分类

(1)滑动摩擦力:

滑动摩擦力计算公式 $f = \mu F_N$

其中 F_N 表示正压力, μ 是动摩擦因数, 与相互接触的两个物体的材料以及接触面的粗糙程度有关。

(2)静摩擦力：

静摩擦力的大小没有确定的公式, 要根据物体的受力情况和运动情况共同确定, 其可能的取值范围是：

$0 < F \leqslant F_{max}$

(3)摩擦力方向：

摩擦力方向总是沿着接触面, 和物体间相对运动或相对运动趋势的方向相反, 阻碍的是相对运动或相对运动的趋势。

二、几种静摩擦力有无及方向判断的方法

1. 假设法

这种方法是先假定没有摩擦力, 看相对静止的物体间能否发生相对运动, 若能, 说明有静摩擦力, 方向与相对运动方向相反; 若不能, 说明没有静摩擦力。

2. 反推法

这种方法是从研究物体表现出的运动状态这个结果反推出它必须具有的条件, 分析组成条件的相关因素中摩擦力所起的作用, 就容易判断有无摩擦力及方向了。

【活题精析】

【例1】 指明物体 A 在图 2-6 中的四种情况中所受的静摩擦力的方向。

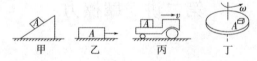

图 2-6

(1)物体 A 静止于斜面上, 如图 2-6 甲所示。

(2)物体 A 受到水平拉力作用而仍静止在水平面上, 如图 2-6 乙所示。

(3)物体 A 放在车上, 在刹车过程中 A 相对于车厢静止, 如图 2-6 丙所示。

(4)物体 A 在水平转台上, 随转台一起匀速转动, 如图 2-6 丁所示。

[分析与解]

在图甲中, 我们用假设法不难判断出物体 A 有沿斜面向下滑动的趋势, 根据二力平衡条件可知, 物体所受的静摩擦力必沿斜面向上; 在图乙中, 物体 A 在外力作用下有向右运动的趋势, 但又处于平衡状态, 在水平方向由平衡条件可知, A 所受静摩擦力沿水平面向左; 在图丙中, A 物体随车一起向右做减速运动,水平方向必有加速度,由牛顿第二定律可知,其加速度方向水平向左,又 A 物体水平方向只受一个力,由此可知,静摩擦力也水平向左;在图丁中,A 物体随转台做匀速圆周运动,其加速度时刻指向圆心,根据受力情况及牛顿第二定律知,A 受到圆盘施加的静摩擦力也时刻指向圆心。

答案:(1)沿斜面向上。(2)水平向左。

　　　(3)水平向左。　(4)时刻指向圆心。

【例 2】 如图 2-7 所示,在粗糙的水平面上放一物体 A,A 上再放一质量为 m 的物体 B,已知 A、B 间的动摩擦因数为 μ,现对 A 施加一个水平力 F,求下列四种情况下 A 对 B 的摩擦力的大小和方向。

(1)当 A、B 一起做匀速运动。

(2)当 A、B 一起以加速度向右做匀加速运动。

(3)当力 F 足够大而使 A、B 之间发生相对滑动。

(4)当 A、B 发生相对滑动,且 B 物体长度的 $\frac{1}{5}$ 伸到

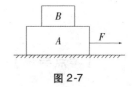

A 的外面。

图 2-7

[分析与解]

在求摩擦力之前,首先要分析物体的运动情况,搞清是滑动摩擦力还是静摩擦力。如果是滑动摩擦力,则可用公式 $f=\mu F_N$ 计算;如果是静摩擦力,只能根据物体所处的状态由平衡条件或牛顿第二定律求解。

(1)由于 A、B 均向右做匀速运动,故 B 物体受到的合力为零,而根据物体 B 受力情况知,B 物体不受摩擦力。

(2)由于 A、B 之间没有发生相对滑动,所以 B 受到的摩擦力是静摩擦力,现对 B 物体受力分析并根据牛顿第二定律得:$f=ma$,其方向水平向右。

(3)因为 A、B 发生了相对滑动,所以 B 受到的摩擦力是滑动摩擦力,由公式 $f=\mu F_N$,可得 $f=\mu mg$,方向水平向右。

(4)因为滑动摩擦力的大小与物体间接触面积的大小无关,所以 $f=\mu mg$,方向水平向右。

【例 3】 如图 2-8 所示,质量为 m 的物体放在水平放置的钢板 C 上,与钢板的动摩擦因数为 μ,由于光滑导槽 A、B 的限制,物体只能沿水平导槽运动,现使钢板以速度 v_1 向右运动,同时用水平力 F 沿导槽的方向拉动物体使物体以速度 v_2 沿导槽运动,则 F 的大小为多少。

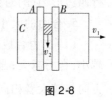

图 2-8

[分析与解]

钢板以速度 v_1 向右运动,则相当于物体以等大速度 v_1' 相对钢板向左运动;同时物体相对钢板有向下的速度 v_2,故物体相对于钢板的运动速度应是 v_1' 与

v_2 的合速度 v，因此物体所受滑动摩擦力 f 与相对合速度 v 方向相反，如图 2-9 所示。因此要使物体沿导槽做匀速运动，所施加的拉力为：

$$F = f\sin\alpha = \mu mg\sin\alpha$$

其中 $\alpha = \arctan \dfrac{v_2}{v_1}$

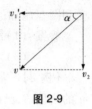

图 2-9

点拨：

摩擦力方向的判定是本节的重点也是难点，在例 3 中，滑动摩擦力的方向与相对运动方向相反，本题的关键是首先搞清物体相对钢板的运动方向，即相对合速度方向。

第三讲　力的合成与分解

【考点导悟】

一、力的合成

1. 合力与分力

如果一个力产生的效果和其余几个力共同作用产生的效果相同，这个力就叫作那几个力的合力，那几个力就叫作这个力的分力，合力与分力是等效替代关系。

2. 共点力

多个力都作用在物体的同一点或者它们的延长线交于一点，就把这几个力称为共点力。

3. 力的合成

求几个力的合力的过程叫作力的合成。

4. 平行四边形定则

如图 2-10 所示，用表示 F_1、F_2 的有向线段为邻边做平行四边形，它的对角线表示合力的大小和方向。

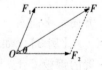

图 2-10

5. 合力的大小

（1）二力合成时，如果 F_1、F_2 大小确定，则二力的夹角 θ 越小，合力越大；当 $\theta = 180°$ 时，合力最小，且 $F = |F_1 - F_2|$，方向与较大者相同；当 $\theta = 0°$ 时，合力最大，且 $F = F_1 + F_2$，方向与 F_1、F_2 的方向都相同，即合力 F 的范围是 $|F_1 - F_2| \leq F \leq F_1 + F_2$。

（2）多个力的合成，是指三个或三个以上力的合成问题。也有最大值和最小值问题：

合力最大值等于各力大小的代数和，即

$F = F_1 + F_2 + F_3 + \cdots$

最小值可分两种情况：

若其中最大的力 F_1 小于等于其余各力的和 F'，则合力最小值 $F_{min} = 0$。

若其中最大的力 F_1 大于其余力的和 F'，则合力最小值 $F_{min} = F_1 - F'$。

对三个力的特殊情况，若三个力能构成三角形，则合力最小值为零；若不能构成三角形，则合力最小值等于最大的力减去两个小的力的和。

二、力的分解

（1）概念：求一个力的分力的过程，叫作力的分解。力的分解与力的合成互为逆运算。

（2）遵从原则：平行四边形定则或三角形法则。

三、力的分解方法

1. 按力的作用效果分解

（1）根据力的实际作用效果确定两个分力的方向。

（2）再根据两个分力方向画出平行四边形。

（3）最后由平行四边形知识求出两个分力的大小。

2. 正交分解法

（1）将一个力分解为相互垂直的两个分力的分解方法叫作力的正交分解法。

（2）多个共点力合成的正交分解法，是先把各力沿相互垂直的 x、y 轴方向分解，如：

把 F_1 分解为 F_{1x} 和 F_{1y}，F_2 分解为 F_{2x} 和 F_{2y}，F_3 分解为 F_{3x} 和 F_{3y}……于是：

x 轴上的合力：$F_x = F_{1x} + F_{2x} + F_{3x} + \cdots$

y 轴上的合力：$F_y = F_{1y} + F_{2y} + F_{3y} + \cdots$

总的合力：$F = \sqrt{F_x^2 + F_y^2}$

其与 x 轴夹角的正切：$\tan\theta \dfrac{F_y}{F_x}$

（3）技巧指导：

正交分解时，坐标轴建立的合理与否，对解题的繁简程度影响很大。为简化计算过程，一般原则是：

①在静力学中，尽量减少分解力的个数，分解时首先考虑容易分解的力，尽量不分解待求的力。

②在动力学中，一般以加速度方向为 x 轴正方向，以与其垂直的方向为 y 轴，建立平面直角坐标系。

四、合力与分力的关系

（1）合力不一定大于分力。

（2）合力与它的分力是力的效果上的一种等效替代关系，而不是力的本质上的替代。

【活题精析】

【例1】 关于两个大小不变的共点力与其合力的关系,下列说法正确的是( )。

A.合力大小随两力夹角的增大而增大

B.合力的大小一定大于分力中最大者

C.两个分力夹角小于180°时,合力大小随夹角的减小而增大

D.合力的大小不能小于分力中最小者

[分析与解]

根据力的合成法则及数学中的三角知识可知,合力可以大于任何一个分力,也可以小于任何一个分力,且随着两分力之间的夹角增大而合力变小,随着夹角减小而合力变大。

答案:C

【例2】 关于静止在斜面上物体,下列说法正确的是( )。

A.重力可分解为沿斜面向下的力和对斜面的压力

B.重力沿斜面向下的分力与斜面对物体的静摩擦力是一对平衡力

C.物体对斜面的压力与斜面对物体的支持力是一对平衡力

D.重力沿垂直斜面方向的分力与斜面对物体的支持力是一对平衡力

[分析与解]

斜面上静止的物体,受重力、支持力和沿斜面向上的摩擦力,这三个力的合力是零。若将重力分解,可分解为沿斜面向下的分力(即下滑力)和垂直于斜面方向的分力。后者这个分力并不是物体对斜面的压力,有两个原因:一是二者的作用点不同,二是力的性质也不同。本题应该注意的是:一个力的两个分力一定与这个力共点,而平衡力是作用在一个物体上的两个力,大小相等,方向相反,作用点相同,但力的性质可以不同,故选项 B、D 正确。

答案:B、D

【例3】 如图 2-11 所示,一根质量不计的横梁,A 端用铰链固定在墙壁上,B 端用细绳悬挂在墙壁上的 C 点,使得横梁保持水平状态。已知细绳与竖直墙壁之间的夹角为60°,当用另一段轻绳在 B 点悬挂一个质量为 $m=6\text{kg}$ 的重物时,求轻杆对 B 点的弹力和绳 BC 上的拉力(g 取 10m/s^2)。

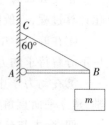

图 2-11

[分析与解]

因横梁一端用铰链连接,故横梁对 B 点的弹力沿杆向右,设横梁对 B 点的作用力的大小为 F_1,BC 段绳对 B 点的拉力大小为 F_2,方向是 B 到 C;B 点还受竖直绳施加的向下的拉力,大小等于重物的重量 G,B 点在这三个力作用下处于平衡状态,必有 F_1、F_2 的合力 F 与重力等大反向,如图 2-12 所示。

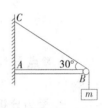

因 $F = G = 60\text{N}$,根据几何知识求得:

$$F_1 = F\tan 60° = 60\sqrt{3}\,\text{N}$$

$$F_2 = \frac{F}{\cos 60°} = 120\text{N}$$

图 2-12

因此,轻杆对 B 点的弹力大小为 $60\sqrt{3}\,\text{N}$,方向向右;轻绳 BC 的拉力大小为 120N,方向从 B 指向 C。

提示:在例 3 中,如果将横梁左端铰链取掉并将其左端插入墙壁中,横梁右端安上轻滑轮,如图 2-13 所示,题的解法就完全不同了。这时 BC 绳与竖直绳实际为一段完整绳,内部张力处处相等,此时绳 BC 上的拉力等于物体的重力大小,即为 $T = 60\text{N}$。而要求出横梁对滑轮的作用力 F',就要

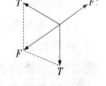

图 2-13

以滑轮为研究对象,它受到两段绳子的作用力的合力 F 大小仍为 60N,方向是与水平成 30°角偏向左下方,横梁对滑轮的作用力与之等大反向,即与水平成 30°角偏向右上方,如图 2-14 所示。

【例 4】　如图 2-15 所示,火车车厢中有一倾角为 30°的斜面,当火车以 10m/s^2 的加速度沿水平方向向左运动时,斜面上的物体 m 始终与车厢保持相对静止,请判断物体所受的静摩擦力的方向。

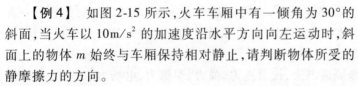

图 2-14

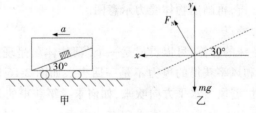

图 2-15

[分析与解]

在图 2-15 甲中,我们不妨假定物体所受的静摩擦力 f 沿斜面向上,取水平向左加速度方向和竖直向上为两坐标轴的正方向,建立如图 2-15 乙所示的直角坐标系,并将 F_N 和 f 分解,由牛顿第二定律得:

$$F_N\cos 30° + f\sin 30° = mg$$

$F_N \sin 30° - f\cos 30° = ma$

解上述两式,得 $f = 5m(1-\sqrt{3})F_N$,因 $f < 0$,这说明静摩擦力 f 的方向与假定的方向相反,故静摩擦力的方向是沿斜面向下。

点拨:

在用正交分解法解决实际问题时,坐标轴的建立理论上说是任意的,解出来的最终结果也是完全相同的,但选择不同方向的坐标轴,会决定到计算的繁简程度。如当加速度 $a = 0$ 时,坐标系的两坐标轴方向应该尽量满足使分解的力的个数少,也就是说坐标系的两轴要尽可能多地与已知力重合;而对加速度 $a \neq 0$ 的情况,坐标轴的建立仍是要尽量使分解的力的个数要少,同时使两坐标轴的方向与加速度或加速度分量的方向一致。

第四讲　受力分析　共点力的平衡

【考点导悟】

一、受力分析

1. 一般物体的受力分析

对物体进行受力分析,是物理学解决力学问题的前提和基础,也是研究力学问题的重要方法。具体步骤如下:

(1)根据题意选取研究对象,它可以是单个物体,也可以是物体的某一部分,还可以是几个物体组成的物体组,即系统。研究对象的选择一般以分析、研究方便、简捷为主。

(2)把研究对象隔离出来,按照重力、弹力、摩擦力、电场力、磁场力的次序对物体进行受力分析,再画出物体受力示意图。

2. 风筝的受力特点

风筝是一个特殊的物体,可以看成是一个"薄物体",呈现片状,可以看成没有厚度,因此风力和风筝获得的风力不是一回事。如图 2-16 所示,当风筝面与水平方向成 θ 角时,若风由水平方向吹来,如何求风筝获得的升力呢?

我们不妨设风力大为 F,方向水平向右。由于风筝没有厚度,因此平行于风筝面的这个分力对风筝是没有作用的,风筝受到的风力是垂直于风筝面的这个分力 F_1。

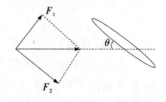

图 2-16

其中 $F_1 = F\sin\theta$。把 F_1 沿水平方向和竖直方向分解,其竖直方向的分力的大小为:

$$F_3 = F_1 \cos\theta = F\sin\theta\cos\theta = \frac{F}{2}\sin2\theta$$

这就是风筝的升力。

二、共点力作用下物体的平衡

1. 平衡状态包括两种

(1)静止不动:指物体的速度和加速度同时为零的状态。

(2)匀速直线运动:是指物体的速度不为零而加速度等于零的状态。

2. 物体处于平衡的力学条件

物体所受合外力等于零,即 $\sum F = 0$。

或写成分量形式为: $\sum F_x = 0$, $\sum F_y = 0$。

3. 平衡条件的三个推论

(1)二力平衡:指物体在两个共点力的作用下处于平衡状态,则这两个力必定大小相等、方向相反。

(2)三力平衡:指物体在三个共点力的作用下处于平衡状态,则其中任意一个力必与其余两个力的合力大小相等、方向相反。

(3)多力平衡:指物体在三个以上力的作用下处于平衡状态,则其中任意一个力与其余力的合力大小相等、方向相反。

要特别提醒的是,物体的速度等于零不一定处于平衡,或者说速度为零与物体平衡是两个不同的概念。关键在于有没有加速度。如:物体的速度 $v = 0$,且加速度 $a = 0$,则物体是处于平衡状态;而只有速度 $v = 0$,那么物体就不一定处于平衡状态,例如,物体在竖直上抛的最高点、弹簧振子、单摆小球在最大位移处,虽然速度等于零,但加速度不等于零,因此都不是平衡状态。

三、三力汇交原理

如果一个物体受到三个非平行力作用而平衡,这三个力的作用线必定在同一平面内,而且必为共点力。

四、一般物体的平衡

前面已经讲过,共点力作用下物体的平衡条件是 $\sum F = 0$,但在实际问题中,物体都有一定的限度,所受的各力也不一定共点,那么,这样的物体的平衡条件是什么呢?下面我们就来研究这个问题。

不妨设有这样一个物体处于静止不动的状态,则首先是其质心静止不动,所以质心加速度为零,由质心运动定理 $\sum F = 0$,即物体所受外力的矢量和为零;其次是物体也没有绕什么轴转动,所以对任一轴来说,角加速度 $\beta = 0$,由转动定理 $M = 0$,即物体所受的外力对任一轴的力矩之和为零。

综上所述,一般物体处于静止平衡的条件是同时满足:

$\sum F = 0$, $\sum M = 0$。

解题时可按下述步骤进行:

（1）确定研究对象。

（2）隔离研究对象进行受力分析，并将各力准确地画在力的作用点上而不是重心上。

（3）建立坐标轴，技巧是最好使多数力能与坐标轴平行或垂直，把不在坐标轴上的力沿两个坐标轴进行正交分解，写出平衡方程的分量形式 $\sum F_x = 0$、$\sum F_y = 0$。

①选取转动轴，技巧是使转动轴与多数力所在的作用点重合，列出力矩平衡方程 $\sum M = 0$。

②解方程组并讨论结果。

五、受力分析常用的方法

1. 隔离法

为了弄清系统中某个物体的受力和运动情况，一般可采用隔离法，其基本步骤如下：

（1）明确研究对象及其所处的运动状态。

（2）将研究对象从复杂的系统中隔离出来。

（3）画出研究对象受力示意图。

（4）根据物理规律，列出方程后求解，并对结果进行分析和讨论。

2. 整体法

如果问题只涉及研究系统而不涉及系统内部物体之间的相互作用力时，这时可采用整体法，其步骤如下：

（1）明确研究的系统，即研究对象。

（2）画出系统所受外力的示意图。

（3）利用物理规律列方程并求解，对结果分析讨论。

注意：在实际处理问题时，隔离法和整体法常常交叉使用，这样往往可以使解题过程更加简捷明快。

六、技能技巧

1. 准平衡状态

通过控制物理过程，使物体的状态或位置发生缓慢的改变，这时物体可认为始终处于一系列的平衡状态，即准平衡状态。在描述中常用到"逐渐"、"缓慢""慢慢"等词语。

2. 临界状态

当某个物理量变化时，常常会引起其他物理量的变化，使物体所处的平衡状态"恰好出现"或"恰好不出现"，在描述中常用到"恰好""刚好""恰巧"等词语。典型的临界条件一般有以下几种情况：

（1）接触与脱离的临界条件：接触面上的弹力 $F_N = 0$。

（2）相对静止或相对滑动的临界条件：接触面间的静摩擦力达到最大值或为零。

（3）绳子断裂的临界条件：绳子中的张力等于它所能承受的最大值。

（4）绳子松弛的临界条件：绳中的张力 $T=0$。

3.极值问题

所谓的极值问题，一般是指在物理量的变化过程中的最大值和最小值，此时的状态、受力情况往往具有特殊性。

【活题精析】

【例1】 如图2-17所示，质量为 m 的木块 A 放在质量为 M 的三角形斜劈 B 上，现同时用大小均为 F、方向相反的水平力分别推 A 和 B，它们均静止不动，则（　　）。

A. A 与 B 之间一定存在摩擦力

B. B 与地面之间一定存在摩擦力

C. B 对 A 的支持力一定小于 mg

D. 地面对 B 的支持力的大小一定等于 $(M+m)g$

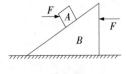

图2-17

［分析与解］

因力 F 的大小不确定，故 A 与 B 之间不一定存在摩擦力，选项A错误；又因 B 对 A 的摩擦力方向、大小不确定，B 对 A 的支持力可能大于 mg，选项C错误；若把 AB 看作一个整体，进行受力分析，并根据平衡条件，因水平方向合力为零，若地面给 B 以摩擦力，无论向哪个方向，整体在水平方向的平衡条件都不满足，与题意不符，故 B 与地面之间不存在摩擦力，选项B错误；再对 AB 整体研究，竖直方向合力为零，可知，地面对 B 的支持力的大小必等于 $(M+m)g$，故只有选项D正确。

答案：D

【例2】 两块相同的竖直木板 A、B 间有质量均为 m 的四块相同的木块，用两个大小均为 F 的水平力压木板，使木板均处于平衡，如图2-18所示。设所有接触面间的动摩擦因数均为 μ，则第2块对第3块的摩擦力大小为多少。

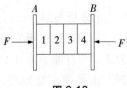

图2-18

［分析与解］

先以4个物体组成的物体组为研究对象，根据对称性，两边木板受的摩擦力大小相等、方向向上，均设为 f_1，如图2-19所示。

对整体由平衡条件得：

$2f_1 - 4mg = 0$

图2-19

再以物块 3 和 4 组成的整体为研究对象,并设 2 对 3 的摩擦力大小 f_2,则:

$f_1 + f_2 - 2mg = 0$

两式联立得:$f_2 = 0$

本题结构特点是物块的分布具有对称性,因此此对称处所受的力也具有对称性的特点,充分利用对称性,可使解题过程简化。

【例3】 如图 2-20 所示,物体 A、B 并排放在水平地面上,已知两物体重力均为 10N,且与水平地面间的最大静摩擦力均为 6N,若用 $F = 5$N 水平力作用于物体 A,则 A、B 两物体所受到的摩擦力大小分别为(　　　）。

A. 2.5N,2.5N　　　　　　　B. 5N,5N

C. 5N,0　　　　　　　D. 0,5N

图 2-20

[分析与解]

以物体 A 为研究对象,因推力 $F = 5$N 小于最大静摩擦力 6N,故 A 静止不动,A 受合力为零,即 A 受二力而平衡,故其所受摩擦力 $f = F = 5$N,A 对 B 没有挤压力,因此 B 也没有运动趋势,它与地面之间无摩擦力。因此,C 选项正确。

可见,对物体受力分析,不能光看表面现象,表面接触的物体不一定挤压。这时,一定要结合题中条件,正确分析才能搞清物理情境,从而解决实际问题。

【例4】 如图 2-21 所示,轻杆 AB 质量不计,A 端用铰链与墙相连,B 端用绳与墙相连,已知球重为 G,试画出墙对 AB 杆作用力的方向。

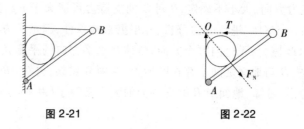

图 2-21　　　　　　　　图 2-22

[分析与解]

以 AB 杆为研究对象,共受三个力,绳的拉力 T,方向沿绳向左;球对杆的压力 F_N,与杆垂直向下;由于杆不是自由杆,故杆受墙的作用力不一定沿着杆。根据三力平衡汇交原理,做出绳的拉力 T 和球对杆的压力 F_N 的作用线,二者交于 O 点,连接 AO,则墙对杆的作用力的方向是从 A 指向 O,如图 2-22 所示。

点拨:

三力平衡汇交原理,在中学阶段使用的不多,但掌握这个知识点,有助于使学生的思维更加灵活。在此例中,已知两个非平行力的情况下,就可以很方便地找到第三个力的方向。

单元检测二

1.如图检2-1所示,是主动轮 P 通过皮带带动从动轮 Q 的示意图,A 与 B、C 与 D 分别是皮带上与轮缘上相互接触的点,则下列判断正确的是(　　)。

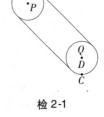

检2-1

　A.B 点相对于 A 点运动趋势方向与 B 点运动方向相反

　B.D 点相对于 C 点运动趋势方向与 C 点运动方向相反

　C.D 点所受静摩擦力方向与 D 点运动方向相同

　D.主动轮受到的摩擦力是阻力,从动轮受到的摩擦力是动力

2.在秋收的打谷场上,脱粒后的谷粒用传送带送到平地上堆积起来形成圆锥体,随着堆积谷粒越来越多,圆锥体体积越来越大,简化成如图检2-2所示,请你用所学的力学知识分析圆锥体底角的变化情况应该是(　　)。

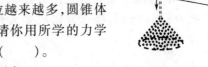

检2-2

　A.不断增大　　　　　　B.保持不变

　C.不断减小　　　　　　D.先增大后减小

3.在机场货物托运处,常用传送带运送行李和货物,如图检2-3所示,靠在一起的两个质地相同,质量和大小均不同的包装箱随传送带一起上行,下列说法正确的是(　　)。

　A.匀速上行时,b 受三个力作用

　B.匀加速上行时,b 受四个力作用

　C.若上行过程传送带因故突然停止时,b 受四个力作用

　D.若上行过程传送带因故突然停止后,b 受的摩擦力一定比原来大

检2-3

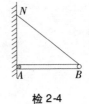

检2-4

4.如图检2-4所示,均匀杆 AB,重量为 G,B 用绳拉住固定在墙上 N 点,A 端用铰链与墙连接,此时杆呈水平静止状态,试画出水平杆受到墙的作用力。

5.当物体从高空下落时,空气阻力随速度的增大而增大,因此经过一段距离后将匀速下落,这个速度称为此物体下落的稳态速度。已知球形物体速度不

大时所受的空气阻力正比于速度 v，且正比于球半径 r，即阻力 $f = krv$，其中 k 是比例系数。对于常温下的空气，比例系数 $k = 3.4 \times 10^{-4} \text{Ns/m}^2$。已知水的密度 $\rho = 1.0 \times 10^3 \text{kg/m}^3$，重力加速度为 $g = 10 \text{m/s}^2$。求半径 $r = 0.10 \text{mm}$ 的球形雨滴在无风情况下的稳态速度（结果保留两位有效数字）。

6. 如图检 2-5 所示，光滑半球形容器固定在水平面上，O 为球心。一质量为 m 的小滑块，在水平力 F 的作用下静止于 P 点。设滑块所受支持力为 F_N，OP 与水平方向的夹角为 θ。下列关系正确的是（　　）。

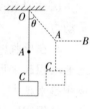

A. $F = \dfrac{mg}{\tan\theta}$ B. $F = mg\tan\theta$

C. $F_N = \dfrac{mg}{\tan\theta}$ D. $F_N = mg\tan\theta$

检 2-5

7. 如图检 2-6 所示，物重 30N，用 OC 绳悬挂在 O 点，OC 绳能承受的最大拉力为 $20\sqrt{3}\,\text{N}$，再用一水平绳 AB 系 OC 绳的 A 点，AB 绳能承受的最大拉力为 30N，现用水平力拉 AB，可以把 OA 绳拉到与竖直方向成多大角度？这时另一绳子中的拉力多大？

检 2-6

第三章 牛顿运动定律

第一讲 牛顿第一定律

【考点导悟】

一、牛顿第一定律

1. 内容

一切物体总保持静止状态或匀速直线运动状态,直到有外力迫使它改变这种状态为止。因此也叫作惯性定律。

2. 物理意义

(1)揭示了力和运动的关系,即力不是维持物体运动的原因,而是改变物体运动状态的原因,从而推翻了亚里士多德"力是维持物体运动的原因"的错误观点。

(2)揭示了任何物体都有保持原来运动状态的性质,从而提出惯性的概念。

二、惯性的内涵

1. 定义

物体所具有的保持静止状态或匀速直线运动状态的性质叫惯性。

2. 几点说明

(1)惯性是指物体总有保持自己原来状态(速度)的本性,不能克服和避免。

(2)惯性是物体的固有属性,它与物体是否运动、是否受力无关。对任何物体,无论它是运动还是静止,速度大还是小,运动状态改变还是不改变,物体都具有惯性,而且,在低速、宏观的条件下,它的惯性不变。

(3)物体惯性的大小是描述物体保持原来的运动状态的本领强弱。物体惯性的大小只与质量有关,质量是惯性大小的唯一量度。物体的质量越大,其运动状态越难改变,我们就说它的惯性越大。

(4)惯性不是力,它是物体具有的保持匀速直线或静止状态的性质。而力是物体对物体的作用,惯性和力是两个不同的概念。

三、牛顿第一定律的建立及应用

牛顿第一定律不能用实验直接验证,但是牛顿第一定律是建立在大量的实验现象的基础上,通过思维的逻辑推理而发现的。如伽利略的理想斜面实验。在应用牛顿第一定律处理问题,不能凭借生活经验分析、判断物理问题,而是要寻找理论根据,逐渐养成运用物理规律解决问题的习惯,这样才能在头脑中建立起清晰的物理模型,从而提高解决物理问题的能力。

【活题精析】

【例1】 伽利略根据小球在斜面上运动的实验和理想实验,提出了惯性的概念,从而奠定了牛顿力学的基础。早期物理学家关于惯性有下列说法,其中正确的是(   )。

A. 物体抵抗运动状态变化的性质是惯性

B. 没有力的作用,物体只能处于静止状态

C. 行星在圆周轨道上保持匀速率运动的性质是惯性

D. 运动物体如果没有受到力的作用,将继续以同一速度沿同一直线运动

[分析与解]

物体保持匀速直线运动状态或静止状态的性质叫惯性,物体抵抗运动状态的变化,正说明是在保持原有状态,可见 A 选项正确;匀速直线运动也不需要力维持,所以 B 选项错误;行星在圆轨道上运动,速度方向时刻在改变,即运动状态在改变,并没有维持原来的运动状态,故 C 选项错误、D 选项正确。

答案:A、D

【例2】 下列说法正确的是(   )。

A. 运动越快的汽车越不容易停下来,是因为汽车运动得越快、惯性越大

B. 同一物体在地球上不同的位置受到的重力是不同的,所以其惯性也随位置的变化而变化

C. 一个小球竖直上抛,抛出后能继续上升,是因为小球运动过程中受到了向上的推力

D. 物体的惯性大小只与本身的质量有关,质量大惯性大,质量小惯性小

[分析与解]

惯性是物体本身的固有属性,其大小只与物体的质量大小有关,与物体的受力情况及运动情况无关,速度大的汽车要停下来时,速度变化大,由 $v = v_0 + at$ 可知需要的时间长,但惯性未变,故 A、B 选项均错;小球抛出后能继续上升是由于惯性的原因,并不是受到向上的推力作用,故 C 选项错误、D 选项正确。

答案:D

【例3】 如图 3-1 所示,水中放入铁球 P 和木球 Q,它们分别用细线系于容器的顶部和底部,当容器静止时,细线都处于竖直方向。现使容器以一定的加速度向右做匀加速运动,则两球相对于容器移动的方向分别是(　　)。

A. 铁球向左偏移　　　　B. 两球均向左偏移

C. 木球向右偏移　　　　D. 两球均向右偏移

[**分析与解**]

设想容器中有铁球、木球和水球三种物质,在相同体积的条件下,其质量各不相同,因而惯性也不相同:铁球质量大于水球,铁球运动状态改变慢于水球,铁球向左偏移;木球质量小于水球,运动状态改变快于水球,木球向右偏移。因此正确选项为 A 和 C。

图 3-1

答案:A、C

点拨:

应用牛顿第一定律解决实际问题时,要把生活感受和理论规律联系起来,深刻认识力与运动的关系。只有正确理解力不是维持物体运动状态的原因,才能克服生活中一些直观的、错误的认识,建立正确的思维习惯。

第二讲　牛顿第二、三定律

【考点导悟】

一、牛顿第二定律

1. 内容

物体的加速度跟物体所受的合力成正比,跟物体的质量成反比,加速度的方向跟合力方向相同。

2. 表达式:$F_合 = ma$

分量形式:$F_x = ma_x$;$F_y = ma_y$

3. 理解牛顿第二定律,要抓住以下几个要点

(1)力是产生加速度的原因,公式 $F_合 = ma$,左边是物体受到的合外力,右边反映了质量为 m 的物体在此合外力的作用下的效果是产生加速度,它突出了力是物体运动状态改变的原因,即是产生加速度的原因。

(2)牛顿第二定律有"四性",即:

①瞬时性:牛顿第二定律表明了物体的加速度与物体所受合外力的瞬时对应关系。对同一个物体,加速度与合外力同时改变。

②矢量性:表达式 $F_合 = ma$ 是矢量式,任一时刻加速度 a 的方向均与合外力的方向相同。当合外力方向变化时,a 的方向同时变化,且任一时刻二者方向

总一致。

③同一性:是指加速度 a 始终相对于同一个惯性参考系,这里的参考系通常指的是大地;另一含义是指式中的 F、m、a 三个量必须对应同一个物体或同一个系统。

④同时性:指的是牛顿第二定律表达式中的 F 和 a 只有因果关系没有先后之分,F 发生变化,a 必同时发生变化。

(3)$F = ma$ 公式中,各个物理量是在一定的单位制中才适用。一般来说,$F = kma$,式中 k 是常数,但它却与使用的单位有关。只有在国际单位制中,即 F、m、a 分别用 N、kg、m/s^2 作单位时,$k = 1$,此时才能简写为 $F = ma$。

(4)牛顿第二定律适用于惯性参考系下的低速运动的宏观物体,而对高速运动的微观物体不成立。

二、力学单位制

在力学中,选用质量、长度、时间三个物理量的单位作为基本单位,选定基本单位后,由物理公式推导出的单位叫导出单位,基本单位和导出单位一起组成单位制。

三、牛顿第三定律

1. 内容

两个物体之间的作用力和反作用力总是大小相等,方向相反,作用在同一直线上。

2. 表达式

$F = -F'$,"$-$"表示作用力与反作用力方向相反。

3. 作用力与反作用力的关系

(1)"三同":大小相同,性质相同,同时变化。

(2)"三不同":方向不同,作用对象不同,产生效果不同。

四、牛顿第一定律与牛顿第二定律的关系

有人认为牛顿第一定律是牛顿第二定律的特例,因为当合外力为零时,物体的加速度为零,物体做匀速直线运动或静止不动。但实际上,这种说法是不对的,这是因为:

牛顿第一定律定性地指出了力与运动的关系,即力是改变物体运动状态的原因,指出了物体在不受外力作用的情况下物体所处的状态(静止或匀速运动),进而提出了惯性的概念;而牛顿第二定律着重指出了力与运动的定量关系,二者的侧重点不同。所以说,牛顿第一定律不是牛顿第二定律的特例。

五、作用力与反作用力和平衡力的对比

1. 相同点

都是大小相等、方向相反,作用在一条直线上。

2.不同点

（1）作用力与反作用力是作用在两个物体上，即作用点不同；而平衡力是作用在一个物体上，作用点相同。

（2）作用力与反作用力的性质一定相同，而一对平衡力的性质不一定相同。

（3）作用力与反作用力相互依存，同时产生、同时变化、同时消失；而一对平衡力无依赖关系，一个撤去另一个可能还存在。

（4）作用力与反作用力不能叠加，而一对平衡力可叠加且合力为零。

六、用牛顿第二定律解题的基本方法

1.合成法

如果物体只受两个力的作用产生加速度时，应用合成法比较简单，这时，要准确地画出平行四边形，注意合外力的方向就是加速度的方向；若知道加速度的方向，也就知道合力的方向。

2.正交分解法

当物体受到两个以上的力的作用而产生加速度时，常常用正交分解法解题。这时，要把物体受到的各个力分解在互相垂直的两个坐标轴方向上，再求出两个坐标轴方向上的合力，根据牛顿第二定律的分量形式 $F_x = ma_x$ 及 $F_y = ma_y$ 列方程组求解。为方便解方程组，常常把坐标轴建立在已知力较多的直线上，且取加速度或加速度的分量方向为坐标轴的正方向。

3.整体法

是将相互作用的几个物体看成一个整体，这几个物体的加速度可以相同也可以不同：

（1）加速度相同时，$\sum F = ma$，此时 m 是这几个物体的总质量。

（2）加速度不同时，$\sum F = \sum m_i a_i$，m_i、a_i 分别代表第 i 个物体的质量和加速度。

4.隔离法

就是将某个物体从整体中分离出来，这时，其他物体对这个物体的作用力就相当于外力。这种方法常常在求物体之间的相互作用力时使用。应该注意的是，在解决复杂问题时，整体法和隔离法常常交替使用。

七、牛顿第二定律的"两种"模型

1.刚性轻绳

不发生明显形变就能产生弹力，且内部张力处处相等，与运动情况无关。剪断后，其弹力立即消失，形变恢复不需要时间。

2.弹簧（或弹性绳）

其特点是形变量越大，产生的弹力越大，且形变恢复需要较长时间，可认为在瞬时问题中，其弹力的大小不发生改变。

【活题精析】

【例1】 如图 3-2 所示，A、B 球的质量相等，设弹簧的质量不计，光滑斜面的倾角为 θ，当系统处于静止时，弹簧与细线均平行于斜面。则在细线被烧断的瞬间，下列说法正确的是（　　）。

A. 两个小球的瞬时加速度均沿斜面向下，大小均为 $g\sin\theta$

B. B 球的受力情况未变，瞬时加速度为零

C. A 球的瞬时加速度沿斜面向下，大小为 $2g\sin\theta$

D. 弹簧有收缩的趋势，B 球的瞬时加速度向上，A 球的瞬时加速度向下，瞬时加速度都不为零

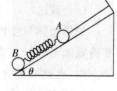

图 3-2

[分析与解]

细线烧断前，对 B 球有 $kx = mg\sin\theta$，细线烧断后瞬间，弹簧弹力不变，B 球仍受力平衡，$a_B = 0$，A 球所受合力为 $ma\sin\theta + kx = ma_A$ 解得 $a_A = 2g\sin\theta$，故 A、D 选项错误。

答案：B、C

【例2】 甲、乙二人通过刚性绳拔河，甲拉动乙向左运动，下面说法中正确的是（　　）。

A. 做匀速运动时，甲、乙二人对绳的拉力大小一定相等

B. 不论做何种运动，根据牛顿第三定律，甲、乙二人对绳的拉力大小一定相等

C. 绳的质量可忽略不计时，甲、乙二人对绳的拉力大小一定相等

D. 绳的质量不能忽略时，甲对绳的拉力一定大于乙对绳的拉力

[分析与解]

取绳子为研究对象，当匀速运动时，由平衡条件可知 A 选项正确；由于甲、乙二人对绳的拉力不是作用力与反作用力的关系，故 B 选项错误；当不计绳的质量时，无论绳子处于何种运动状态，由牛顿第二定律 $T_1 - T_2 = ma$，因 $m = 0$，故两人对绳子的拉力 $T_1 = T_2$，故 C 选项正确；当绳子质量不能忽略时，若加速运动，由牛顿第二定律 $T_1 - T_2 = ma$ 知，拉力 $T_1 > T_2$；若匀速运动，甲、乙拉力 $T_1 = T_2$；若减速运动，$T_1 < T_2$，有三种可能，故 D 选项错误。

答案：A、C

【例3】 物理量不仅有大小还有单位，有的时候根据物理量的单位也能够查出运算中的错误。下列单位分别是四位同学来表示力的单位，其中正确的是（　　）。

A. $kg \cdot m/s$　　　　　　　　B. $J \cdot m$

C. C・V/m   D. T・A・m^2

[分析与解]

根据牛顿第二定律 $F = ma$,可知力的单位可以表示为 kg・m/s^2,故 A 选项错误;根据功 $W = FL$,可知力的单位可表示为 J/m,故 B 选项错误;根据 $W = qU$ 及 $W = FL$ 可知,力的单位可表示为 C・V/m,故 C 选项正确;根据 $F = BIL$ 可知,力的单位可表示为 T・A・m,故 D 选项错误。

答案:C

【例4】 如图 3-3 所示,质量为 M 的木楔的倾角为 θ,静置于光滑的水平面上,一个质量为 m 的木块,从静止开始沿斜面下滑,其相对斜面的加速度为 a_1,求木楔相对地面的加速度大小 a_2 是多大。

[分析与解]

取木楔和木块组成的整体为研究对象,水平方向不受力,因此水平方向合外力 $F_合$ 为零。又木楔加速度水平向右。现取水平向左为正方向,将 a_1 沿水平和竖直方向分解,则木块相对地面向左的加速度大小为:

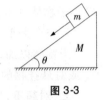

图 3-3

$a_1\cos\theta - a_2$。

对整体在水平方向应用牛顿第二定律得:

$$F_合 = m(a_1\cos\theta - a_2) - Ma_2 = 0$$

解得:$a_2 = \dfrac{ma_1\cos\theta}{M + m}$,方向向右。

点拨:

应用牛顿第二定律解题的关键是对研究对象进行正确的受力分析,同时,要注意力与加速度的瞬时对应关系,且灵活地选用解题方法,会使复杂问题变得很简单。

第三讲 牛顿运动定律的应用

【考点导悟】

一、动力学的两大基本问题

1.已知受力情况,求运动情况

根据牛顿第二定律,已知物体的受力情况,可以求出物体的加速度;再知道物体的初始条件(初位置和初速度),根据运动学公式,就可以求出物体在任一时刻的速度和位置,也就求解了物体的运动情况。

2. 已知物体的运动,求物体的受力情况

根据物体的运动情况,由运动学公式可以求出加速度,再根据牛顿第二定律可确定物体受的合外力,从而求出未知的力或与力相关的某些量,如动摩擦因数、劲度系数、力的角度等。

二、超重和失重问题

1. 超重

当物体具有向上的加速度时,物体对支持面的压力 F_N(或对悬挂物的拉力 T)大于物体的重力 G 的现象。

2. 失重

当物体具有向下的加速度时,物体对支持面的压力 F_N(或对悬挂物的拉力 T)小于物体的重力 G 的现象。

3. 完全失重

当物体以加速度 $a = g$ 竖直向下加速或向上减速时,物体对支持物的压力 F_N 或对悬挂物的拉力等于零的现象。

三、对超重、失重的理解

超重,并不是重力真的增加了;失重现象也并不是重力真的减小了,完全失重并不是重力消失了。

在超重、失重现象中,实际情况是重力并没有发生变化,只是压力或拉力发生变化了,这时如果用弹簧秤称量物体的重力,其读数比物体实际的重力大或小了,即视重发生了改变,因此,把这种现象称为超重或失重。以升降机为例,如图3-4所示:

当物体有向上的加速度 a 时,由牛顿第二定律可求出物体对升降机底部的压力 $F_N = m(g + a)$,视重比真重增加了 ma,此时好像物体的重力变为 $m(g + a)$。

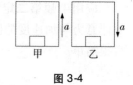

图3-4

同理,当物体有向下的加速度 a 时,物体对升降机底部的压力 $F_N = m(g - a)$,视重比真重减少了 ma,好像物体的重力变为 $m(g - a)$。

可见,超重或失重的值等于物体的质量与竖直方向的加速大小的乘积,即 $\Delta G = ma$。

当 $a = g$ 时,物体处于完全失重状态,视重变为零,此时物体对升降机地板无压力。

提醒:完全失重是失重的极限情况,这时物体对支持物的压力或对悬挂物的拉力等于零,在这种情况下,就好像不受重力一样,平时由重力产生的一切物理现象都消失,如单摆停止摆动,液体不产生压强,浸在液体中的物体不受浮力,根据重力的原理制成的天平、密度计等仪器失效。

四、运用牛顿运动定律解题常用的思维方法

1. 假设法

假设法一般是依题意从某一假设入手,然后运用物理规律得出结果,再进行适当的讨论,从而找出正确答案。这样的思维方法科学严谨、合乎逻辑,而且有利于拓宽思路。

2. 极限法

极限法也叫作临界条件法,这种方法是将物体的变化过程推至极限或临界状态,然后抓住满足临界值的条件,准确分析物理过程进而求解。

3. 程序法

所谓"程序法",就是按顺序对题目给出的物理过程进行分析,搞清可以划分多少个过程或状态,然后再对各个过程或状态进行分析求解。

【活题精析】

【例1】　如图 3-5 所示,质量 $m = 2\text{kg}$ 的物体静止于水平地面的 A 处,A、B 间距 $L = 20\text{m}$,用大小为 30N、沿水平方向的外力拉此物体,经 $t_1 = 2\text{s}$ 拉至 B 处。(已知 $\cos 37° = 0.8$,$\sin 37° = 0.6$,取 $g = 10\text{m/s}^2$)

(1)求物体与地面间的动摩擦因数。

(2)用大小为 30N、与水平方向成 37°的力斜向上拉此物体,使物体从 A 处由静止开始运动并能到达 B 处,求该力作用的最短时间 $t_{\min} = ?$

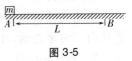

图 3-5

[分析与解]

(1)施加水平方向外力后,物体做匀加速直线运动,运动时间和位移分别为

$t_1 = 2\text{s}$、$L = 20\text{m}$,根据位移-时间关系 $L = \dfrac{1}{2}at^2$ 得:

$a = 10\text{m/s}^2$,再根据牛顿第二定律:$F - f = ma$

解得:$f = 10N$,又因为 $F_N = mg$ 故有:

$$\mu = \frac{f}{mg} = \frac{10}{2 \times 10} = 0.5$$

(2)外力 F 作用的最短时间是物体先在外力作用下做加速运动,然后撤去外力,水平方向只在摩擦力作用下做匀减速运动,到达 B 点时速度刚好为零。设加速度运动时的加速度为 a_1,减速运动时加速度大小为 a_2,根据图 3-6 并由牛顿第二定律:

$F\cos 37° - f = ma_1$

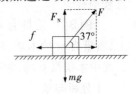

图 3-6

其中

$$f = \mu F_N = \mu(mg - F\sin 37°)$$

代入数值得：$a_1 = 11.5 \text{m/s}^2$

又 $a_2 = \dfrac{\mu mg}{m} = \mu g = 5 \text{m/s}^2$

由 $L = \dfrac{1}{2} a_1 t_{min}^2 + \dfrac{1}{2} a_2 t_2^2$ 及 $a_1 t_{min} = a_2 t_2$

联立得：$t_{min} \approx 1.03 \text{s}$

答案：(1) 0.5；(2) 1.03s。

【例2】 如图 3-7 所示，一质量为 M 的热气球在匀速下降，若气球所受浮力 F 始终保持不变，气球在运动过程中所受阻力仅与速率有关，重力加速度为 g，现欲使该气球以同样速率匀速上升，则需从气球吊篮中减少的质量为（ ）。

A. $2(M - \dfrac{F}{g})$ B. $M - \dfrac{2F}{g}$

C. $2M - \dfrac{F}{g}$ D. 0

图 3-7

[分析与解]

取热气球和物体组成的整体为研究对象，抛出物体以前，整体向下匀速运动，处于平衡状态。根据平衡条件得：

$$F + kv - Mg = 0$$

设抛出一部分质量为 Δm 后，气球向上做匀速运动，这时阻力方向向下，抛出的物体的加速度 $a = g$，方向竖直向下。取向上为正方向，仍对整体研究，由牛顿第二定律得：

$$F - kv - Mg = -\Delta mg$$

二式相加得：

$$\Delta m = 2(M - \dfrac{F}{g})$$

答案：A

本题采用了整体法和程序法来研究问题，避开了烦琐的解题过程，使解题过程简捷。

【例3】 质量为 M 的木楔倾角 θ，静置于粗糙的水平面上，质量为 m 的木块，从静止开始沿斜面以加速度 a 下滑，此过程中木楔没有动，如图 3-8 所示。求地面对木楔的支持力。

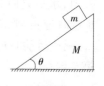

图 3-8

[分析与解]

因为物体有竖直向下的加速度大小为 $a_y = a\sin\theta$，所以

物体"失重"的量为:$\Delta G = ma\sin\theta$

对整体研究,对地面的压力大小为:

$F_N = Mg + mg - \Delta G = (M + m)g - ma\sin\theta$

由牛顿第三定律可知,地面对木楔的支持力大小为:

$F'_N = (M + m)g - ma\sin\theta$

【例4】 如图3-9所示,传送带与地面间的夹角为$\theta = 37°$,A、B两轴间的长度为16m,传送带以$v = 10\text{m/s}$的速度逆时针匀速转动。在传送带上端A处无初速度地放一个质量为0.5kg的物体,它与传送带间的动摩擦因数为$\mu = 0.5$。求:

（1）物体从A端运动到B端所需时间是多少。

（2）若传送带以$v = 10\text{m/s}$的速度顺时针匀速转动,情况如何。

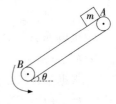

图 3-9

[分析与解]

（1）开始阶段,物体跟不上传送带,受到沿斜面向下的摩擦力,因此,先加速到与传送带同速。根据牛顿第二定律:

$mg\sin\theta + \mu mg\cos\theta = ma_1$

又 $v = a_1t_1$ $s = \dfrac{1}{2}a_1t_1^2$

又因$\mu < \tan\theta$,所以加速至同速后,物体将继续做加速运动,但摩擦力方向沿斜面向上,根据牛顿第二定律有:

$mg\sin\theta - \mu mg\cos\theta = ma_2$

$L - s = vt_2 + \dfrac{1}{2}at_2^2$

联立解得:

$t_1 = 1\text{s}$、$t_2 = 1\text{s}$,$t = t_1 + t_2 = 2\text{s}$

即物体从A端运动到B端所需时间是2s。

（2）如果传送带以$v = 10\text{m/s}$做顺时针转动,物体将沿着传送带一直加速向下运动,摩擦力方向沿传送带向上。设加速度大小为a_3、时间为t_3,有:

$a_3 = \dfrac{mg\sin\theta - \mu mg\cos\theta}{m} = 2\text{m/s}^2$

由$s = \dfrac{1}{2}a_3t_3^2$,得:$t_3 = \sqrt{\dfrac{2s}{a_3}} = 4\text{s}$

即:传送带以$v = 10\text{m/s}$的速度顺时针匀速转动时,物体从A到B的时间为4s。

图 3-10

【例5】 如图3-10所示,在静止的电梯里放一桶水,将一个用弹簧固定在桶底的软木塞浸在水中,在电梯突然加速下降时,弹簧的伸长量如何改变。

[分析与解]

方法一:极限法。

原来的情况是弹簧被拉长,若电梯以加速度 g 向下做加速运动,物体将处于完全失重状态,此时物体视重为零,水对物体也没有浮力,这时弹簧将处于自然长度。因此,在电梯突然加速下降时,弹簧的伸长量一定变小。

方法二:公式法。

开始时,软木塞在向下的弹力 $F_弹$、竖直向下的重力 G 和竖直向上的浮力 $F_浮$ 这三个力的作用下处于平衡状态。由平衡条件得:

$F_弹 + G = F_浮$,其中:$F_浮 = \rho g V_排$

代入得:$F_弹 = \rho g V_排 - mg$ ①

当电梯突然加速下降时,水处于失重状态,木块受到的浮力为:

$F'_浮 = \rho(g-a)V_排$

根据牛顿第二定律得:

$F'_弹 + G - F'_浮 = ma$

解得:

$F'_弹 = \rho(g-a)V_排 - mg + ma$

$\quad\quad = \rho g V_排 - mg + (m - \rho V_排)a$ ②

因为水的密度大于木塞的密度,所以有 $m - \rho V_排 < 0$

比较①、②两式知:

$F'_弹 < F_弹$

即:在电梯突然加速下降时,弹簧的伸长量比原来小了。

点拨:

灵活利用牛顿运动定律是解决物理问题的关键,在例 5 中,极限法对解决选择题是非常有效的,但能够巧妙运用公式进行定量分析和计算,更需要扎实的基本功。

第四讲　解读"挂码法"验证牛顿第二运动定律

【考点导悟】

一、实验目的

(1)掌握用控制变量法研究物理规律的方法。

(2)验证牛顿第二定律。

（3）学会利用图像法处理实验数据。

二、实验原理

本实验采用的基本方法是控制变量法。这种方法是先控制一个参量，如保持小车的质量 M 不变，讨论加速度 a 与力 F 的关系；然后，再控制 F 不变（即保持砝码和小盘的质量不变），讨论加速度 a 与 M 的关系。

三、实验器材

低压交流电源，导线，打点计时器，纸带，复写纸片，小车，一端附有定滑轮的长木板，小盘，砝码，夹子，细绳，天平（自带一套砝码），刻度尺，铅笔。

四、实验步骤

（1）先用天平测出小车、小盘的质量 M_0 和 m_0，并把数据记录在预先设计的表格内。

（2）按照图3-11所示的装置把实验器材安装好，但不能悬挂细线和小盘，即不给小车施加牵引力。

（3）平衡摩擦力。

在长木板的不带定滑轮的一端下面垫上一个薄木块，反复移动木块的位置，直至小车在斜面上运动时可以保持匀速运动状态（即纸带上打印点的分布是均匀的），这时，小车受到的摩擦力与小车所受重力在斜面方向上的分力平衡，即合力为零。

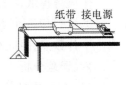

纸带 接电源

图 3-11

（4）把细绳系在小车上并绕过定滑轮后悬挂小盘，先接通电源后放开小车，打点计时器在纸带上打下一系列的点。打点完成后切断电源，取下纸带。

（5）保持小车及车内砝码的质量不变，在小盘内放入质量为 m' 的砝码，重复步骤4，再在小盘内分别放入质量为 m''、m''' 的砝码，将数值记录在表格内并对打点后的纸带进行标号。

（6）在每条纸带上都选取一段比较理想的部分，标明计数点，测量计数点间的距离，算出每条纸带对应加速度的值。

（7）用纵坐标表示加速度、横坐标表示拉力，根据实验结果在坐标平面上描出相应的点，若这些点在一条直线上并通过坐标原点，就证明了加速度与作用力成正比。

（8）保持小盘中砝码的质量不变，即保持外力 F 不变，在小车上依次增加砝码，重复上述步骤，用纵坐标表示加速度 a、横坐标表示小车与砝码总质量的倒数 $\frac{1}{M}$，在坐标纸上描出相应的点，如果这些点在一条直线上并通过坐标原点，则证明了加速度与质量成反比。

五、实验注意事项

（1）平衡摩擦力时，一定不要把悬挂小盘的细线系在小车上，即不要给小车加牵引力,而是只让小车拖着纸带运动。

(2)待摩擦力平衡好之后,不管在后面的实验中是改变盘中砝码的总质量还是改变车的质量,均不需要再平衡摩擦力。

(3)由于本实验是把小盘和砝码的总重力当成小车受到的拉力,因此,在整个实验中,每次都要满足小车(包括车上砝码)的总质量 M 远大于小盘和砝码的总质量 m,即 $M \gg m$ 的条件。

(4)每次在释放小车前,小车都应尽量靠近打点计时器,应遵从先接通电源后放开小车的次序,且应在小车到达滑轮前按住小车以免损坏器材。

(5)在描点后拟合直线时,要使尽可能多的点在直线上,实在不在直线上的点,应尽可能对称地分布在直线的两侧,对特别远离直线的点应该舍去。

(6)建立的两坐标轴的标度、比例要适当且各物理量均须采用国际单位,描点要力求准确、细腻。

(7)数据处理:

①应舍掉纸带上开头比较密集的点,找到后边便于测量的点作为起点。

②取打印五个点的时间作为时间单位,也就是说从起点开始,每五个点标出一个计数点,因此相邻两个计数点间的时间间隔 $T = 0.1s$。

六、误差分析

(1)测量质量及打印点间隔距离时有读数误差。

(2)操作视觉误差:打点计时器的放置、拉线或纸带不与木板平行等都能对本实验造成误差。

(3)因实验原理造成的系统误差

本实验中用重物的重力当小车受到的拉力,但实际上小车受到的拉力要比悬挂重物的总重力 mg 小,这是系统误差。具体分析如下:

分别对小车和悬挂物由牛顿第二定律:

对小车:$T = Ma$

对悬挂物:$mg - T = ma$

两式联立得:$T = \dfrac{Mmg}{M + m}$ $\qquad a = \dfrac{mg}{M + m}$

从方程组的解,我们不难看出:

①$T < mg$,只有在满足 $M \gg m$ 时,$T \approx mg$,这时可把重物的重量当成小车受到的拉力。因此,在本实验中,一定要注意实验条件。如果实验条件不满足,必有重物质量越接近小车的质量、误差就越大。

②$a < g$,当 $m \gg M$,$a \approx g$,由此可知,小车的加速度随着悬挂物重力的增加而增大,但以重力加速度 g 为极限。a-F 图线不再是过原点的直线,而是发生弯曲并以 $a = g$ 为渐近线。

【活题精析】

【例1】　在利用"挂码法"验证"牛顿第二定律"时,下列说法中正确的是（　　）。

A.平衡摩擦力时,应将砝码盘及盘内砝码通过定滑轮拴在小车上

B.连接砝码盘和小车的细绳应与长木板保持平行

C.平衡摩擦力后,长木板的位置不能再移动

D.小车释放前应尽量靠近打点计时器,且必须先接通电源后释放小车

[分析与解]

此题考查的是实验过程中应该注意的事项,选项 A 中平衡摩擦力时,不能将砝码盘及盘内砝码通过细绳拴在小车上,因为平衡摩擦力是让重力沿斜面方向的分力（下滑力）与摩擦力相等,故 A 选项错误;选项 B、C、D 符合操作规程,故 B、C、D 选项正确。

答案:B、C、D

【例2】　在《探究加速度与力、质量的关系》的实验中。

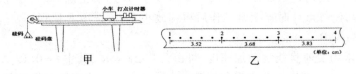

图3-12

(1)某组同学用如图 3-12 中甲图所示装置,研究小车质量不变的情况下,小车的加速度与其受到的力的关系。下列措施中不必要或有错误的是（　　）。

A.首先平衡摩擦力,使小车受到的合力等于细绳对小车的拉力

B.平衡摩擦力的方法是在砝码盘中加砝码,使小车能匀速滑动

C.每次改变小车拉力后,都需要重新平衡摩擦力

D.实验中通过在砝码盘中增加砝码来增加小车受到的拉力

E.实验时应先释放小车,后开打点计时器的开关

(2)在实验过程中,打出了一条纸带如图 3-12 中乙图所示,打点计时器打点的时间间隔为 $T = 0.02\text{s}$。从比较清晰的点起,每五个点取一个计数点。量出相邻计数点之间的距离。该小车的加速度 $a =$ _____ m/s²（结果保留两位有效数字）。

(3)在实验中,某一小组同学根据实验数据,画出的,a-$\dfrac{1}{M}$关系图线如图3-13

所示从图像中可以看出作用在物体上的恒力 $F =$ _____ N。当物体的质量为 5kg 时,它的加速度为 _____ m/s^2。

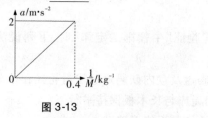

图 3-13

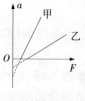

图 3-14

(4)若甲、乙两组同学在同一实验室,各取一套如图 3-12 甲所示的装置放在水平课桌上,在没有平衡摩擦力的情况下,得出了加速度 a 与绳中拉力 F 的关系,分别得到如图 3-14 中甲、乙两条直线。设甲、乙使用的小车的质量分别为 M_1、M_2,甲、乙两车与木板间的动摩擦因数分别为 μ_1、μ_2,根据图像可知,M_1 _____ M_2,μ_1 _____ μ_2(填">"、"<"或"=")。

[分析与解]

(1)本实验中只有平衡摩擦力后,小车受到的拉力才等于其合力,因此要平衡摩擦力,选项 A 正确;平衡摩擦力时不应挂砝码盘,故 B 选项错误;实验时只平衡一次摩擦力即可,故选项 C 不必要;在砝码盘中放的砝码越多,小车受到的拉力越大,因此通过增加砝码来改变拉力大小,D 选项正确;释放小车之前应先接通电源,使打点计时器正常工作后再释放小车,故选项 E 错误。

答案:A、D

(2)求匀变速直线运动加速度,可由公式 $\Delta x = at^2$,其中 $t = 0.1s$,$\Delta x = (3.68 - 3.52) \times 10^{-2}m$,代入公式得加速度 $a = 0.16m/s^2$。若用第三段和第二段,$\Delta x' = (3.83 - 3.68) \times 10^{-2}m$,$a' = 0.15m/s^2$。故加速度 $a = 0.155m/s^2$,按题意结果要求,答案为:$a = 0.16m/s^2$。

(3)由图线数据知:$F = Ma = \dfrac{1}{0.4} \times 2 = 5N$

当物体质量为 $M = 5kg$ 时,$a = \dfrac{F}{M} = \dfrac{5}{5}m/s^2 = 1m/s^2$

(4)因为没有平衡摩擦力,由牛顿第二定律得:

$F - \mu mg = ma$,即 $a = \dfrac{F}{m} - \mu g$,又 a-F 关系图线斜率大的质量小,故 $M_1 < M_2$;又甲纵轴截距绝对值大于乙的,故甲的动摩擦因数大于乙的,即 $\mu_1 > \mu_2$。

点拨:

本实验的难点是实验原理,搞清小车受的合力等于悬挂小盘及所放砝码的总重力的条件,就明确了本实验为什么一定要平衡摩擦力,至于实验数据处理问题,难点是对实验图像的理解,搞清图像的斜率及截距的物理意义是突破难点的关键。

单元检测三

1. 下列说法中正确的是(　　)。

A. 物体在不受外力作用时,保持原有运动状态不变的性质叫惯性,故牛顿运动定律又叫惯性定律

B. 牛顿第一定律仅适用于宏观物体,只可用于解决物体的低速运动问题

C. 牛顿第一定律是牛顿第二定律在物体的加速度 $a = 0$ 条件下的特例

D. 伽利略根据理想实验推出,如果没有摩擦,在水平面上的物体,一旦具有某一速度,将保持这个速度继续运动下去

2. 一质点开始时做匀速直线运动,从某时刻起受到一恒力作用,此后,该质点的动能可能(　　)。

A. 一直增大

B. 先逐渐减小至零,再逐渐增大

C. 先逐渐增大至某一最大值,再逐渐减小

D. 先逐渐减小至某一非零的最小值,再逐渐增大

3. 一列以速度 v 匀速行驶的列车内有一水平桌面,桌面上的 A 处有一小球。若车厢内的旅客突然发现(俯视图)小球沿如图检 3-1 所示的虚线从 A 点运动到 B 点,则由此可以判断列车的运行情况是(　　)。

A. 减速行驶,向北转弯

B. 减速行驶,向南转弯

C. 加速行驶,向南转弯

D. 加速行驶,向北转弯

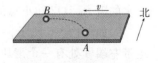

检 3-1

4. 如图检 3-2 所示,甲、乙两人在冰面上"拔河"。两人中间位置处有一分界线,约定先使对方过分界线者为赢。若绳子质量不计,冰面可看成光滑,则下列说法正确的是(　　)。

A. 甲对绳的拉力与绳对甲的拉力是一对平衡力

B. 甲对绳的拉力与乙对绳的拉力是作用力与反作用力

C. 若甲的质量比乙大,则甲能赢得"拔河"比赛的胜利

D. 若乙收绳的速度比甲快,则乙能赢得"拔河"比赛的胜利

5. 如图检 3-3 所示,两个质量分别为 m_1 和 m_2 的物块,通过细绳相连并悬挂于弹簧的下端,若不计弹簧和细线的质量,求剪掉两物体之间的细线的瞬间,两物体的加速度大小和方向。

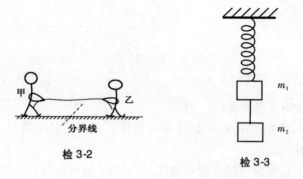

检 3-2

检 3-3

6. 如图检 3-4 所示,在粗糙地面上放置一个条形磁铁,一根通电直导线垂直磁铁放置,磁铁始终保持静止不动。求磁铁受地面摩擦力的方向。

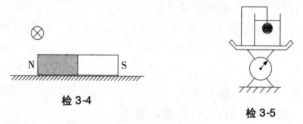

检 3-4

检 3-5

7. 如图检 3-5 所示,台秤上放一个装有水的杯子,通过固定在台秤上的支架用细线悬挂一个质量为 m 的小球,球全部浸没在水中,平衡时台秤的示数为某一数值,今剪断悬线,在球以加速度 a 下落的过程中,求台秤的示数改变量(不计水的阻力,且已知小球的密度是水密度的 $k(k>1)$ 倍)。

8. 如图检 3-6 所示,一平直的传送带以速度 $v=10\text{m/s}$ 匀速向左运行,在传送带左端 A 处有一个滑块以 $v_0=20\text{m/s}$ 的初速度向右运动,经过一定时间后滑块又回到左端。若滑块与传送带之间的动摩擦因数 $\mu=0.1$,取重力加速度 $g=10\text{m/s}^2$,求:

(1)传送带左右两端的距离至少多长。

(2)滑块从 A 出发到再次回到 A 端经历的时间 $t=?$

检 3-6

第四章　曲线运动　万有引力与航天

第一讲　曲线运动　运动的合成与分解

【考点导悟】

一、曲线运动

1.曲线运动的速度特点

质点做曲线运动时,在某一时刻的瞬时速度的方向就是通过这一点的切线方向,所以曲线运动一定是变速运动。但应该注意的是变速运动不一定是曲线运动。

2.做曲线运动的条件

从运动学角度说:物体的加速度的方向跟它的速度方向不在同一直线上,物体就做曲线运动。

从动力学角度说:如果运动物体所受合力的方向跟它的速度方向不在同一直线上,物体就做曲线运动。

特殊情况:当物体所受合力为恒力(或加速度恒定),且与速度方向不共线,则物体将做匀变速曲线运动。

二、运动的合成与分解

1.分运动与合运动

一个物体同时参与几个运动,参与的这几个运动都是分运动,物体的实际运动是合运动。

2.运动的合成

已知分运动求合运动,叫作运动的合成。

运动的合成实际上是运动速度、加速度的合成,遵循平行四边形定则。特殊情况,当两分运动在同一条直线上时,同向相加,反向相减,这是最简单的情况。

3.运动的分解

(1)定义:已知合运动求分运动,叫作运动的分解。它是运动合成的逆运算。

（2）分解方法：一般有两种，即按照实际效果分解或正交分解。

三、两个匀变速直线运动的合成

（1）若合加速度（包括大小或方向）恒定，则为匀变速运动；否则为非匀变速运动。

（2）根据合加速度方向与合初速度方向的关系，可以确定合运动是直线运动还是曲线运动。

当合加速度与合初速度的方向在同一直线上则为直线运动，否则为曲线运动。因此不难得出下面的结论：

两个匀速直线运动的合运动一定是匀速直线运动。

一个匀速直线运动与一个匀变速直线运动的合运动仍然是匀变速运动，当合加速度与合初速度共线时为匀变速直线运动，不共线时为匀变速曲线运动。

两个匀变速直线运动的合运动仍然是匀变速运动；若合初速度与合加速度在同一直线上，则合运动为匀变速直线运动，不共线时为匀变速曲线运动。

四、小船过河问题

在小船过河问题中，都涉及三个物体、三种速度、三个问题。

1. 三个物体

船、流水和河岸，我们常常以船为研究对象。

2. 三种速度

V_1 为船在静水中的速度，即船相对水的速度；V_2 为水流速度；V 为船的实际速度，即船相对河岸的速度，也称为绝对速度。它们的关系是：$\vec{V} = \vec{V_1} + \vec{V_2}$。

3. 三个问题

（1）过河时间最短问题。

对这个问题，我们可以从合运动与分运动的等时性去思考，对垂直于河岸方向的分运动，因为河宽 d 一定，只要船头正对河岸，垂直河岸方向的速度最大即 V_1，如图 4-1 所示，这时过河时间最短，且：

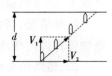

图 4-1

$$t_{\min} = \frac{d}{V_1}$$

（2）当 $V_1 > V_2$ 时，最短路径问题。

分析：因为 $V_1 > V_2$，故 V_1 沿河岸的分速度可以和水流速度相抵消，此时合速度方向与河岸垂直。如图 4-2 所示，此时最短航程 $S_{\min} = d$

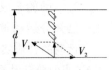

图 4-2

（3）当 $V_1 < V_2$ 时，最短路径问题。

分析：因为 $V_1 < V_2$，故合速度不可能与河岸垂直，这时最短航程可以用如下方法确定：如图 4-3 所示，以 V_2 矢量末端为圆心，以 V_1 矢量的大小为半径画圆，

从 V_2 矢量的始端向圆弧做切线,则合速度沿切线时航程最短,并可求出最短航程为:

$$S_{\min} = \frac{V_2}{V_1}d$$

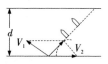

五、关联速度

所谓"关联速度",就是两个直接接触并发生相互作用的物体沿着相互作用力方向的速度,记为 $v_{联}$,这个速度联系着相互作用的两个物体。由于相互接触,因此沿着相互作用力方向的速度分量一定相等。可分为以下三种情况:

图 4-3

(1)绳、物模型的速度关联。

由于绳子和物体之间的相互作用力总是沿着绳,因此关联速度方向沿着绳。

(2)杆、物模型的速度关联。

杆、物模型是指杆和物直接连接或相互约束接触的模型。

(3)交杆模型。

交杆模型是指两杆(直杆、弯杆)相交的模型,两杆中的一杆或两杆都运动,从而使交点发生运动,此时交点的速度与两杆的速度存在关联。

【活题精析】

【例 1】　在一次杂技表演中,猴子沿竖直杆向上做初速度为零、加速度为 a 的匀加速运动,同时人顶着直杆以速度 v_0 水平匀速移动,经过时间 t,猴子沿杆向上移动的高度为 h,人顶杆沿水平地面移动的距离为 x,如图 4-4 所示。则关于猴子的运动,以下说法中正确的是(　　　　)。

A. 相对地面的运动轨迹为直线

B. 相对地面做变加速曲线运动

C. t 时刻猴子对地速度的大小为 $v_0 + at$

D. t 时间内猴子对地的位移大小为 $\sqrt{x^2 + h^2}$

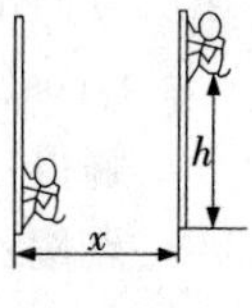

[分析与解]

图 4-4

猴子实际的运动是水平方向上匀速直线运动和竖直方向上匀加速直线运动的合运动。因为猴子竖直方向加速度恒定,水平方向的初速度与加速度不共线,故猴子相对地面做匀变速曲线运动;猴子 t 时刻对地速度的大小 $\sqrt{v_0^2 + (at)^2}$,在 t 时间内,猴子相对地面位移大小 $s = \sqrt{x^2 + h^2}$,故只有 D 选项是正确的。

答案:D

【例2】 一个人站在距离平直公路 $h = 50\text{m}$ 的 B 处,公路上有一辆汽车,正以速度 $v_1 = 10\text{m/s}$ 的速度行驶,如图 4-5 所示,当汽车在与人相距 $l = 200\text{m}$ 的 A 处时,人以速度 $v_2 = 3\text{m/s}$ 匀速奔跑,为了使人跑到公路上时恰能与车相遇,问人奔跑应该取什么方向?

[分析与解]

人和车都做匀速运动,故人相对于车的运动也是匀速运动。以车为参考系,人要想与车相遇,必须是人相对于车的速度 v_3 沿 BA 方向。设人相对地运动的速度方向与 BA 成 θ 角,而地对车的速度为 $-v_1$,根据运

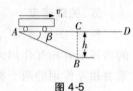

图 4-5

动的合成与分解的知识及牵连关系,可做出速度关系矢量图,如图 4-6 所示,由正弦定理得:

$$\frac{v_2}{\sin\beta} = \frac{v_1}{\sin\theta}$$

即 $\sin\theta = \dfrac{v_1}{v_2}\sin\beta$

而 $\sin\beta = \dfrac{h}{l}$,代入上式得:

$\sin\theta = \dfrac{5}{6}$,故:

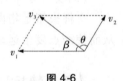

图 4-6

$\theta = 56.5°$ 或 $\theta = 123.5°$

【例3】 截面半径为 R 的光滑半圆形柱体,以 v_0 的速度向右做匀速直线运动,并带动从动杆 AB 沿竖直方向上升,如图 4-7 所示,求当 $\angle AOP = \alpha$ 时,AB 杆的速度 v_A 是多少?

[分析与解]

杆 AB 与圆柱相互作用力沿半径 OA 方向,因此关联速度方向沿 OA,于是有:

$v_0\cos(90° - \alpha) = v_A\cos\alpha$

解得:$v_A = v_0\tan\alpha$

点拨:

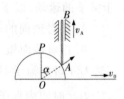

图 4-7

运动的合成与分解内容是教学的难点,只要学生抓住以下几个关键,还是能突破难点。

(1)合运动一定是物体的实际运动。

(2)只要合外力是恒力(即加速度大小、方向恒定)就是匀变速运动。

(3)只要合外力方向与合初速度方向有夹角(不为零),合运动径迹就是曲线。

第二讲 抛体运动

【考点导悟】

一、平抛物体的运动

1. 定义

将物体以一定的初速度沿水平方向抛出,不考虑空气阻力,物体只在重力作用下所做的运动。

2. 性质

平抛运动是加速度为 g 的匀变速曲线运动,轨迹是抛物线。

二、平抛运动的规律

以抛出点为原点,以水平初速度 v_0 方向为 x 轴正方向,以竖直向下的方向为 y 轴正方向建立直角坐标系,则有:

水平方向以 v_0 速度直线运动,任意时刻的速度 $v_x = v_0$,水平位移 $x = v_0 t$。

竖直方向做自由落体运动,任意时刻的速度 $v_y = gt$,任意时刻的位移 $y = \frac{1}{2} g t^2$。

任意时刻合速度大小为 $v = \sqrt{v_0^2 + (gt)^2}$,方向与水平方向的夹角正切:

$$\tan\theta = \frac{gt}{v_0}$$

任意时刻合位移大小为:

$$s = \sqrt{x^2 + y^2} = \sqrt{(v_0 t)^2 + \left(\frac{1}{2} g t^2\right)^2}$$

方向与水平方向夹角正切 $\tan\alpha = \frac{gt}{2v_0}$。运动轨迹方程 $y = \frac{g x^2}{2 v_0^2}$,即轨迹是抛物线。

三、重要推论

(1)做平抛(或类平抛)运动的物体在任一时刻任一位置处,设其末速度方向与水平方向的夹角为 θ,位移与水平方向的夹角为 φ,则 $\tan\theta = 2\tan\varphi$。

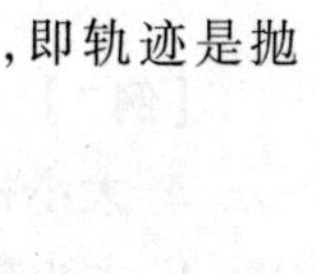

图 4-8

证明:如图 4-8 所示,由平抛运动规律得:

$$\tan\theta = \frac{v_y}{v_0} = \frac{gt}{v_0}$$

$$\tan\varphi = \frac{y}{x} = \frac{\frac{1}{2}gt^2}{v_0 t} = \frac{gt}{2v_0}$$

故 $\tan\theta = 2\tan\varphi$

（2）任意时刻速度反向延长线平分水平位移。

证明：设速度的反向延长线与 x 轴交点为 P，如图 4-9 所示，又因任意时刻水平位移 $Ox = v_0 t$，而由三角函数知识得：

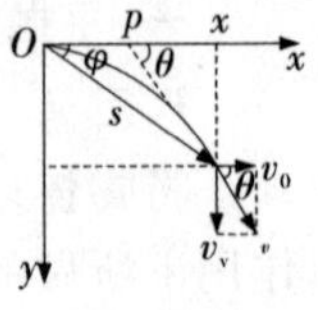

$$Px = \frac{y}{\tan\theta} = \frac{\frac{gt^2}{2}}{\tan\theta}$$

$$\tan\theta = \frac{v_y}{v_0} = \frac{gt}{v_0}$$

图 4-9

两式联立：$Px = \frac{1}{2}Ox$

结论正确。

四、斜抛运动

1. 定义

将物体以一定的初速度沿斜向上或斜向下方向抛出，物体仅在重力作用下所做的运动叫作斜抛运动。

2. 性质

是加速度恒为重力加速度 g 的匀变速曲线运动，轨迹是抛物线。

3. 处理方法

化曲为直，通常把曲线运动分解为水平方向的匀速直线运动和竖直方向的匀变速直线运动。这两个分运动相互独立，有时也根据需要进行分解。

【活题精析】

【例 1】 做平抛运动的物体，每秒速度增量总是（　　　）。

A. 大小相等，方向相同　　　B. 大小不等，方向不同

C. 大小相等，方向不同　　　D. 大小不等，方向相同

［分析与解］

因为平抛运动是匀变速曲线运动，即加速度大小和方向均恒定不变，任一时刻 $\Delta v_x = 0$、$\Delta v_y = g\Delta t$。因此，每秒速度增量 $\Delta v = \Delta v_y = g \times 1 = g$ 是定值，方向竖直向下。也就是说速度的变化是恒定的，故 A 选项正确。

【例 2】 将一个小球从斜面顶端沿水平方向抛出，已知斜面足够长，倾斜角为 θ，求小球可运动的时间和离斜面的最大距离。

[分析与解]

如图 4-10 所示,将实际的运动分解为两个互相垂直的分运动。为研究方便起见,沿斜面和垂直于斜面向上建立直角坐标系,小球沿 x 轴做匀加速直线运动,沿 y 轴做匀减速运动,将初速度和重力加速度沿两坐标轴分解,则有:

$$v_{0x} = v_0 \cos\theta$$

$$v_{0y} = v_0 \sin\theta \qquad g_x = g\sin\theta \qquad g_y = -g\cos\theta$$

当 $v_y = 0$ 时,物体达到最高点,设运动时间为 t,则

$$t = \frac{v_0 \sin\theta}{g\cos\theta} = \frac{v_0 \tan\theta}{g}, t_{总} = \frac{2v_0 \tan\theta}{g}$$

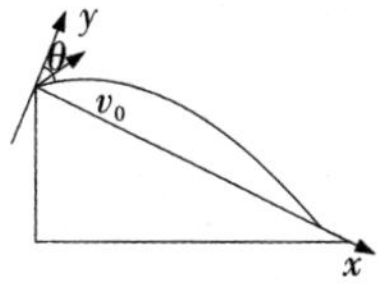

最大高度为:

$$h_{max} = \frac{v_0 \sin\theta}{2} \cdot \frac{v_0 \tan\theta}{g} = \frac{v_0^2 \sin^2\theta}{2g\cos\theta}$$

图 4-10

点拨:

在抛体运动问题的处理上,学会"化曲为直"的处理方法是关键。其中,以平抛运动为重点,对平抛运动的理解除了两个重要的推论要熟记并灵活运用外,特别要强调以下两点:

1. 速度变化均匀

因竖直方向加速度恒定,水平方向没有加速度,故速度变化均匀,即 $\frac{\Delta v}{\Delta t} = g$。

2. 速率变化不均匀

因为某时刻的速率 $v = \sqrt{v_0^2 + (gt)^2}$,$v$ 和 t 之间不是简单的线性关系。

第三讲　圆周运动的规律和应用

【考点导悟】

一、描述圆周运动的物理量

1. 线速度

是描述物体沿圆周运动快慢程度的物理量。数值上等于物体沿圆周运动通过的弧长与通过这个弧长所用时间的比值,常用 v 表示,写成公式为:

$v = \frac{l}{t}$,单位是米每秒(m/s),方向沿圆弧的切线方向。

2. 角速度

是描述物体绕圆心转动快慢的物理量。数值上等于连接质点与圆心的半

径扫过的圆心角与所用时间的比值。用符号 ω 表示,写成公式为:

$\omega = \dfrac{\theta}{t}$,单位是弧度每秒(rad/s),方向沿转动轴,符合右手螺旋关系。

3. 周期与频率

(1)周期:是描述物体匀速圆周运动快慢程度的物理量。数值上等于沿圆周运动一周所用的时间。用符号 T 表示。

公式为:

$T = \dfrac{2\pi r}{v}$ 或 $T = \dfrac{2\pi}{\omega}$,单位:s

(2)频率:是指一秒钟时间内完成圆周运动的次数,用符号 f 表示。单位是赫兹(Hz),周期与频率的关系是:

$T = \dfrac{1}{f}$

4. 转速

是描述匀速圆周运动快慢的物理量。数值上等于单位时间内转过的圈数。常用符号 n 表示,单位是转每秒(r/s)或转每分(r/min)。

5. 向心加速度

是描述速度方向变化快慢的物理量。公式为:

$a_n = \dfrac{v^2}{r}$,单位是米每二次方秒(m/s^2),方向沿半径指向圆心时刻变化。

6. 物理量之间的关系

$v = \omega r = \dfrac{2\pi r}{T} = 2\pi n r$

$a = \dfrac{v^2}{r} = \omega^2 r = \omega v = (2\pi n)^2 r$

二、向心力

1. 概念

向心力是按效果命名的力,时刻指向圆心,是产生向心加速度的原因,只改变线速度方向,不改变线速度大小。

2. 公式

$F_{向} = m a_{向} = m\dfrac{v^2}{r} = m\omega^2 r = m\left(\dfrac{4\pi^2}{T^2}\right)r$

3. 方向

总是指向圆心,即时刻在变化、是变力。

三、匀速圆周运动

1. 匀速圆周运动

质点沿圆周运动,在相等的时间里通过的弧长都相等。

2.匀速圆周运动的特点

（1）是线速度大小不变而方向时刻变化的变速曲线运动。

（2）合外力等于向心力,即合外力大小不变,方向始终与速度方向垂直,即指向圆心。

特别提醒:

向心力不是什么特殊的力,而是依据力的效果命名的力,是由其他力充当,可以是物体受到的某一力,也可以是某几个力的合力,还可以是某一个力的分力。因此,在受力分析时,不能说物体受到了向心力。

四、竖直面内的圆周运动的两种模型

1.轻绳模型

轻绳模型的特点是小球在最高点没有支撑物。如图 4-11 所示。在最高点,最多可受两个力,即重力、绳拉力 T（轨道弹力 F_N）。由牛顿第二定律:

$$T(F_N) + mg = m\frac{v^2}{r}$$

当 $T = 0$ 或 $F_N = 0$ 时,刚好经过最高点,此时在最高点的线速度最小,记为 $v_{临}$,且 $v_{临} = \sqrt{gr}$,这就是小球通过最高点的临界速度。

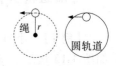

图 4-11

若在最高点处,$v_{临} > \sqrt{gr}$,绳或轨道对小球产生弹力,方向指向圆心。

若在最高点处,$v_{临} < \sqrt{gr}$,小球不能达到最高点,在达到最高点前已经脱离了轨道。

2.轻杆模型

轻杆模型的特点是小球在最高点有支撑物。如图 4-12 所示。小球能通过最高点的临界条件是:$v_{临} = 0$。

若在最高点不受轨道作用力,则 $F_N + mg = m\frac{v^2}{r}$ 中 $F_N = 0$,此时,线速度 $v = \sqrt{gr}$,这是小球在最高点与轨道无相互作用力的临界条件。

分下面几种情况讨论:

（1）当 $v = 0$ 时,$F_N = -mg$,负号表示内轨道对小球有竖直向上的支持力。

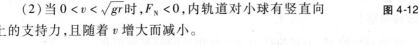

图 4-12

（2）当 $0 < v < \sqrt{gr}$ 时,$F_N < 0$,内轨道对小球有竖直向上的支持力,且随着 v 增大而减小。

（3）当 $v > \sqrt{gr}$ 时,$F_N > 0$,外轨道对小球有竖直向下的弹力,且随着 v 增大而增大。

五、离心运动

1. 概念

做圆周运动的物体,在所受合外力突然消失或不足以提供圆周运动所需向心力的情况下,就做远离圆心的运动,这种运动叫作离心运动。

2. 本质

(1)离心运动并非是沿半径方向飞出的运动,而是运动半径越来越大的运动或沿切线方向飞出的运动。

(2)离心运动并不是物体受到什么离心力作用的结果,而是物体惯性的表现。

3. 物体做离心运动的条件

做圆周运动的物体,当它受到的沿半径指向圆心的合外力突然变为零或不足以提供做圆周运动所需的向心力时,就将做离心运动。

【活题精析】

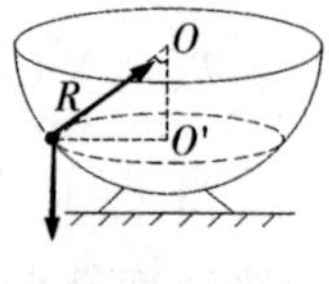

图 4-13

【例1】 小球在光滑的半球形碗内做匀速圆周运动,如图 4-13 所示。说明小球做匀速圆周运动所需向心力的来源。

[分析与解]

向心力是按照效果命名的力,不是什么特殊的力。在本题中,小球受两个力作用,重 mg,碗内壁对小球的支持力 F_N。因为小球做匀速圆周运动,故向心力可认为是重力和碗的支持力的合力充当的,也可以说是支持力的水平分量 F_x 充当的,其竖直分量 F_y 与重力 mg 保持平衡。如图 4-14 所示。

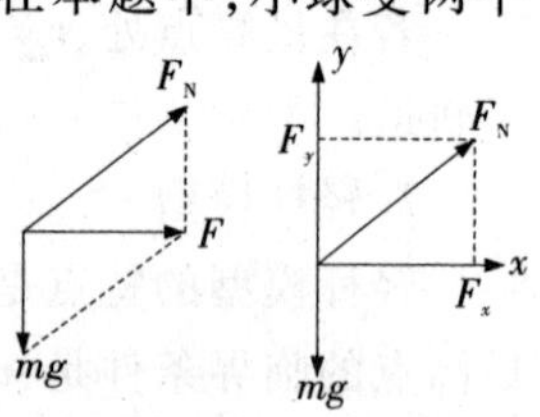

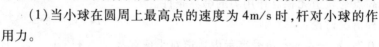

图 4-14

【例2】 如图 4-15 所示,一质量为 0.5kg 的小球,用 0.4m 长的细杆固定在顶端,在竖直平面内做圆周运动,求:

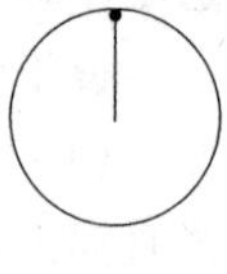

(1)当小球在圆周上最高点的速度为 4m/s 时,杆对小球的作用力。

(2)当小球在圆周上最高点的速度为 $\sqrt{2}$ m/s 时,杆对小球的作用力(g 取 10m/s^2)。

图 4-15

[分析与解]

(1)这是轻杆模型,小球与杆无相互作用力的临界速度是:

$$v_0 = \sqrt{gr} = 2\text{m/s}$$

因小球在最高点的速度:

$v_1 = 4\,\mathrm{m/s} > v_0 = 2\,\mathrm{m/s}$

因此,杆对小球有向下的拉力,设其大小为 F_1,根据牛顿第二定律得:

$$F_1 + mg = \frac{mv^2}{r}$$

解得: $F_1 = m\dfrac{v^2}{r} - mg = 15\,\mathrm{N}$

（2）因 $v_2 = \sqrt{2}\,\mathrm{m/s} < v_0 = 2\,\mathrm{m/s}$,故杆对小球的作用力方向向上,设此力大小为 F_2,由牛顿第二定律得:

$$mg - F_2 = m\frac{v^2}{r}$$

解得: $F_2 = mg - m\dfrac{v^2}{r} = 2.5\,\mathrm{N}$

点拨:

解决竖直平面内的圆周运动问题,求出临界速度是关键,然后通过对比、判断,搞清物理情景,只有这样才能使思路清晰,解题过程简捷。

【例3】 火车以半径 $R = 900\,\mathrm{m}$ 转弯,已知火车的质量为 $8 \times 10^5\,\mathrm{kg}$,火车两轨间距 $l = 1.4\,\mathrm{m}$,要使火车以 $30\,\mathrm{m/s}$ 速度通过弯道时仅受重力与轨道的支持力,问轨道至少应垫多高(提示:斜面倾角 θ 较小,可认为 $\sin\theta = \tan\theta$)?

[分析与解]

这是火车转弯问题,为搞清火车转弯的动力来源,先让我们了解火车车轮与铁轨模型,如图 4-16 所示。

若火车车轮无轮缘,火车速度过大或过小时将会出现脱轨现象,轮缘能够保证火车不脱轨。原来,当速度过大,外侧轨道对轮有指向内的弹力;速度过小时,内侧轨道对轮有向外的弹力。为使车轮与铁轨之间无磨损,应该让火车在“设计速度”下行驶。何为设计速度呢?设计

图 4-16

速度的大小是由转弯半径和轨道倾斜角决定的,由此可知火车转弯的最佳方案就是垫高度。使火车转弯所需的向心力由火车的重力和路面的支持力提供,如图 4-17 所示。

设向心力大小为 F,方向是水平的。由几何知识得:

$$\frac{F}{mg} = \tan\theta$$

根据向心力公式:

$$F = m\frac{v^2}{R}$$

设外轨比内轨高出 h,则:

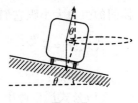

图 4-17

$$\frac{h}{l} = \sin\theta$$

利用 $\sin\theta = \tan\theta$

联立各式得：$h = \dfrac{lv^2}{Rg} = 0.14\,\mathrm{m}$

点拨：

本题中 $h = 0.14\,\mathrm{m}$ 这个高度是和 $30\,\mathrm{m/s}$ 的速度相对应的,这个速度叫设计速度,火车在这个速度下行驶,车轮和铁轨都不受磨损和挤压。而常见的机动汽车、摩托车、自行车等都是在水平轨道上转弯的,靠静摩擦力充当向心力,这时车轮受磨损是很严重的。

第四讲　万有引力定律与应用

【考点导悟】

一、开普勒行星运动定律

1. 开普勒第一定律

所有的行星围绕太阳运动的轨道都是椭圆,太阳处在椭圆的一个焦点上。

2. 开普勒第二定律

对于每一个行星而言,太阳和行星的连线在相等的时间内扫过相等的面积。

3. 开普勒第三定律

所有行星的轨道的半长轴的三次方跟公转周期的二次方的比值都相等,表达式为：

$$\frac{a^3}{T^2} = k\,(k\ \text{是与中心天体有关的常数})$$

二、万有引力定律

1. 万有引力定律的内容

宇宙间的一切物体都是互相吸引的,引力的方向在它们的连线上,两个物体间的引力大小跟它们的质量的乘积成正比,跟它们的距离的二次方成反比。

公式：$F = G\dfrac{m_1 m_2}{r^2}$

说明两点：

(1)公式严格适用于两个质点之间的万有引力大小的计算。

(2)当力 F、质量 m 及间距 r 的单位均为国际单位时,$G = 6.67 \times 10^{-11}\,\mathrm{N \cdot m^2/kg^2}$。

2. 对万有引力定律的理解

（1）普遍性：万有引力是普遍存在于宇宙中任何有质量物体之间的相互吸引力，它是自然界中物质之间的基本的相互作用之一，任何客观存在的两部分有质量的物质之间都存在着这种相互作用。

（2）相互性：两个物体相互作用的引力是一对作用力和反作用力，它们大小相等，方向相反，分别作用在两个相互作用的物体上。

（3）客观性：通常情况下，万有引力非常小，它的存在可由卡文迪许扭秤实验来观察，只有在质量巨大的天体间，它的作用才有宏观物理意义。

（4）特殊性：两个物体间的万有引力，只与它们本身的质量及它们之间的距离有关，和所在空间的性质无关，和周围有无其他物体的存在无关。

3. 万有引力公式的特殊运用

（1）两质量分布均匀的球体间的相互作用，也可用本公式来计算，其中 r 为两球心间的距离，如图 4-18 所示。

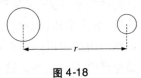

图 4-18

（2）一个均匀球体与球外一个质点间的万有引力公式也适用，其中 r 是质点到球心的距离，如图 4-19 所示。

对均匀壳也可以直接用万有引力公式计算，r 为两球心间的距离。

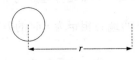

图 4-19

三、万有引力定律在天体运动中的应用

1. 基本方法

把天体的运动看成是匀速圆周运动，所需向心力由万有引力提供，有：

$$\frac{GMm}{r^2} = m\frac{v^2}{r} = m\omega^2 r = m\left(\frac{4\pi^2}{T^2}\right)r$$

2. 中心天体质量 M 及其密度 ρ 的估算

测出卫星绕中心天体做匀速圆周运动的半径 r 和运行周期 T，由 $\dfrac{GMm}{r^2}$

$= m \times \left(\dfrac{4\pi^2}{T^2}\right)r$，得：$M = \dfrac{4\pi^2 r^3}{GT^2}$，于是密度为：

$$\rho = \frac{M}{V} = \frac{\dfrac{4\pi^2 r^3}{GT^2}}{\dfrac{4}{3}\pi R^3} = \frac{3\pi r^3}{GT^2 R^3}（式中，R 为中心天体的半径）$$

当 $r = R$ 时，$\rho = \dfrac{3\pi}{GT^2}$

3.三种宇宙速度

（1）第一宇宙速度（也称环绕速度），即 $v_1 = 7.9\,\text{km/s}$。它是人造地球卫星的最小发射速度，也是人造地球卫星绕地球做圆周运动的最大环绕速度。

（2）第二宇宙速度（也称脱离速度），即 $v_2 = 11.2\,\text{km/s}$。它是使物体挣脱地球引力束缚的最小发射速度。

（3）第三宇宙速度（也称逃逸速度），即 $v_3 = 16.7\,\text{km/s}$。它是使物体挣脱太阳引力束缚的最小发射速度。

4.第二宇宙速度的推导

我们知道，人造地球卫星在一定的轨道上运行，对应着一定的机械能。如果机械能有损失，卫星就会在地球引力的作用下逐渐偏离原来轨道离地球越来越近，最终坠地；相反，如果卫星的机械能足够大，就能克服地球引力最终挣脱地球引力的束缚。由此看来，只要我们给卫星足够大的发射速度，卫星就能挣脱地球引力的束缚。这种使物体能够挣脱地球引力束缚的最小发射速度就叫作第二宇宙速度，也叫脱离速度。下面我们就来推导这个速度。

首先介绍引力势能的概念：物体和地球之间存在万有引力势能，我们不妨取离地球无穷远处为势能零点，则一个质量为 m 的物体和地球（质量设为 M）的地心相距为 r 时的万有引力势能表达式为 $E_\text{p} = -\dfrac{GMm}{r}$。

设一个质量为 m 物体从地面发出时的速度为 v，则其动能为 $E_\text{k} = \dfrac{1}{2}mv^2$，引力势能 $E_\text{p} = -\dfrac{GMm}{R}$；又因物体逃离至无穷远处时势能 $E'_\text{p} = 0$，动能 $E'_\text{k} \geqslant 0$。

根据机械能守恒定律，得：$E_\text{k} + E_\text{p} \geqslant 0$，即：

$$\frac{1}{2}mv^2 - \frac{GMm}{R} \geqslant 0$$

解得：$v \geqslant \sqrt{\dfrac{2GM}{R}}$

在不计地球自转的影响时，地表附近的重力加速度

$$g = \frac{GM}{R^2}$$

联立得：

$$v \geqslant \sqrt{2gR} = \sqrt{2 \times 9.8 \times 6.4 \times 10^6}\,\text{m/s} = 11.2\,\text{km/s}$$

在推导过程中，我们抓住机械能守恒和引力势能的表达式是关键。要注意通常重力势能的表达公式在此不方便使用。

四、发射速度和运行速度的区别与联系

1. 发射速度

发射速度是指在地面的附近物体离开发射装置时的速度。

2. 运行速度

运行速度是指卫星进入轨道后绕地球做匀速圆周运动的线速度。

只有以第一宇宙速度发射的人造卫星绕地球表面运行时,运行速度才与发射速度相等,而对于在离地较高轨道上运行的卫星,其运行速度与地面发射速度不相等。由于卫星发射后,在达到预定轨道的过程中要不断地克服地球的引力作用,因而到达预定轨道后其运行速度要比发射速度小。

由 $\dfrac{GMm}{r^2} = m\dfrac{v^2}{r}$,得 $v = \sqrt{\dfrac{GM}{r}}$

该式表明,人造卫星在轨道上的运行速度随轨道半径的增大而减小。因此,要将卫星发射到较高的轨道上,在地面发射时就需要提供较大的发射速度。

五、卫星的稳定运行与变轨问题

1. 稳定运行

卫星绕天体稳定运行时,万有引力充当卫星做圆周运动的向心力,有 $v = \sqrt{\dfrac{GM}{r}}$。由此可知,稳定运行时速度随轨道半径的增大而减小。

2. 变轨问题

当卫星由于某种原因速度突然改变时,万有引力 F 和 $m\dfrac{v^2}{r}$ 不再相等,原来的稳定圆周运动被破坏:

当 $F > m\dfrac{v^2}{r}$ 时,卫星做近心运动;当 $F < m\dfrac{v^2}{r}$ 时,卫星做离心运动。在近心或离心运动过程中,由于动能和势能的相互转化,可能再次出现万有引力与向心力相等,这时卫星将重新定位于新的轨道上。

六、重力与万有引力的关系

1. 重力的来源

重力是由于地球的吸引而使物体受到的竖直向下的力。它和万有引力不是一回事。这是因为地球在不停地自转,地球上的物体随地球自转做圆周运动需要一个向心力,这个向心力是由万有引力的一个分力充当的,另一个分力就是重力。在图 4-20 所示的一般位置时,设物体所受万有引力为 $F_{万}$,重力为 G,物体随地球自转所需要的向心力为 $F_{向}$,则 $F_{向} = mr\omega^2$,其中 r 为物体在所在位置

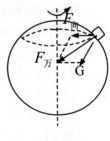

图 4-20

的纬度圈的半径,显然,重力方向并不指向地心。

2.三种特殊情况

(1)当物体在赤道上时,$F_{向} = mR\omega^2$,R为地球半径,此时$F_{向}$最大,物体的重力最小,且$G_{赤} = mg_{赤} = \dfrac{GMm}{R^2} - MR\omega^2$,此时重力方向指向地心。

(2)当物体在两极上时,$F_{向} = 0$,这时重力最大,且$G_{极} = mg_{极} = \dfrac{GMm}{R^2}$,即重力等于万有引力,重力方向指向地心。

可见,同一个物体,在两极时重力最大,在赤道处重力最小,且随纬度的不同重力也不同,纬度越高重力越大,纬度越低重力越小;重力的方向总是竖直向下的,并不是一个固定方向,且除了赤道和两极也不指向地心。

(3)不计地球自转影响,在距地面h高度处,重力$mg' = F_{万} = \dfrac{GMm}{(R + h)^2}$,其中重力加速度$g' = \dfrac{GM}{(R + h)^2}$;在地表附近,重力$mg_0 = \dfrac{GMm}{R^2}$,此时重力加速度$g_0 = \dfrac{GM}{R^2}$。

说明一点:由于物体随地球自转所需的向心力很小,通常情况下,可认为重力等于物体所在处的万有引力。

【活题精析】

【例1】 关于万有引力定律,下列说法正确的是(   )。

A.当两个物体间的距离r趋于零时,万有引力趋于无穷大

B.m_1和m_2所受的引力大小总是相等的

C.两个质量分布均匀的钢球间万有引力可用公式直接求出,其中r应是两个钢球球心之间的距离

D.万有引力定律适用于自然界中任何两个物体之间

[分析与解]

若两个物体间距离r趋于零时,两个物体不能看成质点,其引力不能直接用公式求解,故A选项错误;两个物体间的万有引力是一对作用力和反作用力,大小相等方向相反,故B选项正确;对两质量分布均匀的球体,它们之间的距离应为两球心之间的距离,故C选项正确;万有引力定律适用自然界中的任何两个物体之间,故D选项正确。

答案:B、C、D

【例2】 放在地球赤道上的物体,由于地球自转产生的向心加速度$a_n = 3.37 \times 10^{-2}\,\mathrm{m/s^2}$,已知赤道上的重力加速度$g = 9.77\,\mathrm{m/s^2}$,求质量为$1\,\mathrm{kg}$的

物体在地球赤道上所受地球的万有引力有多大。

[分析与解]

方法一:受力分析法。

放在地球赤道上的物体受到万有引力、地面的支持力,根据牛顿第二定律得:

$F_{引} - F_N = ma_n$

地球赤道上的物体相对地面处于平衡状态,于是有:

$mg = F_N$

以上两式联立得:

$F_{引} = ma_n + mg = 9.804N$

方法二:定义法。

将万有引力分解为重力和随地球做圆周运动的向心力,则有:$F_{引} - mg = ma_n$。所以,$F_{引} = ma_n + mg = 9.804N$

两种解法结果相同,第二种解法更简单,这是因为直接运用了重力与万有引力的关系;第一种解法虽然看上去有些烦琐,但却可以检验自己对知识点的理解情况,很有必要尝试一下。

【例3】 如图4-21甲、乙所示,一个质量为 M 的匀质实心球,半径为 R,如果从球上挖去一个直径为 R 的球,放在相距为 d 的地方。求下列两种情况下,两球之间的引力分别是多大。

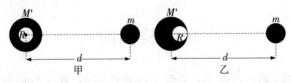

图 4-21

(1)从球的正中心挖去。

(2)从与球面相切处挖去,并指出在什么条件下,两种计算结果相同。

[分析与解]

匀质球的质量 $M = \frac{4}{3}\pi R^3 \cdot \rho$,挖去与剩余两部分的质量分别为 $m = \frac{M}{8}$,$M' = \frac{7M}{8}$。

(1)在图甲中,根据万有引力定律,两部分间的万有引力为:$F_1 = G\frac{M'm}{d^2} = \frac{7}{64}G\frac{M^2}{d^2}$。

（2）在图乙中，在这种情况下，不能直接用万有引力公式计算这两部分之间的万有引力，可利用等效割补法，先将 M' 转化为理想模型，即用同样的材料将其填补为实心球 M，这时二者之间的引力为 $F = G\dfrac{Mm}{d^2} = \dfrac{1}{8}G\dfrac{M^2}{d^2}$。

又由于填补空心球而增加的引力为：

$$\Delta F = G\frac{mm}{(d-\frac{R}{2})^2} = \frac{1}{64}G\frac{M^2}{(d-\frac{R}{2})^2}$$

故 M' 与 m 之间的引力为：

$$F_2 = F - \Delta F = \frac{1}{8}GM^2\left[\frac{1}{d^2} - \frac{1}{8(d-\frac{R}{2})^2}\right]$$

当 $d \gg R$ 时，M' 与 m 之间的引力为：

$$F_2 = F - \Delta F = \frac{1}{8}GM^2\left[\frac{1}{d^2} - \frac{1}{8d^2}\right] = \frac{7}{64}G\frac{M^2}{d^2}$$

这时，两种计算结果相同。

点拨：

当满足条件 $d \gg R$ 时，两种计算结果相同的原因是无论在哪里挖去小球均可以当质点处理，其结果就是两个质点之间的万有引力，这是一个普遍规律，绝非偶然。

单元检测四

1．质量为 2kg 的质点在 x-y 平面上做曲线运动，在 x 方向的速度图像和 y 方向的位移图像如图检 4-1 所示，下列说法正确的是（　　）。

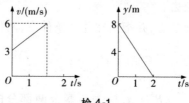

检 4-1

A．质点的初速度为 5m/s

B．质点所受的合外力为 3N

C．质点初速度的方向与合外力方向垂直

D．2s 末质点速度大小为 6m/s

2．如图检 4-2 所示，一个人拉着绳子的一端沿

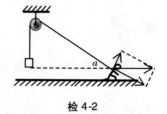

检 4-2

水平面向右匀速运动,速度大小是 v,则物体所做的运动是什么?

3. 如图检 4-3 所示,足够长的斜面上 A 点以水平速度 v_0 抛出一个小球,若不计空气阻力,它落到斜面上所用的时间为 t_1;若将此球改为以 $2v_0$ 抛出,落到斜面上所用的时间为 t_2,则 t_1 与 t_2 之比为(   )。

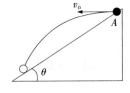

检 4-3

A. $1:1$ B. $1:2$

C. $1:3$ D. $1:4$

4. 如图检 4-4 所示,一小球从平台上水平抛出,恰好落在临近平台的一倾角为 $\alpha = 53°$ 的光滑斜面顶端,并刚好沿光滑斜面下滑,已知斜面顶端与平台的高度差 $h = 0.8m$,重力加速度 $g = 10m/s^2$,$\sin53° = 0.8$,$\cos53° = 0.6$。求:

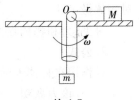

检 4-4

(1)小球水平抛出的初速度为多少。

(2)斜面顶端与平台边缘的水平距离是多少。

(3)若斜面顶端高 $H = 20.8m$,则小球离开平台后经多长时间到达斜面底端。

5. 如图检 4-5 所示,质量 $M = 0.64kg$ 的物体置于可绕竖直轴匀速转动的平台上,M 用细绳通过光滑的定滑轮与质量为 $m = 0.3kg$ 的物体相连,假定 M 与轴 O 的距离 $r = 0.2m$,与平台的最大静摩擦力为 2N,为使 m 保持静止不动,水平转台转动的角速度是多少($g = 10m/s^2$)。

检 4-5

6. 如图检 4-6 所示,火箭内平台上放有测试仪器,火箭从地面启动后,以加速度 $\dfrac{g}{2}$ 竖直向上匀加速运动,升到某一高度时,测试仪对平台的压力为启动前压力的 $\dfrac{17}{18}$,已知地球半径为 R,求此时火箭离地面的高度(其中,g 为地面附近的重力加速度)。

检 4-6

第五章　功和能　机械能守恒定律

第一讲　功与功率

【考点导悟】

一、功

1.内涵

一个物体受到力的作用,并在力的方向上发生了一段位移,我们称这个力对物体做了功。

可见,力和物体在力的方向上发生的位移是做功的两个不可缺少的因素。

2.公式

设作用在物体上的恒力为 F,在该力的作用下物体发生的位移为 l,按照功的定义,有该力做功为:

$W = Fl\cos\alpha$。式中, α 为力与位移之间的夹角。

对公式的理解应该注意以下几点:

(1)功是标量,有正、负,但不代表方向,只可代表能量转化的方向。当 $0 \leqslant \alpha < 90°$ 时, $W > 0$,力对物体做正功;当 $90° < \alpha \leqslant 180°$ 时, $W < 0$,力对物体做负功,又可以说成是物体克服这个力做了功;当 $\alpha = 90°$ 时, $W = 0$,即力与位移垂直时,力对物体不做功。

(2)功的单位:焦耳(J), $1J = 1N \cdot m$ 。

(3)功不是能量,但总是伴随着能量的转化,是能量转化多少的量度。

二、功率

1.物理意义

功率是描述力对物体做功快慢的物理量,数值上等于单位时间里做的功。

2.公式

(1)定义式: $P = \dfrac{W}{t}$, P 为时间 t 内的平均功率。

(2)导出公式: $P = Fv\cos\alpha$,其中 α 为 F 与 v 之间的夹角。

当 v 为平均速度时,则 P 为平均功率;当 v 为瞬时速度时,则 P 为瞬时功率。

3. 额定功率与实际功率

（1）额定功率：是指机械长时间正常工作而不损坏机械的最大输出功率。

（2）实际功率：是指机械实际工作时的输出功率，实际功率可以小于或等于额定功率。

4. 对公式 $P = Fv\cos\alpha$ 的理解

（1）当 F 一定时，物体的运动速度越大，功率 P 也越大。例如，汽车、轮船的牵引力一定时，速度越大，输出的功率也越大。

（2）当 v、α 一定时，F 越大 P 越大。例如，汽车、轮船的速度一定时，所载货物越多，需要的牵引力越大，输出的功率也越大。

（3）当 P、α 一定时，F 与 v 成反比。如汽车在额定功率下行驶，要增大牵引力，则必须降低行驶速度慢行。

有人说，当 P 一定时，当 $F \to 0$，则 $v \to \infty$；当 $v \to 0$，则 $F \to \infty$。也就是说，一部额定功率很小的机器，可以获得很大的牵引力或很高的速度。这种说法是不合实际的。实际情况是机械在工作时，是受到机械构造、运行条件等方面的限制，也总是存在阻力的，牵引力不可能无限制地减小，也不可能无限制地增大。一部实际的机械都具有一定的额定功率、一定的最大速度和一定的牵引力，这都是在机械制造中预先设计好的。

三、合力功的求法

当物体同时受几个力的作用时，合外力对物体做的总功等于各个力分别做功的代数和，即：

$$W_合 = W_1 + W_2 + W_3 + \cdots$$

当然，也可以先求出合外力，再由功的定义来求总功。即：$W_合 = F_合\, l\cos\alpha$。式中，l 为物体运动的位移。

四、变力做功的求法

公式 $W = Fl\cos\alpha$ 中的 F 为恒力，即力的大小和方向都不变。如果物体受到变力作用，这个公式就不能直接用。这时要视具体情况而定：

1. 平均值法

若 F 是位移 l 的线性函数，则平均力 $\overline{F} = \dfrac{F_1 + F_2}{2}$，由 $W = \overline{F}l\cos\alpha$ 求功。

证明：在 F-l 图像中，图线与坐标轴所围成的"面积"表示功。若 F 是位移 l 的线性函数，此时图像如图 5-1 所示，则梯形的"面积" $= W = \dfrac{F_1 + F_2}{2}l = \overline{F}l$。

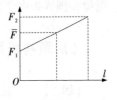

图 5-1

其中，平均力 $\overline{F} = \dfrac{F_1 + F_2}{2}$，这实际上是化平均值为恒

定值的方法。

2. 微元法

把物体的运动过程分为很多小段，每一小段可以看作直线、视为恒力，再求出力在每一小段上做的功，然后求和。

3. 替代法

根据能量守恒，做功的过程是消耗能量的过程，不消耗能量就不能对外做功。

4. 利用功能关系求功

功是能量转化的量度，因此根据能量变化求功是很有效的方法，也是解决复杂问题的捷径。

五、机车启动的两种方式

1. 以额定功率启动

保持额定功率 P_0 一定，因 $P_0 = Fv$，当 $v \uparrow$ 时，必有 $F \downarrow \Rightarrow a = \dfrac{F - f}{m} \downarrow$。当 $F = f$ 时，$a = 0$，此时速度达到 v_{max} 最大值，启动过程到此完毕。如图 5-2 中①图所示。

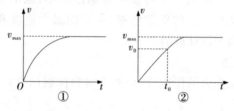

图 5-2

2. 以恒定加速度启动

这种启动过程实际分为两个阶段：为方便起见，不妨设阻力 f 大小恒定。

第一阶段：保持加速度 a 恒定，则 $F = f + ma$ 也是恒定不变的，由 $P = Fv$ 知，$v \uparrow \Rightarrow P \uparrow$，当 $v = v_0$ 时，$P = P_0$，即功率增加到额定功率。

第二阶段：保持额定功率 P_0 不变，因 $P_0 = Fv$，当 $v \uparrow$ 时，必有 $F \downarrow \Rightarrow$ $a = \dfrac{F - f}{m} \downarrow$。当 $F = f$ 时，$a = 0$，此时速度达到最大值 v_{max}，第二种启动过程中的 v-t 图像如图 5-2 中②图所示。

【活题精析】

【例1】 一根劲度系数为 k 的弹簧，在外力作用下伸长了 x，求此过程中外力 F 做的功。

[分析与解]

如图 5-3 所示,弹簧在外力 F 作用下发生拉伸形变,在此过程中,外力是变力,属于变力做功问题。但对于弹簧,外力大小始终与弹簧弹力大小相等,方向相反,因此,外力所做的功等于克服弹簧弹力所做的功。因弹簧弹力大小与位移呈线性关系,因此可先求平均力再求功。

初始弹力 $F_1 = 0$,末了弹力 $F_2 = kx$,于是拉伸过程中的平均弹力为:

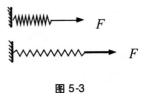

$$\overline{F} = \frac{F_1 + F_2}{2} = \frac{1}{2}kx$$

图 5-3

故外力 F 做的功 $W = \frac{1}{2}kx^2$。

【例2】 质量为 $m = 4000\text{kg}$ 的汽车,额定功率为 $P = 60\text{kW}$,当它从静止出发沿坡路前进时,每行驶 100m,升高 5m,所受阻力大小为车重的 0.1 倍。回答下列问题:

(1)汽车在坡路上行驶时,能达到的最大速度为多少?

(2)如果汽车用 4000N 的牵引力以 12m/s 的初速度上坡,到达坡顶时,速度为 4m/s,在这一段路程中的最大功率为多少?

(3)这一过程中的平均功率是多少(g 取 10m/s^2)?

[分析与解]

(1)汽车在坡路上行驶时受四个力作用,如图 5-4 所示。其中下滑力起到了阻力的作用。汽车加速上坡时,速度越来越大,必须不断减小牵引力才能保证正常运行,因此汽车上坡时做加速度减小的加速运动,当牵引力 $F = f + mg\sin\theta$ 时,汽车加速度为零,速度最大。设最大速度为 $v_{\max}$,则:

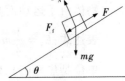

$$P = Fv = (f + mg\sin\theta)v_{\max},\text{其中 }\sin\theta = \frac{1}{20}$$

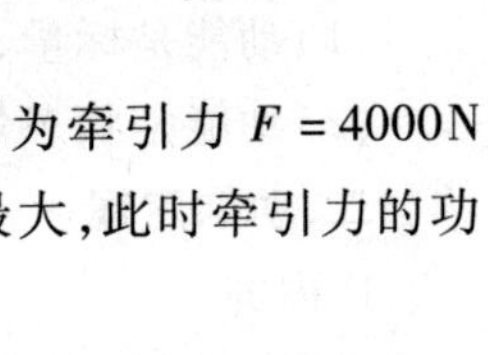

故最大速度为:

图 5-4

$$v_{\max} = \frac{P}{f + mg\sin\theta} = \frac{60 \times 10^3}{6000}\text{m/s} = 10\text{m/s}$$

(2)汽车受到的阻力为 $f' = f + mg\sin\theta = 60 \times 10^3\text{N}$,因为牵引力 $F = 4000\text{N}$ 小于阻力 f',所以,汽车上坡时做减速运动,开始时速度最大,此时牵引力的功率也最大。

$$P = FV_0 = 4000 \times 12\text{W} = 4.8 \times 10^4\text{W}$$

(3)上坡过程中做匀减速直线运动,故平均速度为:

$$\overline{v} = \frac{v_0 + v}{2} = \frac{12 + 4}{2} = 8\text{m/s}$$

$$\overline{P} = F\overline{v} = 4000 \times 8\,\mathrm{W} = 3.2 \times 10^4\,\mathrm{W}$$

【例3】 一个力 $F = 10\mathrm{N}$ 作用于半径为 $R = 2\mathrm{m}$ 的转盘的边缘上,已知力 F 的大小保持不变,但方向保持在任何时刻均与作用点的切线方向一致,求这个力转动一周所做的功。

[分析与解]

本题中 F 的大小不变,但方向时刻发生变化,属于变力做功的问题,可以考虑把圆周分割为很多的小段来研究,当各小段的弧长足够小时,可以认为力的方向与弧长代表的位移方向一致,如图 5-5 所示。故所求的总功为:

$$W = F\Delta l_1 + F\Delta l_2 + F\Delta l_3 + \cdots = F \cdot 2\pi R = 40\pi\,\mathrm{J}$$

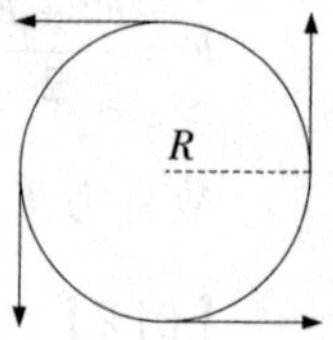

点拨:

变力做功问题是本节的难点,在求功时,首先要搞清是恒力做功还是变力做功,若是求变力做功,看能否转化为求恒力做功的问题,不能转化为恒力做功的,就要借助其他方法灵活求解。

图 5-5

第二讲　动能定理

【考点导悟】

一、动能

1. 定义

物体由于运动而具有的能量叫作动能。

表达式: $E_k = \dfrac{1}{2}mv^2$

单位是焦耳(J), $1\mathrm{J} = 1\mathrm{N} \cdot \mathrm{m} = 1\mathrm{kg} \cdot \mathrm{m}^2/\mathrm{s}^2$

2. 说明两点

(1)动能是标量,只有正值,没有负值。

(2)动能是状态量。式中,速度 v 为瞬时速度,通常以地面为参考系。

二、动能定理

1. 内容

力对物体所做的功,等于物体在这个过程中动能的变化。表达式为: $W = E_{k2} - E_{k1}$。

2. 物理意义

动能定理揭示了外力对物体所做的总功与物体动能变化之间的关系,即外力对物体做的总功,对应着物体动能的变化,变化的大小由做的功多少来度量。动能定理的实质说明了功和能之间的密切关系,即做功的过程是能量转化的过程。等号的意义是一种因果联系的数值上相等的符号,并不意味着"功就是动能增量",也不能说成"功转变成动能",而是"功引起物体动能的改变"。

3. 使用范围

动能定理虽然可根据牛顿定律和运动学方程推出,但定理本身的意义及应用却具有广泛性和普遍性,表现在:

(1)动能定理既适用于恒力做功的过程,也适用于变力做功的过程。

(2)动能定理既适用于物体做直线运动的情况,也适用于物体做曲线运动的情况。

(3)动能定理的研究对象既可以是单个物体,也可以是几个物体所组成的一个系统。

(4)动能定理的研究过程既可以是针对运动过程中的某个具体过程,也可以是针对运动的全过程。

(5)动能定理的计算式为标量式,速度为相对于同一惯性参考系的速度。

(6)在 $W = E_{k2} - E_{k1}$ 中,W 为合外力对物体做的功,$E_{k2} - E_{k1}$ 为动能的改变量,数值上等于末动能减去初动能,而不能搞反。

4. 应用动能定理解题的一般步骤

(1)明确研究对象,一般是单个物体。

(2)对研究对象进行受力分析。

(3)找出各个力所做的功及合力做的功。

(4)明确始末状态,确定其动能。

(5)根据动能定理列方程。

(6)解方程并检验计算结果。

【活题精析】

【例1】　一质量为 m 的小球,从离地高为 $h = 10\text{m}$ 处以 $v_0 = 5\sqrt{2}\,\text{m/s}$ 的速度斜向上抛出,如图 5-6 所示,求小球落地时的速度大小为多少(不计空气阻力,g 取 10m/s^2)。

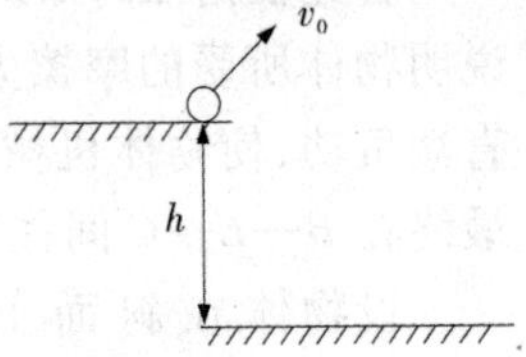

[分析与解]这是一道曲线运动的问题,若运用运动学的知识解决是有很大困难的,但运用动能定理就很简单。虽然小球抛出时的速度方向未知,但落地时速度的大小是一定的。现以小球为研究对象,从抛出到落地过程中仅受重力,由动能定理得:

图 5-6

$$mgh = \frac{1}{2}mv^2 - \frac{1}{2}mv_0^2$$

解得:

$$v = \sqrt{\frac{2mgh + mv_0^2}{m}}$$

$$= 5\sqrt{10}\,\text{m/s}$$

【例2】 一个物体从离地面 H 高处自由落下,落至地面进入沙坑 h 处停止,如图5-7所示。如果不计空气阻力,求物体在沙坑中所受到的阻力是其重力的多少倍。

[分析与解]

物体从地面以上进入沙坑至停止,经历了两个物理过程,用动力学知识也可以求解,但要分别对两个物理过程研究,解题过程烦琐。若用动能定理来做,可以将两个过程看成一个,进行全程一次处理,又由于始、末动能均为零,属于0-0型,很容易求解。设阻力大小为 f,由动能定理得:

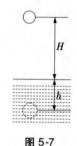

图5-7

$$mg(H + h) - fh = 0$$

解得: $\dfrac{f}{mg} = \dfrac{H + h}{h}$

【例3】 如图5-8所示,AB 与 CD 为两个对称的斜面,其上部足够长,下部分别与一个光滑的圆弧面两端相切,圆弧的圆心角为120°,半径 $R = 2.0\text{m}$,一个物体在离弧底 E 点高度为 $h = 3.0\text{m}$ 处,以初速度 $v_0 = 4.0\text{m/s}$ 沿斜面运动。已知物体和两斜面的动摩擦因数均为 $\mu = 0.2$,则物体在两斜面上(不包括圆弧部分)一共能走多远的路程(g 取 10m/s^2)。

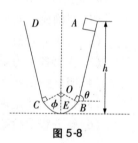

图5-8

[分析与解]

经过分析,小球做往复式运动,运动路线复杂,很难用运动学知识求解,但使用动能定理很方便,因为动能定理只关注始、末的动能,不用考虑中间的物理过程,下面用动能定理解题。

首先根据几何知识,可求出斜面的倾角为60°,又因为 $\mu mg\cos60° < mg\sin60°$,说明物体所受的摩擦力小于下滑力,物体不会停留在斜面上,但由于摩擦力一直做负功,使物体机械能不断减少,故物体滑到斜面上的最大高度将逐渐降低,最终在 B—E—C 间往复运动,以 B 和 C 为最高点。

设物体在斜面上运动的总路程为 s,则摩擦力所做的总功可写为 $-\mu mg\cos60°$。在最终的最高点 B 或 C 物体速度为零,动能为零。现对整个过程由动能定理得:

$$mg[h - R(1 - \cos60°)] - \mu mgs\cos60° = 0 - \frac{1}{2}mv_0^2$$

$$解得:s = \frac{2g(h - \frac{1}{2}R) + v_0^2}{\mu g} = 28\,\mathrm{m}$$

点拨:

由于动能定理只关注物体始、末两个状态的动能的变化与这个过程中合力所做的功,所以对物理过程中的运动性质、运动轨迹、单一过程还是多过程等都不必研究,显然用动能定理解决问题一定会使解题过程变得简单、快捷,所以我们应该强化用动能定理解决问题的意识,以提高解题效率。

第三讲　机械能及其守恒定律

【考点导悟】

一、机械能

1. 重力做功的特点

重力做功与路径无关,只与初、末位置的高度差有关,即:

$$W_G = mg \cdot \Delta h$$

2. 重力势能

(1)概念。

地球上的物体具有的跟它的高度有关的能,叫作重力势能。常用 E_P 表示,表达式为:$E_P = mgh$,单位是焦耳(J)。式中,h 是物体的重心相对零参考面的高度,通常选择地面为零势能参考面。

(2)产生。

重力势能是物体在重力场中,由于地球的吸引而产生的由物体和地球之间的相对位置所决定的能量,因此,重力势能是物体和地球共有的。平时说物体具有多少重力势能,是一种简略说法。

(3)特点。

①重力势能是标量,没有方向,但重力势能有正、负。势能为正,表示比零点的势能高;势能为负,表示比零点的势能低。

②重力势能具有相对性:选择的零参考点不同,重力势能的值也不同,但势能的变化是绝对的,与零参考点的选取无关。

③重力做功与重力势能改变的关系:重力做正功,重力势能减小;重力做负功,重力势能增大。可表示为:

$$W_G = -\Delta E_P$$

（4）重力势能公式 $E_P = mgh$ 的推导。

通过前面的学习我们已经知道，若取离地球无穷远处为引力势能零点，那么，质量为 m 的物体和地球（质量为 M）相距为 r 时的万有引力势能表达式为 $E_P = -\dfrac{GMm}{r}$，如何由此推导出物体在地面附近重力势能的表达式 $E_P = mgh$ 呢？下面我们来推导公式 $E_P = mgh$：

按照引力势能公式，先写出取离地球无穷远处为引力势能零点时，物体在地面及在距离地面高为 h 处的引力势能分别为：

$$E_{P1} = -\frac{GMm}{R}; E_{P2} = -\frac{GMm}{R+h}$$

式中，R 为地球半径。取地面为零势能点，设该物体在地面和在距离地面高为 h 处的势能分别为 E'_{p1} 和 E'_{p2}，这时 $E'_{p1} = 0$。

根据势能的差值与零势能点的选取无关，得到：

$E'_{p2} - E'_{p1} = E_{p2} - E_{p1}$，即：

$$E'_{p2} - 0 = \frac{GMm}{R} - \frac{GMm}{R+h} = \frac{GMm}{R} \cdot \frac{h}{R+h}$$

当 R 远大于 h 时，$R+h \approx R$，故：

$$E'_{p2} = \frac{GMm}{R^2}h$$

在不计地球自转影响时，地表附近的重力加速度可写为：

$$g = \frac{GM}{R^2}$$

两式联立，得：$E'_{p2} = mgh$

这就是我们熟悉的重力势能表达式。

3. 弹性势能

（1）概念：物体由于发生弹性形变而具有的能。伸长或压缩的弹簧、拉长的橡皮筋等都具有做功的本领，因此具有能量，即弹性势能。

（2）决定弹性势能大小的因素：弹性势能形变量与劲度系数有关，对弹簧而言，形变量越大，劲度系数越大，弹簧的弹性势能就越大。反之，弹性势能越小。

（3）弹力做功与弹性势能变化的关系：弹力做正功，弹性势能减少；弹力做负功，弹性势能增加。如弹簧在恢复原长的过程中弹力做正功，弹性势能减少；形变量变大的过程中弹力做负功，弹性势能增加。

二、机械能守恒定律

1. 内容

在只有重力或系统内弹力做功的物体系统内，动能与势能相互转化，而机械能的总量保持不变。

2. 表达形式

(1) $E_{k1} + E_{P1} = E_{k2} + E_{P2}$。

语言表述:初始状态的动能与势能之和等于末了状态的动能与势能之和。

(2) $\Delta E_P = -\Delta E_k$。

语言表述:势能的增加量等于动能的减少量。

(3) $\Delta E_A = -\Delta E_B$。

语言表述:对两个物体 A 和 B 组成的系统,A 物体机械能的增加量等于 B 物体机械能的减少量。

三、应用机械能守恒定律解题的步骤

(1) 根据题意选取研究对象,如单个物体或几个物体组成的系统。

(2) 明确研究对象的运动过程,分析研究对象在物理过程中机械能是否守恒。方法如下:

① 对单个物体,若只有重力做功,其他力不做功,则该物体的机械能守恒。

② 对系统,内力和外力做功都会改变机械能,当只有重力或系统内弹力做功,而其他力不做功或者其他力做功的代数和为零,则该系统的机械能守恒。

在应用机械能守恒定律时,首先要判断机械是否守恒,只有满足了守恒的条件,才可以利用机械能守恒定律求解,不可盲目利用机械能守恒定律。

(3) 根据机械能守恒定律的不同表达式列方程,并讨论结果。

【活题精析】

【例1】 一条铁链长为 2m,质量为 10kg,放在水平地面上,如图 5-9 所示,小孩拿住一端提起铁链直至铁链刚好离开地面的过程中,请回答下面两个问题:

(1) 小孩克服重力做了多少功?

(2) 小孩至少要对铁链做多少功(g 取 9.8m/s^2)?

[分析与解]

(1) 铁链从初状态到末状态,其重心上升了 $h = \dfrac{l}{2}$,重力势能增加,这是小孩消耗体能做功的结果,故小孩克服重力做的功为:

$$W_{克} = \Delta E_P = \frac{mgl}{2}$$

$$= \frac{1}{2} \times 10 \times 9.8 \times 2 = 98\text{J}$$

若小孩将铁链缓慢提起,则这一过程可看成是准平衡过程,动能的变化可视为零,此时小孩做的功最少,小孩至少做的功等于物体重力势能的增量,即小

孩至少要对铁链做98J的功。

【例2】 如图 5-10 所示,有一条长为 L,质量为 m 的均匀金属链条,搭在倾角为 θ 的光滑斜面上。开始时一半在斜面上,另一半长度沿竖直方向吊在空中,现自由释放铁链,求链条刚好全部滑出斜面时的速度。

图 5-10

[分析与解]

释放链条后,竖直方向的一半向下运动,斜面上的一半沿斜面向上运动,由于竖直部分越来越长,所以链条做变加速运动,故无法用运动学公式求解。但由于斜面光滑,只有重力做功,铁链的机械能守恒,我们可以用机械能守恒定律求解。

为简便起见,设斜面最高点为零势能点,则链条起初位置左、右两部分的重力势能为:

$$E_{P1} = -\frac{mg}{2} \cdot \frac{L}{4}\sin\theta, \quad E_{P2} = -\frac{mg}{2} \cdot \frac{L}{4}$$

总的机械能为:$E_1 = E_{P1} + E_{P2} = -\frac{mgL}{8}(1 + \sin\theta)$

当链条刚好全部滑出斜面时,重力势能为:

$$E_P = -\frac{mgL}{2}$$

设此时动能为 $E_k = \frac{1}{2}mv^2$,根据机械能守恒定律有:

$$-\frac{mgL}{8}(1 + \sin\theta) = -\frac{mgL}{2} + \frac{1}{2}mv^2$$

解得:$v = \frac{\sqrt{(3 - \sin\theta)gL}}{2}$

要注意的是:开始时整根链条的重心不好确定,就要把链条分为两个直的部分,分别确定重心及重力势能,二者相加就是整个铁链的重力势能。

【例3】 在倾角为 $\alpha = 30°$ 的足够长的光滑斜面上,通过定滑轮连接着质量 $m_A = m_B = 10kg$ 的两个物体。开始时用手托住 A,其离地面高 $h = 5m$,如图 5-11 所示。现突然撤去手,求物体 A 着地前的速度大小(设 B 物体始终没有上滑到滑轮处)。

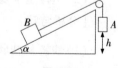

图 5-11

[分析与解]

以 A、B 两物体组成的系统为研究对象,在运动过程中只有重力对系统做功,故系统机械能守恒。由于绳子长度、物体开始距离地面的高度未知,B 物体的重力势能就无法确定,用机械能守恒的第一种表达式很不方便,下面我们用后两种表达式求解。

解法一:对 A、B 两个物体组成的系统,重力势能的减少量等于系统动能的增加量,即 $\Delta E_k = -\Delta E_P$,而重力势能、动能的改变量分别为:

$$\Delta E_p = -(m_A gh - m_B gh\sin\theta)$$

$$\Delta E_k = \frac{1}{2}(m_A + m_B)v^2$$

故有:$(m_A gh - m_B gh\sin\theta) = \frac{1}{2}(m_A + m_B)v^2$

解得:$v = \sqrt{\dfrac{gh}{2}} = \sqrt{\dfrac{10 \times 5}{2}}\text{m/s} = 5\text{m/s}$

解法二:对 A、B 两个物体,其总的机械能是守恒的,通过绳子拉力做功,机械能在 A、B 之间转移。根据机械能守恒,A 物体减少的机械能等于 B 物体增加的机械能。

对 A:物体机械能改变量为:

$$\Delta E_A = \frac{1}{2}m_A v^2 - m_A gh$$

对 B:物体机械能改变量为:

$$\Delta E_B = \frac{1}{2}m_B v^2 + m_B gh\sin\theta$$

根据 $\Delta E_A = -\Delta E_B$ 得:

$$\frac{1}{2}m_A v^2 - m_A gh = -\left(\frac{1}{2}m_B v^2 + m_B gh\sin\theta\right)$$

解得:$v = \sqrt{\dfrac{gh}{2}} = \sqrt{\dfrac{10 \times 5}{2}}\text{m/s} = 5\text{m/s}$

两种解法,结果相同。

点拨:

用不能伸长的轻绳连接的两个物体组成的系统,因内力对两物体做功代数和为零,对两个物体组成的系统只有重力做功时,系统机械能守恒,这是一种常见模型。一般选择后两种表达式解题比较方便,但要注意 ΔE_k、ΔE_P、ΔE_A、ΔE_B 是能量的改变量,应该用后来的值减去原来的值,不能搞反。

第四讲 功能关系 能量守恒定律

【考点导悟】

一、功能关系

1. 功能关系

做功的过程就是能量转化的过程,做了多少功就有多少能量发生了转化,所以功是能量转化的量度。

2.常见的几种功与能量转化的关系

(1)重力做功:重力势能和其他形式的能发生相互转化。重力做正功,重力势能减少;重力做负功,重力势能增加。表达式为:$W_G = -\Delta E_P$,其中 $\Delta E_P = E_{P2} - E_{P1}$。

(2)弹簧弹力做功:弹性势能和其他形式的能发生相互转化,性质同上。

(3)除了重力与弹簧弹力以外的力所做的功等于物体机械能的改变,即 $W_{外} = E_2 - E_1$。

(4)摩擦力做功与内能变化的关系:

①滑动摩擦力做功的特点:滑动摩擦力可以对物体做正功,也可以做负功,还可以不做功;相互作用的一对滑动摩擦力做功的总功为负,表明机械能转化为内能,内能的增量用 Q 表示,则 $Q = f \cdot s$。式中,s 是相对位移。

②静摩擦力做功的特点:静摩擦力可以做正功,也可以做负功,还可以不做功;在相互摩擦的系统内,一对静摩擦力所做的总功为零。表明机械能在两个相互摩擦的物体之间转移而没有转化,即没有内能生成。

二、能量守恒定律

1.内容

能量既不会消灭,也不会创生,它只能从一种形式转化为另一种形式,或者从一个物体转移到另一个物体,在转化和转移的过程中,能量的总量保持不变。

2.应用能量守恒定律的基本思路

(1)一种形式的能量减少,一定存在另一种形式的能量增加,且减少量和增加量相等。

(2)一个物体的能量减少,一定存在另一个物体的能量增加,且减少量和增加量相等。

【活题精析】

【例1】 一个小孩要将质量为 mg、边长为 a 的匀质正方体木箱推翻,则他至少要对木箱做的功是(   )。

A. $\sqrt{2}mga$ B. $\frac{\sqrt{2}}{2}mga$

C. $\frac{\sqrt{2}-1}{2}mga$ D. $\frac{\sqrt{2}+1}{2}mga$

[分析与解]

首先画出木箱位置变化的示意图,如图 5-12 所示。当木箱平放时,其重心离地面的高度为 $\frac{1}{2}a$,翻倒至 45°时重心离地面的高度为 $\frac{\sqrt{2}}{2}a$,以后木箱可以自行向右倒下。这个过程中小孩克服重力做的功为:

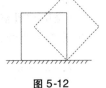

$$W = mg \cdot \Delta h = mg(\frac{\sqrt{2}}{2}a - \frac{1}{2}a)$$

$$= \frac{\sqrt{2}-1}{2}mga$$

图 5-12

在缓慢推动时,动能变化可视为零,这时推翻木箱做功最少。根据功能关系知,小孩推翻木箱至少应该做的功等于克服重力做的功,故 C 选项正确。

答案:C

【例2】 电机带动水平传送带以速度 v 匀速传动,一质量为 m 的木块由静止轻放在传送带上,如图 5-13 所示。若木块与传送带之间的动摩擦因数为 μ,求当小木块与传送带相对静止时:

（1）木块相对地面的位移。

（2）传送带转过的长度。

（3）木块所获得的动能。

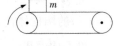

图 5-13

（4）因木块与传送带摩擦产生的热量是多少。

（5）电机带动传送带匀速转动输出的总能量。

[分析与解]

木块是由静止放上传送带的,跟不上传送带必然会受到传送带对它向前的滑动摩擦力的作用,从而相对地面做匀加速直线运动,当它与传送带同速后不再相对滑动,在这一过程中,木块获得一定的动能,也因木块与传送带摩擦而产生热量。对木块,根据牛顿第二定律:$\mu mg = ma$,得 $a = \mu g$。

由匀变速直线运动公式得到同速时,所用时间为 $t = \frac{v}{\mu g}$。

（1）木块相对地面的位移为:

$$x_1 = \frac{1}{2}at^2 = \frac{1}{2}\mu g \cdot (\frac{v}{\mu g})^2 = \frac{v^2}{2\mu g}$$

（2）因传送带一直做匀速运动,故转过的长度:

$$x_2 = vt = \frac{v^2}{\mu g}$$

（3）木块获得的动能:

$$E_k = \frac{1}{2}mv^2 - 0 = \frac{1}{2}mv^2$$

（4）摩擦生热的值为：

$$Q = f \cdot (x_2 - x_1) = \frac{1}{2}mv^2$$

（5）木块从放上传送带到二者相对静止，木块的动能和系统的内能均增加了，这是电动机输出能量的结果。根据能量转化与守恒定律得，电机输出的总能量等于木块的动能与摩擦生热的和，即：

$$E = E_k + Q = \frac{1}{2}mv^2 + \frac{1}{2}mv^2 = mv^2$$

【例3】 风力发电是一种环保的电能获取方式，现欲设计一台功率为40kW的风力发电机。实验测得风的动能转化为电能的效率为20%，已知当地水平风速为10m/s，空气的密度是 1.29kg/m³，求此风力发电机的叶片长度。

[分析与解]

风力发电机是将空气的动能转化为电能的装置，我们不妨先画出示意图，以方便找出研究对象。如图 5-14 所示。设叶片的长度为 r，则叶片转动扫过的圆面的面积为 $S = \pi r^2$。

每秒（$t = 1s$）通过叶片的空气质量应是底面积为 s、长 $L = v \times t$ 的圆柱体内的空气的全部质量。即：

$$m = \rho sL = \rho sv$$

每秒通过叶片的空气的总动能为：

$$E_k = \frac{1}{2}mv^2$$

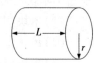

图 5-14

由能量转化与守恒定律得：

$$p = \frac{E_k}{t}\eta$$

解得：$r \approx 10\text{m}$

【例4】 如图 5-15 所示，摆球的质量为 m，从偏离水平方向30°的地方由静止释放，求小球运动到最低点时绳子受到的拉力是多少。

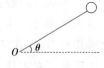

图 5-15

[分析与解] 在图 5-15 中的小球被释放后，先在竖直方向做自由落体运动，当下落至绳子刚好伸直时，小球的位置关于水平虚线对称，如图 5-16 所示，小球到悬点的距离仍为绳长。

设摆线的长度为 L，则小球自由下落的高度可表示为 $h = 2L\sin30° = L$，小球的速度为 $v = \sqrt{2gh} = \sqrt{2gL}$，紧接着绳子瞬间绷紧，沿绳子向外的分量 v_n 减为零，而对

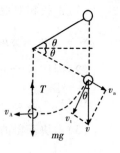

图 5-16

应的动能将转化为内能,而与绳子垂直的分量 $v_t = v\cos\theta$ 是以后圆弧运动的初速度,在以后运动中小球的机械能守恒。取运动中的最低点 A 为零势能参考点,于是有:

$$\frac{1}{2}m(v\cos\theta)^2 + mgL(1 - \sin\theta) = \frac{1}{2}mv_A^2$$

对 A 点,由牛顿第二定律有:

$$T - mg = m\frac{v_A^2}{L}$$

两式联立解得:

$$T = 3.5mg$$

点拨:

对绳子"突然绷紧"时的能量损失,一般是不能忽略的。此例就是这种情况的模型题。与其相反的另一种模型,如图 5-17 所示,小球由水平位置下摆过程中,绳子也在逐渐绷紧,在最低点,绳子拉力最大,绳子被绷得最紧,但这是一个缓慢绷紧的过程,机械能损失很小,常常忽略不计,这就是我们熟悉的机械能守恒的模型。

图 5-17

单元检测五

1. 已知物体 A 在两个相互垂直的力 F_1、F_2 作用下运动,在一段时间内,F_1 对 A 做功3J,F_2 对 A 做功4J,那么合力的功是(　　)。

A. 5J　　　　　　　　　B. 7J

C. 1J　　　　　　　　　D. F_1、F_2 大小未知,故无法确定

2. 如图检 5-1 所示,质量为 m 的物体在水平传送带上由静止释放,传送带由电动机带动,且始终保持以速度 v 匀速运动,物体与传送带间的动摩擦因数为 μ,物体最终与传送带相对静止,对这一过程,下列说法正确的是(　　)。

检 5-1

A. 电动机多做的功为 $\frac{1}{2}mv^2$

B. 摩擦力对物体做的功为 mv^2

C. 传送带克服摩擦力做功 mv^2

D. 电动机增加的功率为 μmgv

3. 某人用大小不变的力 F 拉着放在光滑平面上的物体,开始时与物体相连的绳和水平面间的夹角

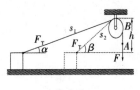

检 5-2

是 α。当拉力 F 作用一段时间后,绳子与水平面间的夹角增加为 β,如图检 5-2 所示。设滑轮顶端距物体上表面的高度为 h,若不计绳的质量、滑轮质量以及绳与滑轮间的摩擦,求绳的拉力对物体做的功。

4. 如图检 5-3 所示,AB 为 $\frac{1}{4}$ 圆弧轨道,BC 为水平直轨道,圆弧的半径为 R,BC 的长度也是 R,一质量为 m 的物体,与两个轨道间的动摩擦因数都为 μ,已知物体由轨道顶端 A 自由滑落,恰好运动到 C 点停止,求物体在 AB 段克服摩擦力所做的功是多少。

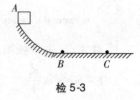

检 5-3

5. 一辆汽车在平直公路上以速度 v_0 匀速行驶,所受阻力是恒定的,此时发动机的功率为 P_0,牵引力为 F_0。t_1 时刻,由于某种原因,司机减少了油门,使汽车的功率立即减半,并保持该功率继续行驶;到 t_2 时刻,汽车又恢复了匀速行驶,分析这一过程并求出最后的速度。

6. 如图检 5-4 所示,一质量为 $m = 2.0\text{kg}$ 的物体从半径为 $R = 5.0\text{m}$ 的圆弧的 A 端,在拉力作用下沿竖直平面内圆弧 AB 缓慢运动到 B 端,拉力 $F = 15\text{N}$,方向始终与物体在该点的切线成角 $37°$,设圆弧所对应圆心角为 $60°$,且半径 BO 在竖直方向上,求这一过程中:

(1)拉力 F 做的功。

(2)重力 G 做的功。

(3)圆弧面对物体的支持力 F_N 做的功。

(4)圆弧面对物体的摩擦力 f 做的功。

(g 取 10m/s^2,$\cos 37° = 0.8$)

7. 有一台水轮发电机组,每秒有 2.0m^3 的水流过水轮机,如果河坝水位的高度差是 20m,求:

(1)水每秒对水轮机最多能做多少功。

(2)若机械能转化为电能的效率为 40%,求发电机的输出功率(g 取 10m/s^2)。

检 5-4

第六章　静电场

第一讲　库仑定律及电场力的性质

【考点导悟】

一、电荷守恒定律

1. 使物体带电的三种方式

接触起电、摩擦起电、感应起电。

2. 电荷的种类

自然界中有两种电荷,即正电荷和负电荷。

美国科学家富兰克林把丝绸摩擦过的玻璃棒所带的电荷定义为正电荷,则丝绸带负电荷;把用毛皮摩擦过的橡胶棒所带的电荷定义为负电荷,则毛皮带正电荷。

3. 电荷守恒定律

自然界中的电荷既不会创生,也不会消灭,它只能从一个物体转移到另一个物体,或者从物体的一部分转移到另外一部分;在转移的过程中,电荷的总量保持不变。这个结论叫作电荷守恒定律。

在起电的三种方式中,接触起电和摩擦起电属于电荷在两个带电体之间的转移,感应起电属于电荷从物体的一部分转移到另一部分。

4. 电量

电荷的多少叫作电荷量,简称电量,常用符号 q(或 Q)表示。电量的单位是库仑,符号是 C。科学研究发现的最小的电荷量就是电子所带的电荷量,质子、正电子的电荷量与电子相同,符号相反,这个最小的电荷量叫作元电荷,用 e 表示。即:

$$e = 1.6 \times 10^{-19} C$$

5. 比荷

带电体的带电量和其质量之比叫作该带电体的比荷。用 $\frac{q}{m}\left(\frac{Q}{m}\right)$ 表示,单位是:库每千克(C/kg)。

二、库仑定律

（1）点电荷：

如果带电体间的距离比它们的大小大得多,以致带电体的形状、大小及电荷分布状况对相互作用力的影响可忽略不计,这样的带电体叫作点电荷。

（2）库仑定律的内容：

真空中两个静止的点电荷之间的相互作用力,跟它们电荷量的乘积成正比,跟它们距离的二次方成反比,作用力的方向在它们的连线上。表达式为：

$$F = k\frac{q_1 q_2}{r^2}$$

式中,k 叫作静电力常量,且 $k = 9.0 \times 10^9 \mathrm{N \cdot m^2/C^2}$。

3.适用条件：真空中、点电荷。

三、电场强度

1.静电场

静止电荷产生的电场,称为静电场。电场的性质是对放入其中的电荷有力的作用。

2.电场强度的物理意义

描述电场的强弱和方向的物理量。

定义式：$E = \dfrac{F}{q}$

注意两点：

（1）单位是 N/C 或者 V/m。

（2）电场强度是矢量,方向跟正电荷在电场中受力方向相同。

3.真空中点电荷的电场强度公式

$$E = \frac{kQ}{r^2}$$

在以 Q 为中心、r 为半径的球面上,各点的电场强度大小相等。若 Q 为正电荷,场强方向沿半径向外；若 Q 为负电荷,场强方向沿半径向里。

4.电场强度的叠加

多个电荷在电场中某点的电场强度等于各个点电荷单独在该点产生的电场强度的矢量和,叠加时遵循平行四边形定则。

四、电场线及匀强电场

1.电场线的物理意义

电场线可以描述电场的强弱和方向。电场线的切线方向就是电场强度的方向,电场线的疏密表示电场的强弱。

2.电场线的特点

电场线不相交、不闭合,从正电荷出发终止于负电荷。

3. 几种典型的电场线分布(如图 6-1 所示)

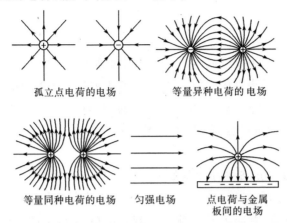

孤立点电荷的电场　　　等量异种电荷的电场

等量同种电荷的电场　　匀强电场　　点电荷与金属
　　　　　　　　　　　　　　　　　　板间的电场

图 6-1

五、带电粒子运动轨迹与电场线关系

带电粒子在电场中的运动轨迹,是由带电粒子受到的合外力情况和初速度共同决定的,轨迹上各点的切线方向代表的是粒子运动速度方向。而电场线描述的是电场的方向及定性地描述电场的强弱,它只能决定带电粒子在电场中各点受到电场力的方向(或加速度方向)。因此,电场线不一定是带电粒子在电场中的运动轨迹。

六、三个公式 $E = \dfrac{F}{q}$、$E = k\dfrac{Q}{r^2}$、$E = \dfrac{U}{d}$ 的对比

1. 公式 $E = \dfrac{F}{q}$

是利用比值法定义电场强度,对任何电场都适用。但应该注意:电场中某一点的电场强度是唯一确定的,它与试探电荷 q 无关,只取决于形成电场的场源电荷及空间位置。不能认为场强 E 与电场力 F 成正比,与电荷量 q 成反比。

2. 公式 $E = k\dfrac{Q}{r^2}$

是点电荷形成电场的决定式,只适合于真空中的点电荷。该式表明考查点的电场强度 E 是由场源电荷 Q 和这点到场源电荷的距离 r 决定的。

3. 公式 $E = \dfrac{U}{d}$

是匀强电场电场强度的计算公式,只适合匀强电场,其中 d 为匀强电场中沿着电场线方向的距离。

使用公式时,一定要注意公式的使用条件,不可张冠李戴,乱套公式。

【活题精析】

【例1】 如图 6-2 所示,有一个带正电的验电器,当一金属球 A 只靠近验电器的小球 B 时,验电器的金箔张角变小,则下列说法正确的是(　　)。

A.金属球可能不带电　　B.金属球可能带负电

C.金属球可能带正电　　D.金属球一定带负电

[分析与解]

图 6-2

金箔张角的大小,是由带电量的多少决定的。若 A 球不带电,在 A 球靠近 B 球时,因发生静电感应,使 A 球靠近 B 球的一侧出现负电荷,背向 B 球的侧面出现正电荷,A 球上的感应出来的正、负电荷均与验电器上的正电荷发生相互作用,但由于负电荷离验电器小球较近,整体表现为吸力,这样也会使金箔上正电荷向上"移动",使金箔张角变小,故选项 A 正确。如果 A 球带负电、靠近验电器的 B 球时,由于异种电荷相互吸引,金箔上的正电荷会向上"移动",道理类似前面,故选项 B 正确。反之,若金属球带正电,只能使金箔张开角度变大,选项 C 错误;而选项 D 太绝对,应该改为可能。故选项 A、B 是正确的。

答案:A、B

点拨:

验电器可以判断物体是否带电、带电的种类和电荷量的多少。当带电体靠近验电器导体棒上端或接触导体棒上端时,验电器的金属箔都会张开,但要注意原理上是不同的。

【例2】 真空中有两个完全相同的金属小球,A 球带 $q_A = 6.4 \times 10^{-16}$C 的正电荷,$B$ 球带 $q_B = -3.2 \times 10^{-16}$C 的负电荷,均可视为点电荷。求:

(1)当它们相距 0.5m 时,A、B 间的库仑力为多大。

(2)若将两球接触后再分别放回原处,A、B 间的库仑力又为多大。

[分析与解]

研究电荷间的相互作用力时,首先要注意判断是否符合库仑定律的适用条件,其次要注意电荷的电性及作用力的方向。再次要注意:完全相同的两个金属球带电荷量分别为 q_1、q_2 时,若二者为同种电荷,则两球接触后带电荷量均为 $\dfrac{q_1 + q_2}{2}$;若二者为异种电荷,则两球接触后带电荷量均为 $\dfrac{|q_1 - q_2|}{2}$。

(1)本题因 A、B 两球带异种电荷,故 A、B 间的库仑力是引力,由库仑定律可求它们间的引力大小为：

$$F = k \frac{q_A \cdot q_B}{r^2} = 9.0 \times 10^9 \times \frac{6.4 \times 10^{-16} \times 3.2 \times 10^{-16}}{0.5^2} N = 7.37 \times 10^{-21} N$$

（2）若 A、B 两球先接触再放回原处，则在接触时会发生电中和，之后再平分净余电量，这时因 A、B 带上同种电荷，二者接触后，它们的电量均为：

$$q'_A = q'_B = \frac{6.4 - 3.2}{2} \times 10^{-16} C = 1.6 \times 10^{-16} C$$

放回原处时，库仑力大小为：

$$F' = k \frac{q'_A q'_B}{r^2} = 9.0 \times 10^9 \times \frac{1.6 \times 10^{-16} \times 1.6 \times 10^{-16}}{0.5^2} N = 9.22 \times 10^{-22} N$$

相互作用力是斥力。

【例3】　真空中的光滑水平面上有 a、b 两个自由的点电荷，相距 40cm，其电荷量分别为 q_1 和 q_2，且 $q_1 = 9q_2$，均为正电荷。现引入第三个点电荷 c，使 a、b、c 三个电荷都能处于平衡状态，求点电荷 c 的电量及放置的位置。

[分析与解]

对这三个电荷，每一个点电荷都受到其余两个电荷对它的库仑力，要想让每个电荷都受力平衡，则这三个电荷必在同一直线上，且根据库仑力大小的计算公式及作用力的性质规律，知 c 必为负电荷，且放置在 a、b 连线之间靠近 q_2 处。设 c 的电荷量大小为 q_3，c 距 a 为 x，则 c 距 b 为 $(0.4 - x)$，则根据二力平衡条件可列出三个平衡方程，即：

对 a：$k \dfrac{q_1 q_2}{0.4^2} = k \dfrac{q_1 q_3}{x^2}$

对 b：$k \dfrac{q_1 q_2}{0.4^2} = k \dfrac{q_2 q_3}{(0.4 - x)^2}$

对 c：$k \dfrac{q_1 q_3}{0.4^2} = k \dfrac{q_2 q_3}{(0.4 - x)^2}$

三个方程，由任何两个都能推导出第三个，故只列出两个就可以了，解方程得：

$$x = 30cm, \quad q_3 = \frac{1}{16} q_1 \left(或 \ q_3 = \frac{9}{16} q_2 \right)$$

因此，点电荷 c 的电量为 $-\dfrac{1}{16} q_1$（或 $-\dfrac{9}{16} q_2$）。

点拨：

三个自由电荷的平衡问题是静电学中的常见问题，由于每个电荷都受到另外两个电荷的静电力作用，所以三个电荷平衡时一定是处在同一条直线上。且

由于两个电荷间的作用力服从平方反比关系,因此这三个电荷还必须满足这样的规律:

"同号在中间,异号在两边,靠近小电荷,符号必相反。"

也就是说,若已知两个同种电荷,要引入第三个电荷,使三者都平衡,则引入的电荷一定和已知电荷异号,且置于两已知电荷连线之间某一点上;若两个已知电荷是异种电荷,则引入的第三个电荷一定放置在两已知电荷连线的外侧,且靠近电量较小的电荷,符号与之相反。总结出这一规律,可使我们快速确定引入电荷的电性及放置的位置。

第二讲　电场能的性质

【考点导悟】

一、电势差

(1)定义:

电荷在电场中,从一点 A 移动到另一点 B 时,静电力所做的功与被移动电荷电量的比值 W_{AB}/q,叫作 A、B 两点间的电势差,用 U_{AB} 表示,则 $U_{AB} = \dfrac{W_{AB}}{q}$。

(2)单位:伏特(V),其中 $1V = 1J/C$。

(3)矢标性:电势是标量,有正、负,但不代表方向,只表示比零参考点多或少。

二、电势

1.定义

电势是电场中某点与零电势点之间的电势差。数值上等于把单位正电荷从某点移到零电势点时静电力所做的功。

2.表达式

$\varphi_A = \dfrac{W_{AO}}{q}$($O$ 为零电势点,即 $\varphi_0 = 0$)

注意:电势是标量,单位是伏特(V)。

3.电势具有相对性

电势的高低与零电势点的选取有关,但电场中两点的电势差与零电势点的选取无关。零电势点通常选在距离点电荷为无穷远处或电场中的接地点。对一定的电场,零电势点一旦选定,电势大小就确定下来了,它只由电场本身决定,与试探电荷电量大小、有无均无关系。

三、电势能

1. 静电力做功的特点

静电力对电荷做的功只与电荷的始末位置有关,与路径无关,这一点跟重力做功类似。静电力与重力都是保守力,做功与路径无关,因此才能提出势能的概念,在静电场中提出的势能就是电势能。

2. 电势能概念

电荷在静电场中由于位置而具有的能叫作电势能,用 E_P 表示,单位是焦耳(J)。

3. 静电力做功与电势能变化的关系

静电力对电荷做了多少正功,电势能就减少多少,同时就有多少电势能转化为其他形式的能;电荷克服静电力做了多少功,电势能就增加了多少,同时就有多少其他形式的能转化为电势能。用公式表达是:

$$W_{AB} = -\Delta E_P = E_{PA} - E_{PB}$$

注意:A 是始点,B 是末点,电势能的改变量要用末点的电势能减去始点的电势能,即 $\Delta E_P = E_{PB} - E_{PA}$,不能写反。

4. 电势能的计算公式

电势能和重力势能一样,具有相对性,电势能的数值是相对一定零电势能参考点的。因此计算时必须选取零电势能点,简称参考点。参考点的选取是任意的,但通常选取无限远处或大地为参考点。

根据功能关系,电荷在电场中 A 点的电势能与参考点 O 的电势能之间满足 $W_{AO} = E_{PA} - E_{PO}$,因 $E_{PO} = 0$,故 $E_{PA} = W_{AO}$。此式表明,电荷在电场中某点 A 的电势能在数值上等于把电荷从这一点移到参考点时静电力所做的功。又根据电势定义式 $\varphi_A = \dfrac{W_{AO}}{q}$,得:

$$E_{PA} = q\varphi_A$$

这就是电荷在静电场中所具有的电势能的计算公式。

要注意:电势能、电势都是标量,没有方向但有正负,使用公式 $\varphi_A = \dfrac{W_{AO}}{q}$ 及 $E_{PA} = q\varphi_A$ 时,一定要注意各量的正负号。

四、等势面

1. 定义

在静电场中,电势相等的点构成的面叫作等势面。

2. 特点

(1)等势面一定跟电场线垂直。因此,电荷在同一等势面上移动,电场力做功为零。

(2)电场线总是从电势较高的等势面指向电势低的等势面。

（3）任意两个等势面都不会相交。

（4）电场强度较大的地方，等差等势面较密。

五、匀强电场中电势差和电场强度的关系

匀强电场中电势差 U 和电场强度 E 的关系式为：$U=Ed$

注意：①$U=Ed$ 只适用于匀强电场。②式中，d 是两点沿电场线方向的距离。

由此可知，沿电场线方向电势降落最快。

六、电场力做功的三个公式比较

$W=qEd$，$W_{AB}=qU_{AB}$，$W_{AB}=-\Delta E_P$

注意使用条件：①$W=qEd$ 适用于匀强电场。式中，d 表示始末位置间沿电场线方向的距离。②公式 $W_{AB}=qU_{AB}$ 及 $W_{AB}=-\Delta E_P$ 适用于任何电场。

【活题精析】

【例1】 如图 6-3 所示，AB 是电场中的一条电场线，一电子从 A 点由静止释放，仅在电场力的作用沿直线向 B 点运动，则下列说法正确的是（　　）。

A.该电场一定是匀强电场

B.场强 E_A 一定大于 E_B

C.电势 φ_A 一定低于 φ_B

D.电子的电势能 E_{PA} 一定大于 E_{PB}

$\bullet$ —————— $\bullet$
A 　　　　　 B

图 6-3

[分析与解]

仅由一条电场线不能确定该电场是否为匀强电场，也不能比较 A、B 两点场强大小，故 A、B 选项均错误；由于电子受电场力方向与场强方向相反，而由 A 到 B 电场力做正功，由此知道电场线由 B 指向 A，又沿电场线方向电势降低，所以 $\varphi_B>\varphi_A$，故 C 选项正确；电子从 A 点由静止释放，在电场力作用下沿直线向 B 点运动，电场力做正功，电势能减少，故 D 选项正确。

答案：C、D

【例2】 如图 6-4 所示，实线为电场线，虚线为等势线，且相邻两等势线间的电势差相等，现规定 $\varphi_2=0$，已知一个正的检验电荷在等势线 φ_3 上具有的动能为20J，当它运动到 φ_1 上时速度为零。求：当该检验电荷的电势能为4J时，其动能为多少。

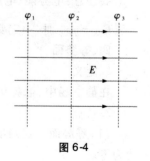

图 6-4

[分析与解]

我们知道，电势能是电荷在静电场中具有的能量，它与其他形式的能量一样也可以相互转化，且遵

守能量转化与守恒定律,因此,动能定理、能量守恒定律在此题中都可以运用。因 φ_1、φ_2、φ_3 是等差等势面,又 $\varphi_2 = 0$,可设 $\varphi_1 = U$,$\varphi_3 = -U$,根据动能定理有:

$$E_{k1} - E_{k3} = q(\varphi_3 - \varphi_1)$$

即:$0 - 20 = q \cdot (-2U)$

故:$-q \cdot U = -10$

于是,$q\varphi_3 = -10\text{J}$

检验电荷在电场中总能为:

$$E = E_{k3} + E_{P3} = 10\text{J}$$

根据能量守恒,当电荷电势能为 4J 时,其动能为 6J。

【例3】 在图 6-5 中,a、b 是两个带等量异种的点电荷,MN 为二者连线的中垂线。现有一个带电粒子从 M 点以一定初速度 v_0 射入,开始时一段轨迹如图中实线所示,不计粒子重力,则在该粒子飞越电场过程中下列说法正确的是(   )。

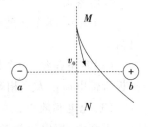

图 6-5

A. 该粒子带负电

B. 该粒子的动能先增大后减小

C. 该粒子的电势能先增大后减小

D. 该粒子运动到无穷远处后,速度大小还是 v_0

[分析与解]

由粒子运动轨迹可以判定,粒子在该电场中受到大体向右的电场力,因而可以判断粒子带负电,故选项 A 正确;又因等量异种点电荷连线的中垂线是电势为零的等势线,又电场线方向是由 b 指向 a,且电势逐渐降低,即粒子是先逆着电场线运动,所以电场力对粒子先做正功。当粒子穿过 b 到无穷远处过程中,电场力与运动方向相反,电场力做负功,动能先增大后减小,由能量守恒知,粒子电势能先减小后增大,故选项 B 正确、C 错误;至无穷远处电势为零,与 M 点电势能相等,动能与 M 处相同,而速度大小又为 v_0,故选项 D 正确。

答案:A、B、D

点拨:

这是一道关于等量异种电荷电场与电场能的性质的综合习题,做好这道题的关键是要明确等量异种点电荷周围电场的分布规律,如电荷连线的中垂线是等势线,且电势与无穷远处电势相等等特点。可见,掌握基本知识是顺利解决问题的前提条件。

第三讲　电容器　带电粒子在电场中的运动

【考点导悟】

一、电容器及电容

1.电容器

(1)组成:两个彼此绝缘且又相互靠近的导体组成电容器,电容器能够容纳电荷。

(2)带电荷量:一个极板所带电荷量的绝对值,叫作电容器所带的电量。两极板所带电荷量大小相等,符号相反。

(3)充电和放电:

①充电:把电容器接在电源上后,电容器两个极板分别带上等量异号电荷的过程,叫作充电。充电后两极间存在电场,电容器储存了电能。

②放电:用导线将充电后电容器的两极板接通,两极板上正负电荷中和的过程,叫作放电。放电过程时间极短,以后两极板间不再有电场,与此同时,将电场能转化为其他形式的能。

2.电容

(1)定义:电容器所带的电荷量与两极板间电势差的比值,叫作电容。公式为:

$$C = \frac{Q}{U} \text{或} C = \frac{\Delta Q}{\Delta U}$$

(2)物理意义:电容是反映电容器容纳电荷本领大小的物理量,数值上等于把电容器两板的电势差增加1V所需充加的电荷量。电容是由电容器本身的构造因素决定,与 U、Q 无关,因此,不能说电容与电量成正比、与两极间电压成反比。

(3)单位:法拉,符号 F,与其他单位间的换算关系为:$1F = 10^6 \mu F = 10^{12} pF$

3.平行板电容器的电容公式

$$C = \frac{\varepsilon S}{4 \pi k d}$$

式中,S 是两平行板的正对面积;ε 是电介质的相对介电常数;d 是两极板间的距离。

二、带电粒子在电场中的加速和偏转

1. 带电粒子在电场中的加速

带电粒子沿与电场线平行的方向进入电场,将因受到的电场力作用而加速,这时,电场力对带电粒子做的功可由动能定理来求:

$$qU = \frac{1}{2}mv^2 - \frac{1}{2}mv_0^2$$

2. 带电粒子在电场中的偏转

(1)运动状态:沿初速度方向做匀速运动,与初速度垂直的方向做匀加速直线运动。实际运动轨迹为抛物线,称为类平抛运动。

(2)处理方法:类似于平抛运动处理方法。见图6-6所示。

运动时间:$t = \dfrac{L}{v_0}$

加速度:$a = \dfrac{qE}{m} = \dfrac{qU}{md}$

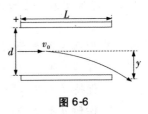

图 6-6

飞出电场时的偏移量:

$$y = \frac{1}{2}at^2 = \frac{qL^2U}{2mv_0^2d} = \frac{qL^2U}{4E_kd}$$

离开电场时的偏转角:

$$\tan\theta = \frac{v_y}{v_0} = \frac{qLU}{mv_0^2d}$$

三、平行板电容器的两种物理模型

(1)平行板电容器充电后,保持与电源两极相连时,两极板间电压不变。

因 U 不变,$E = \dfrac{U}{d} \propto \dfrac{1}{d}$

$Q = CU = \dfrac{\varepsilon SU}{4\pi kd} \propto \dfrac{\varepsilon S}{d}$

(2)平行板电容器充电后,切断与电源的连接时,电容器所带电荷量不变。

因 Q 不变,故有:$U = \dfrac{Q}{C} = Q \cdot \dfrac{4\pi kd}{\varepsilon S} \propto \dfrac{d}{\varepsilon S}$

$$E = \frac{Q}{Cd} = \frac{Q}{\dfrac{\varepsilon S}{4\pi kd}d} = \frac{Q}{\varepsilon S} \cdot 4\pi k \propto \frac{1}{\varepsilon S}$$

这表明:电场强度与两板间距离无关;正对面积减小,电场强度变大。这可通过图6-7甲、乙两组图来理解:当改变两板间的距离 d,因电场线疏密程度不变,即电场强度不变;当两板间正对面积减小时,电场线间距变密,电场强度变大。

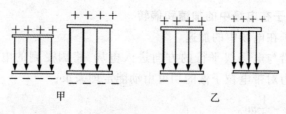

图 6-7

【活题精析】

【例 1】 下图 6-8 所示,是用控制变量法研究影响平行板电容器电容大小因素的实验装置。设两极板的正对面积为 S,极板间距为 d,静电计指针偏转角为 θ。若在实验中,始终保持两极板所带电量不变,则下列说法正确的是( )。

A. 保持 S 不变,增大 d,则 θ 变大

B. 保持 S 不变,增大 d,则 θ 变小

C. 保持 d 不变,减小 S,则 θ 变小

D. 保持 d 不变,减小 S,则 θ 不变

[**分析与解**]

静电计是测量电容器两极间电压的仪器,

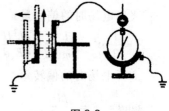

图 6-8

指针偏转角与电压成正比,即 $\theta \infty U$,因此 $U \uparrow \theta \uparrow$,$U \downarrow \theta \downarrow$。根据 $C = \dfrac{\varepsilon S}{4\pi kd}$ 知,当 S 不变,增大 d 时,$C \downarrow$,再由 $U = \dfrac{Q}{C}$,因 Q 不变,故 $U \uparrow \rightarrow \theta \uparrow$,选项 A 正确;保持 d 不变,$S \downarrow \rightarrow C \downarrow$,由 $U = \dfrac{Q}{C}$ 及 Q 不变,得 $U \uparrow \rightarrow \theta \uparrow$。因此,选项 C、D 错误,只有 A 选项正确。

答案:A

【例 2】 如图 6-9 所示,A、B 为平行金属板,两板相距为 d,分别与电源两极相连,两板的中央各有一小孔 M 和 N,今有一带电质点,自 A 板上方相距为 d 的 P 点由静止自由下落,到达 N 孔时速度恰好为零,然后沿原路返回。若保持两极板间的电压不变,则下列说法正确的是( )。

A. 把 A 板向上平移一小段距离,质点自 P 点自由下落后仍能返回

B. 把 A 板向下平移一小段距离,质点自 P 点自由下落后将穿过 N 孔继续下落

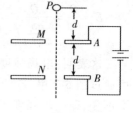

图 6-9

C. 把 B 板向上平移一小段距离，质点自 P 点自由下落后仍能返回

D. 把 B 板向下平移一小段距离，质点自 P 点自由下落后将穿过 N 孔继续下落

[分析与解]

因两极板间电势差 U 保持不变，带电质点由 P 运动到 N 的过程中，重力做功与电场力做功相等，即 $2mgd - qU = 0$；若把 A 板上移，则粒子到 N 孔，仍有 $2mgd - qU = 0$，说明也刚好能到 N 孔，然后又返回，选项 A 正确；若把 A 板向下移，同理，也应能到 N 点，然后返回，选项 B 错误；若把 B 板向上平移，重力做功小于电场力做功，带电质点不能运动到 N，即达到 N 之前就返回，选项 C 正确；若把 B 板向下移一小段距离，重力做功大于电场力做功，到达 N 孔时有向下运动的速度继续下落，选项 D 正确。因此，选项 A、C、D 正确。

答案：A、C、D

【例3】　如图 6-10 所示，真空室中速度 $v_0 = 1.6 \times 10^7 \text{m/s}$ 的电子束，连续地沿两水平金属板间的中心线 OO' 射入，已知极板长 $l = 4\text{cm}$，极板间距离 $d = 1\text{cm}$，极板右端距离荧光屏 PQ 为 $L = 18\text{cm}$。电子电量 $q = 1.6 \times 10^{-19} \text{C}$，质量 $m = 9.1 \times 10^{-31} \text{kg}$。若在两电极上加 $u = 220\sin100\pi t \text{V}$ 的交变电压，在荧光屏的竖直方向可观测到亮线的长度（假设荧光屏足够大）。

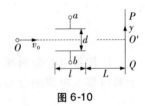

图 6-10

[分析与解]

电子在两板之间做类平抛运动，飞出电场后做匀速直线运动。因为电子在电场中的运动时间为：$t = \dfrac{1}{v_0} = 2.5 \times 10^{-9}\text{s}$ 远小于 $T = \dfrac{2\pi}{\omega} = 0.02\text{s}$，可以认为电子飞越偏转电场的时间内电场没有发生变化，而是在飞入电场时的电压形成的匀强电场中运动。要想让电子能够打到荧光屏上，在电场中的竖直方向的位移不能超过 $\dfrac{d}{2}$，设此时的最大电压为 $U_{\max}$，则有：

$$\frac{d}{2} = \frac{1}{2}at^2, t = \frac{l}{v_0}$$

$$a = \frac{qE}{m} = \frac{qU_{\max}}{md}$$

$$U_{\max} = \frac{md^2}{qt^2} = \frac{md^2v_0^2}{ql^2} = 91\text{V} < 220\text{V}$$

因此可以形成 $\dfrac{d}{2}$ 的竖直位移，即 $y_{\max} = \dfrac{d}{2} = 0.5\text{cm}$。

由平抛运动的推论并结合平面几何比例关系有：

$$\frac{y}{Y} = \frac{\dfrac{l}{2}}{\dfrac{l}{2} + D}$$

解得：$Y = \dfrac{\dfrac{l}{2} + D}{\dfrac{l}{2}} y = 5\,\text{cm}$

而在负半周时，荧光屏上也能得到 5cm 长的亮线，因此，在荧光屏上总共可以得到 $2Y = 10\,\text{cm}$ 长的亮线。

点拨：

电容器及带电粒子在电场中偏转，是静电学中的重点内容，它常常与功能关系、运动学的知识结合在一起，习题的综合性较大，要想处理好这些问题，就要牢固掌握电场中的基本关系，同时对平抛运动的规律、推论非常熟练。

单元检测六

1.使带电的金属球靠近不带电的验电器，验电器的箔片张开，下图检 6-1 表示验电器上电荷的分布正确的是（　　　）。

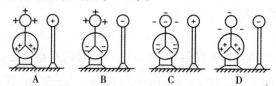

检 6-1

2.如图检 6-2 所示，实线是一簇未标明方向的由点电荷 Q 产生的电场线，若带电粒子 $q(|Q| \gg |q|)$ 由 a 运动到 b，电场力做正功，已知在 a、b 两点粒子所受电场力分别为 F_a、F_b，则下列判断正确的是（　　　）。

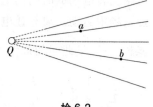

检 6-2

A.若 Q 为正电荷，则 q 带正电，$F_a > F_b$

B.若 Q 为正电荷，则 q 带正电，$F_a < F_b$

C.若 Q 为负电荷，则 q 带正电，$F_a > F_b$

D.若 Q 为负电荷，则 q 带正电，$F_a < F_b$

3.已知 P、Q 是等量的正点电荷，O 是它们连线的中点，A、B 是中垂线上的两点，用 E_A、E_B 和 φ_A、φ_B 分别表示 A、B 两点的电场强度和电势，如图检 6-3 所示，则（　　　）。

A. E_A 一定大于 E_B，φ_A 一定大于 φ_B

B. E_A 不一定大于 E_B，φ_A 一定大于 φ_B

C. E_A 一定大于 E_B，φ_A 不一定大于 φ_B

D. E_A 不一定大于 E_B，φ_A 不一定大于 φ_B

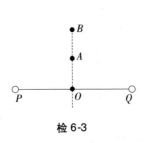

检 6-3

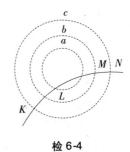

检 6-4

4. 已知虚线 a、b、c 是静电场中的三个等势面，其电势分别为 φ_a、φ_b 和 φ_c，现有一个带正电的粒子射入这个电场中，其运动轨迹曲线为 $K—L—M—N$，如图检 6-4 所示，根据以上信息得知（　　）。

A. 粒子从 K 到 L 的过程中，电场力做负功

B. 粒子从 L 到 N 的过程中，电场力做负功

C. 粒子从 K 到 L 的过程中，电势能增加

D. 粒子从 L 到 N 的过程中，动能减少

5. 如图检 6-5 所示的电路中，A、B 为两块竖直放置的金属板，G 是一只静电计，开关 S 合上后，静电计指针张开一个角度。下列做法可使指针张角增大的是（　　）。

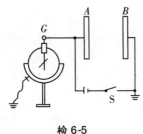

检 6-5

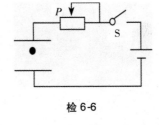

检 6-6

A. 使 A、B 两板靠近一些

B. 使 A、B 两板正对面积错开一些

C. 断开 S 后，使 B 板向右平移拉开一些

D. 断开 S 后，使 A、B 正对面积错开一些

6. 如图检 6-6 所示，整个装置在竖直平面内，平行板电容器两极板水平放置，当开关 S 闭合时，一带电微粒恰好在两板间处于静止状态，下列说法正确的

是(　　)。

　　A. 保持 S 闭合,使滑动片 P 向左滑动,微粒将向上运动

　　B. 断开 S 后,使两极板靠近,则微粒仍保持静止

　　C. 断开 S 后,使两极板靠近,则微粒将向上运动

　　D. 断开 S 后,使两极板左右错开一定距离,微粒仍静止

　　7. 有一示波管偏转电极的长度 $L = 3$ cm,两板间的电场是均匀的,且 $E = 1.2 \times 10^4$ V/m,一个电子以初速度 $v_0 = 2.0 \times 10^7$ m/s 沿管轴水平射入,如图检6-7 所示。已知电子的质量 $m = 9.0 \times 10^{-31}$ kg,电荷量 $q = -1.6 \times 10^{-19}$ C,求:

　　(1)电子经过偏转电场后的竖直偏移量 $y = ?$

　　(2)若偏转电极的边缘到荧光屏的距离 $D = 15$ cm,求电子打在荧光屏上产生的光点偏离中心 O 的距离 $Y = ?$

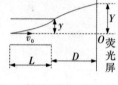

检 6-7

第七章　恒定电流

第一讲　电流　电阻　电功及电功率

【考点导悟】

一、电流

1. 定义

电荷的定向移动形成电流。

(1)电流方向:规定正电荷移动的方向为电流方向,与负电荷移动方向相反。

(2)标矢性:虽然电流有方向,但它是标量,因为电流的叠加是代数相加,而不是矢量合成。

2. 形成电流的条件

(1)导体中有能够自由移动的电荷。

(2)导体两端存在电压。二者同时具备,才能形成电流。

3. 电流大小

(1)定义式: $I = \dfrac{q}{t}$,即电流等于单位时间通过导体横截面的电量。单位:安培(A), $1A = 1C/s$ 。

注意:在电解液导电及气体导电中,应为通过导体横截面正、负电荷量的绝对值之和。

(2)微观表达式: $I = nqvS$ 。式中, n 为导体内单位体积内的自由电荷数; q 是自由电荷的电量; v 是自由电荷定向移动的速率; S 为导体横截面积。

推导过程如下:

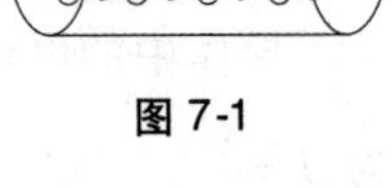

如图 7-1 所示,表示粗细均匀的一段导体,长度为 L ,两端加上一定的电压,导体中的自由电荷定向移动的速率是 v 。设导体的横截面积为 S ,导体单位体积内的自由电荷数为 n ,每个自由电荷的电量为 q ,则 AB 导体中自由电

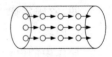

图 7-1

荷总数 $N = nSL$，总电量 $Q = Nq = nSLq$，这些电荷通过导体右端面需要的时间为

$t = \dfrac{L}{v}$，故流过导体的电流是：

$$I = \frac{Q}{t} = \frac{nSLq}{\dfrac{L}{v}} = nqvS$$

由此可见，从微观角度讲，一定材料的导体中电流大小取决于电荷定向移动的速度和导体横截面积的大小，而导体中自由电荷的密度和每个自由电荷的带电量是由材料性质决定的。

4. 三种速率

（1）定向移动速率：自由电荷沿某一方向运动的速率，金属导体中约为 $10^{-5}\,\mathrm{m/s}$。公式 $I = nqvS$ 中的 v 是电荷的定向移动速率。

（2）传导速率：是指电场的传播速率，大小等于光速，即 $3 \times 10^{8}\,\mathrm{m/s}$。

（3）无规则热运动速率：自由电荷无规则热运动的速率，其大小约为 $10^{5}\,\mathrm{m/s}$。

二、电阻

1. 定义

电阻反映了导体对电流的阻碍作用。用 R 表示，单位：欧姆（Ω）。

2. 定义式：$R = \dfrac{U}{I}$

三、电阻定律

1. 内容

导体的电阻跟导体的长度成正比，与它的横截面积成反比，还与导体的材料有关。表达式：

$$R = \rho\,\frac{l}{S}$$

式中，ρ 是电阻率，是反映导体材料本身的电学性质，由导体材料决定，且与温度有关系。它在数值上等于用这种材料制成长 $1\mathrm{m}$、横截面积为 $1\mathrm{m}^2$ 的导线的电阻值。

2. 电阻率与温度的关系

（1）金属材料：随温度的升高而增大。

（2）半导体材料：随温度的升高而减小。

（3）合金材料：几乎不受温度变化的影响，如锰铜合金、镍铜合金等。

四、欧姆定律

1. 内容

导体中的电流跟导体两端的电压成正比，跟导体的电阻成反比。其公式为：$I = \dfrac{U}{R}$。

2. 适用条件

(1)金属导电和电解液导电,气体导电不适用。

(2)纯电阻电路(即不含电动机、电解槽等非线性元件的电路)。

3. 导体伏安特性曲线

以电流为纵轴、电压为横轴画出导体上的电流随电压变化的 I-U 图线。如图 7-2 所示,其中 $R_1 > R_2$。

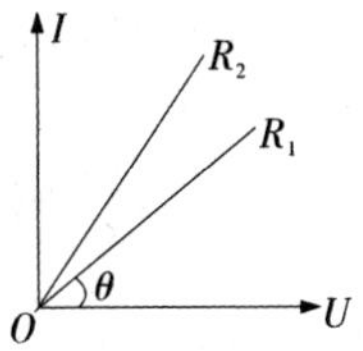

图 7-2

五、电功、电热和电功率

1. 电功

电流在一段电路上所做的功。公式:$W = UIt$

表明:电功等于导体两端电压、电路中电流和通电时间三者的乘积。电流做功的过程,是电能转化为其他形式能的过程。

2. 电热

电流流过一段导体时产生的热量。公式:$Q = I^2Rt$

这个规律也叫作焦耳定律。

3. 电功率

(1)定义:电流在单位时间内所做的功。用 P 表示。则:

$$P = \frac{W}{t} = UI$$

表明:电功率等于导体两端的电压与电路中电流的乘积。

单位:瓦特(W),$1W = 1J/s$。

(2)电功率的分类:

①额定功率:指用电器正常工作时的电功率,是用电器的重要参数。

②实际功率:指用电器实际工作时的电功率。实际功率与额定功率不一定相等,用电器的实际功率大于额定功率(即超负荷运行),一般是不允许的,而低于额定功率也不能正常运行。

六. 电路的分类

1. 纯电阻电路

指电路中只含有白炽灯、电炉、电饭锅、电烙铁、电热毯、电熨斗等线性元件的电路。在纯电阻电路中,$I = \dfrac{U}{R}$ 成立。这时,电功等于电热,有:

$$W = Q = Pt = UIt = I^2Rt = \frac{U^2}{R}t$$

2. 非纯电阻电路

指电路中含有电动机、电解槽、日光灯等非线性元件的电路。这时,电路消耗的电能除转化成内能外,还有一部分转化成机械能(如电动机)或化学能(如电解槽)等。

(1) 对非纯电阻电路: $I \neq \dfrac{U}{R}$, 这时, $W > Q$, 即 $UIt > I^2 Rt$。

(2) 对电动机: $W = E_{机} + Q$, 即 $UIt = E_{机} + I^2 Rt$。

(3) 对电解槽: $W = E_{化} + Q$, 即 $UIt = E_{化} + I^2 Rt$。

【活题精析】

【例1】 有一横截面积为 S 的铜导线, 流经其中的电流为 I, 设每单位体积的导线中有 n 个自由电子, 电子的电荷量为 q, 此时电子的定向移动速率为 v, 在 Δt 时间内, 通过导体横截面的自由电子数目可表示为 (   )。

A. nvS B. $nv\Delta t$ C. $\dfrac{I\Delta t}{Sq}$ D. $\dfrac{I\Delta t}{q}$

[分析与解]

根据电流的定义式可知, 在 Δt 内通过导线横截面的电荷量 $Q = I\Delta t$, 在这段时间内通过的自由电子数为 $N = \dfrac{Q}{q} = \dfrac{I\Delta t}{q}$, 所以选项 C 错误、D 正确; 由于电子定向移动的速率是 v, 因此在 Δt 内, 位于以 S 为底、长 $l = v\Delta t$ 的体积 $V = Sl = Sv\Delta t$ 内的自由电子都能通过右截面, 如图 7-1 所示, 所以 Δt 内通过横截面 S 的自由电子数为 $N = nV = nSv\Delta t$, 故选项 A、B 均错误。

答案: D

【例2】 小灯泡通电后其电流 I 随所加电压 U 变化的图线如图 7-3 所示, 点 P 是图线上一点, PN 为图线的切线, PQ 为横轴的垂线, PM 为纵轴的垂线, 则以下说法正确的是(   )。

A. 随着所加电压的增大, 小灯泡的电阻增大

B. 对应 P 点, 小灯泡的电阻为 $R = \dfrac{U_1}{I_2 - I_1}$

C. 对应 P 点, 小灯泡的电阻为 $R = \dfrac{U_1}{I_2}$

D. 对应 P 点, 小灯泡的功率为图中矩形 PQOM 所围的面积

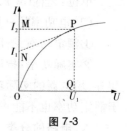

图 7-3

[分析与解]

电阻的大小等于某时刻电压与电流的比值, 而不是变化量的比值, 故 $R \neq \dfrac{\Delta U}{\Delta I}$。在 I-U 图像中, 曲线上各点与原点的连线的倾角越来越小, 表示电阻越来越大, 故 A 选项正确; 由欧姆定律知, 对应 P 点, 小灯泡的电阻 $R = \dfrac{U_1}{I_2}$, 故 B

选项错误、C 选项正确；对应 P 点，功率 $P = U_1 I_2$ 知，从图形上看就是图中矩形 PQOM 的面积，故 D 选项正确。

答案：A、C、D

【例3】 有一个提升重物用的直流电动机，电动机铭牌有"电机内阻 $r = 0.6\Omega$"的标志，如图 7-4 所示，如果已知电路中的固有电阻 $R = 10\Omega$，电路两端电压 $U = 160V$，电压表的示数 $U' = 110V$，试根据以上数据计算：

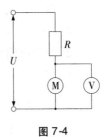

图 7-4

(1)通过电动机的电流。

(2)电动机的输入功率。

(3)电动机的输出功率。

[分析与解]

这是一个含有电动机的非纯电阻电路，因此要注意欧姆定律的适用条件。但串联电路各部分电流相等、并联电路的总电流等于各支路电流之和规律仍然适用。

(1)因电阻 R 与电动机串联，故二者电流相等，对电阻由欧姆定律得：

$$I = \frac{U - U'}{R} = \frac{160 - 110}{10}\text{A} = 5\text{A}$$

(2)电动机的输入功率：

$$P_入 = IU' = 5 \times 110\text{W} = 550\text{W}$$

(3)电动机的发热功率：

$$P_热 = I^2 r = 5^2 \times 0.6\text{W} = 15\text{W}$$

故电动机的输出功率 $P_出 = P_入 - P_热 = 535\text{W}$。

点拨：

在非纯电阻电路中，消耗的电能除转化成内能外，还有一部分转化成机械能或化学能。这时电功大于电热，而 $\dfrac{U^2}{R}t$ 已经没有什么意义，既不表示电功，也不表示电热。因此，在含电动机、电解槽等非纯电阻电路，一定要注意欧姆定律的适用条件。

第二讲　电路的基本规律及应用

【考点导悟】

一、串联、并联电路的特点

1.串联电路的特点

$I = I_1 = I_2 = \cdots = I_n$

$$U = U_1 + U_2 + \cdots + U_n$$

$$R = R_1 + R_2 + \cdots + R_n$$

$$U_1 : U_2 : U_3 : \cdots : U_n = R_1 : R_2 : \cdots : R_n$$

$$P_1 : P_2 : P_3 : \cdots : P_n = R_1 : R_2 : \cdots : R_n$$

2. 并联电路的特点

$$I = I_1 + I_2 + \cdots + I_n$$

$$U = U_1 = U_2 = \cdots = U_n$$

$$\frac{1}{R} = \frac{1}{R_1} + \frac{1}{R_2} + \cdots + \frac{1}{R_n}$$

$$I_1 : I_2 : I_3 : \cdots : I_n = \frac{1}{R_1} : \frac{1}{R_2} : \frac{1}{R_3} : \cdots : \frac{1}{R_n}$$

$$P_1 : P_2 : P_3 : \cdots : P_n = \frac{1}{R_1} : \frac{1}{R_2} : \frac{1}{R_3} : \cdots : \frac{1}{R_n}$$

3. 几个常用结论

(1)串联电路的总电阻大于此电路中任何一个电阻,当任何一个电阻变大时,总电阻变大;反之,变小。

(2)并联电路的总电阻小于此电路中任何一个电阻,当任何一个电阻变大时,总电阻变大;反之,变小。

(3)无论电阻串联、并联还是混联,电路消耗的总功率都等于各个电阻消耗的电功率之和。

二、闭合电路欧姆定律

1. 电动势

电源电动势反映了电源把其他形式能转化为电能的本领。

说明:不同电源的电动势不同。电动势在数值上等于非静电力把1C的正电荷在电源内部从负极移送到正极所做的功,或等于电路中通过单位电荷时电源所提供的电能。比如干电池电动势是 1.5V,表明在干电池内移动 1C 电荷时电源能提供 1.5J 的电能,即消耗化学能为 1.5J。

2. 闭合电路欧姆定律

(1)内容:闭合电路中的电流跟电源的电动势成正比,跟内、外电路的总电阻成反比。即:

$$I = \frac{E}{R + r}, \text{ 或写成}: E = I(R + r)$$

(2)路端电压:外电路两端的电压,即电源的输出电压叫路端电压。用 U 表示,则 $U = E - Ir$。当外电阻 $R \uparrow \rightarrow I \downarrow \rightarrow Ir \downarrow \rightarrow U \uparrow$,当 $R \rightarrow \infty$(断路)时,$I = 0$、$U = E$。可见,路端电压随外电阻增大而增大。

当外电阻 $R\downarrow\rightarrow I\uparrow\rightarrow Ir\uparrow\rightarrow U\downarrow$，当 $R\rightarrow 0$（短路）时，$I_{短}=\dfrac{E}{r}$，此时路端电压 $U=0$。

三、电流计及电表改装

1. 电流计（俗称表头）

（1）结构及原理：主要由磁场和放入其中可转动的线圈组成，当线圈中有电流通过时，线圈在安培力作用下带动指针一起偏转。电流越大，指针的偏转角越大，因此，从表盘上可读出对应的电流值。

（2）三个参数：满偏电流 I_g，表头内阻 R_g，满偏电压 U_g，三者之间关系为 $U_g=I_gR_g$。

2. 电表的改装

（1）改装为电压表：

串联一个电阻 R，起分压作用。

且 $R=\dfrac{U-U_g}{I_g}=\dfrac{U}{I_g}-R_g$，如图 7-5 所示。

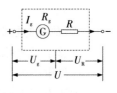

图 7-5

（2）改装为电流表：

并联一个电阻 R，起分流作用。

且 $R=\dfrac{I_gR_g}{I-I_g}$，如图 7-6 所示。

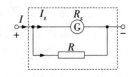

四、电动势与电压的区别和联系

1. 电动势

是表示电源特性的物理量，只与电源有关，与外电

图 7-6

路的状况无关。其大小反映了电源把其他形式的能转化为电能的本领，即非静电力把 1C 的正电荷在电源内部从负极移送到正极所做的功，是其他形式的能转化为电能。

2. 电压

是表示电场力在电场中两点之间移动单位正电荷所做的功，电压大小与电源电动势、电路参数都有关系，是把电能转化为其他形式的能。

3. 联系

当电路闭合时，$E=U_{内}+U_{外}$；当电路断开时，$E=U_{外}$。

五、电源的输出功率及效率

1. 电源的输出功率

$$P_{出}=I^2R=\left(\dfrac{E}{R+r}\right)^2R=\dfrac{E^2R}{(R-r)^2+4Rr}=\dfrac{E^2}{\dfrac{(R-r)^2}{R}+4r}$$

由此，可大致画出 P-R 关系图像。

并从图像可直观看出,R 越接近内电阻,输出功率越大;R 越远离内电阻,输出功率越小。当 $R = r$ 时,输出功率最大,且 $P_{max} = \dfrac{E^2}{4r}$,但电源效率只有 50%。

通常情况下,电源效率:

$$\eta = \frac{I^2 R}{I^2(R + r)} \times 100\% = \frac{1}{1 + \dfrac{r}{R}} \times 100\%$$

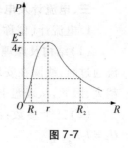

图 7-7

可见,对给定的电源,内阻一定时,效率随外电阻的增大而单调增加。当 $R \to 0$ 时,$\eta \to 0$;当 $R \to \infty$ 时,$\eta \to 100\%$。

另外,在 $P_出 < P_{max}$ 时,每一个功率值对应两个外电阻 R_1 和 R_2,它们与电源内电阻的关系是 $r = \sqrt{R_1 R_2}$。

六、故障的检测

电路出现故障,常用电压表和万用表欧姆档进行检测。

1.用电压表检测

如果电压表示数为 0,电压表中无电流通过,说明在并联路段之外有断路,或并联路段内有短路;如果电压表有示数,电压表中有电流通过,则在并联路段之外无断路,或并联路段内无短路。

2.用万用表欧姆档检测

万用表欧姆档是测量电阻的,被测电阻要与万用表构成回路,所以被检测元件或电路要逐一脱离原电路,之后测量是通路还是断路,便可找到故障所在处。

【活题精析】

【例1】 如图 7-8 所示电路中,闭合电键 S,当滑动变阻器的滑动触头 P 从最高端向下滑动时( )。

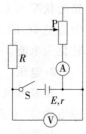

图 7-8

A.电压表 V 读数先变大后变小,电流表 A 读数变大

B.电压表 V 读数先变小后变大,电流表 A 读数变小

C.电压表 V 读数先变大后变小,电流表 A 读数先变小后变大

D.电压表 V 读数先变小后变大,电流表 A 读数先变大后变小

[分析与解]

这是一道电路动态问题,对这种问题首先应该搞清电路的连接特点,其次按局部电阻的变化→总电阻、总电流、路端电压的变化→局部电压、电流变化的顺序进行分析。

设滑动变阻器的总电阻为 R_0，P 点以上电阻为 R_x，则下部为 $R_0 - R_x$，上、下两部分是并联关系，并联后的阻值 $R_并 = \dfrac{R_0 - R_x}{R_0} R_x$，由数学知识知，当 $R_x = \dfrac{R_0}{2}$ 时，$R_并$ 最大。因此，滑片 P 从最上端向下滑动时，回路中的总电阻是先增大后减小，通过电源的电流 I 是先减小后增大，内电压 U_r 先减小后增大，电压表的示数 $U = E - U_r$ 先增加后减小，因此 B、D 选项错误；又定值电阻 R 上电压 $U_R = IR$ 先减小后增大。下面分两段研究：

当 U_R 减小时，$U_并（U - U_R）$ 增大，因电流表所在支路电阻减小，故电流表的示数变大；当 U_R 增加时，$U_并$ 减小，P 点以上电阻 R_x 中的电流 I_x 减小，电流表中电流 $I_A（I - I_x）$ 变大。综上所述，A 选项正确。

答案：A

【例2】　如图 7-9 所示的电路中，4 个电阻阻值均为 R，开关 S 闭合时，有质量为 m、带电量为 q 的小球静止于水平放置的平行板电容器的正中间。现断开开关 S，则下列说法正确的是（　　）。

A. 小球带正电

B. 断开开关后，电容器的带电量减小

C. 断开开关后，带电小球向上运动

D. 断开开关后，带电小球向下运动

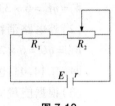

图 7-9

[分析与解]

这是一个含有电容器的直流电路问题，要知道当电路稳定时，电容器及与之串联的电阻对电路没有影响，可利用串、并联电路的特点求电容器两端的电压，进而求电量。

因电容器上极板带正电，又小球受到向上的电场力与重力平衡，所以小球必带负电，故 A 选项错误；当断开开关 S，闭合电路中的总电阻变大，电流变小，竖直电阻的电压变小，即电容器两端电压变小，电容器带电量减小，电场减弱，小球所受的电场力变小，小球会向下运动，故 B、D 选项正确，C 选项错误。

答案：B、D

【例3】　如图 7-10 所示，电源电动势 $E = 3V$，内阻 $r = 3\Omega$，定值电阻 $R_1 = 1\Omega$，滑动变阻器 R_2 的最大阻值为 10Ω。求：

（1）当滑动变阻器接入电路的阻值为多大时，电阻 R_1 消耗的功率最大？此时电阻 R_1 消耗的最大功率是多少？

（2）当变阻器的阻值为多大时，变阻器消耗的功率最大？变阻器消耗的最大功率是多少？

（3）当变阻器的阻值为多大时，电源输出功率最大？电源输出的最大功率是多少?

[分析与解]

本题一定要注意定值电阻的最大功率与可变电阻的最大功率求法是不相同的,要利用已经学过的推论,就一定要注意适用条件。

(1)因 R_1 为定值电阻,当流过它的电流最大时功率也就最大。因此滑动变阻器接入电路的电阻 $R_2' = 0$ 时,R_1 消耗的功率最大。此时,$I_1 = \dfrac{E}{r + R_1} = 0.75\text{A}$,$R_1$ 的最大功率为 $P_{1\max} = I_1^2 R_1 = \dfrac{9}{16}\text{W}$。

(2)滑动变阻器不是定值电阻,现把电源与定值电阻 R_1 看成一个新电源,其电动势为 $E = 3\text{V}$,内阻为 $r' = r + R_1 = 4\Omega$。由已知结论得,当滑动变阻器阻值 $R_2'' = r' = 4\Omega$ 时,变阻器消耗的功率最大。此时,$P_{2\max} = \dfrac{E^2}{4r'} = \dfrac{9}{16}\text{W}$。

(3)电源的输出功率就是指 R_1 和滑动变阻器的总功率,现把 R_1 和滑动变阻器看成外电阻,当 $R_外 = r = 3\Omega$ 时,即 $R_2''' = 2\Omega$ 时,电源输出的功率最大,即 $P_出 = \dfrac{E^2}{4r} = \dfrac{3}{4}\text{W}$。

【例4】 将电动势为 3.0V 的电源接入电路中,测得电源两极间的电压为 2.4V,当电路中有 6C 的电荷量通过时,求:(1)有多少其他形式的能转化为电能。(2)外电路中有多少电能转化为其他形式的能。(3)内电路中有多少电能转化为其他形式的能。

[分析与解]

我们知道,在电源内部,通过非静电力做功将其他形式的能转化为电能,非静电力做了多少功,就有多少其他形式的能转化为电能;而在外电路中,电场力移送电荷做多少功,就有多少电能转化为其他形式的能。

(1)根据电动势的定义知,在电源内部非静电力每移送 1C 电荷,将有 3J 其他形式的能转化为电能。所以,移动 6C 的电荷量转化其他能量为:

$W = qE = 6 \times 3\text{J} = 18\text{J}$

(2)外电路消耗的电能为:

$W' = qU = 6 \times 2.4\text{J} = 14.4\text{J}$

即:有 14.4J 电能转化为其他形式的能。

(3)根据能量守恒,内电路消耗的能量为:

$\Delta E = W - W' = 18\text{J} - 144\text{J} = 3.6\text{J}$

即:内电路有 3.6J 的电能转化为内能。

点拨:

电路和电源都是实现能量转化的装置,要计算电路问题,就要理解各公式的物理意义,如 $W=qU$ 是计算电能转化为其他形式能的公式,而 $W=qE$ 是电源把其他形式的能转化为电能的公式,电源的功率 $P=\dfrac{W}{t}=\dfrac{qE}{t}=\dfrac{ItE}{t}=IE$。可见,在电动势 E 一定的情况下,电流 I 越大,其他形式能转化为电能就越快。

第三讲　测电源的电动势和内电阻的方法

【考点导悟】

一、实验目的
测量电源电动势和内阻。

二、实验器材
待测电池,电压表(0~3V),电流表(0~0.6A),滑动变阻器(0~10Ω),开关及导线若干。

三、实验原理
1.电路的连接

伏安法测电源电动势和内电阻的电路如图 7-11 中①图所示。由于这里被测对象是电源,其内电阻与电流表内阻相差不大,而电压表的内阻远大于电源内阻,也远大于测量电路中的外电阻,所以为减小误差,本实验把电流表放在支路中。

2.数据处理

(1)方法一:公式法。

改变滑动变阻器的阻值,从电压表和电流表中读出两组数据($U_1 I_1$)、($U_2 I_2$),根据闭合电路欧姆定律列方程组,解得:

$$E=\dfrac{I_1 U_2 - I_2 U_1}{I_1 - I_2},\ r=\dfrac{U_2 - U_1}{I_1 - I_2}$$

多测几组数据,最后求平均值。

(2)方法二:做图法。

这种方法是在坐标纸上以电流 I 为横坐标,U 为纵坐标,用测出的几组 I、U 值画出 $U\text{-}I$ 关系图像,图像为直线,如图 7-11 中②图所示。根据 $U=E-Ir$ 可知,直线跟纵轴的交点是电动势的值,直线斜率的绝对值是电源内电阻的值。

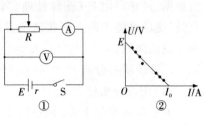

图 7-11

四、实验步骤

(1)电流表用量程 0~0.6A,电压表用量程 0~3V,按电路图 7-11 中①图连接好电路。

(2)把变阻器的滑片移到左端,使接入电路的电阻最大。

(3)闭合开关,调节变阻器,使电流表有明显示数,记录几组数据(I_n,U_n)。

(4)断开开关 S,整理好实验器材。

(5)分别用公式法和做图法求电源电动势和内电阻。

五、注意事项

(1)为了使电池路端电压变化明显,本实验宜选用内阻较大的旧干电池。

(2)干电池在大电流放电时,电动势 E 会明显下降,内阻 r 会明显增大,故长时间放电不宜超过 0.3A,短时间放电不宜超过 0.5A。因此,实验中不要将电流调得过大,读数要快,每次读完应该立即断电。

(3)测出的坐标点至少为 6 个,且相邻数值变化要大一些,用方程组求解时,选用的两个点间隔最好大一些。

(4)在画 U-I 图线时,要使较多的点落在这条直线上,不能在直线上的要均匀分布在直线两侧,个别远离直线的点可舍去不要。

(5)由于干电池内电阻是比较小的,画出的 U-I 图线(直线)总是比较平坦,为节省纸面,在画图线时,纵轴的刻度可以不从零开始,而是根据测得的数据从某一恰当值开始,但要注意这时图线和横轴的交点不再是短路电流大小。

六、误差分析

1. 偶然误差

(1)由读数视差和电表线性不良引起的误差。

(2)电源、用电器、开关等接触不良造成电路电阻不稳定引起的误差。

(3)用图像法求 E、r 时,由于做图不准造成的误差。

(4)每次读数后或调节电路等没有断电,使电源持续放电,造成电动势下降,内电阻增大。

为了减小偶然误差,除了要遵守实验规程外,还要多做几次实验以多取几组数据,最好利用 U-I 图像处理实验数据。方法是将点描好后,用直尺拟合一条直线,使尽可能多的点落在这条直线上,少数不在直线上的点要较均匀地分布在直线的两侧。

2. 系统误差分析

(1)图像分析法。

本实验从原理上看,有系统误差,其来源是电压表分流。因实验中将电流表的示数当成干路电流,但实际上电流表的示数小于干路电流。这样对应于同一个路端电压,根据两个电表读数描出的点(I_n,U_n)在真实情况描点的左侧,见图中实线(a)所示,又因为当电压表的示数为零时(即电压表并联的部分电阻为零),电流表的示数与电源短路时电流相等,即横轴截距相同。根据两点确定一条直线,得到如图 7-12 中虚线(b),两直线与纵轴交点不同,这也是可以理解的:因为当电流表的示数为零时,而电源中的电流 $I = \dfrac{E}{R_V + r}$,相当于电压表直接接在电源两端,这时电压表的示数 $U_测 = \dfrac{ER_V}{R_V + r} < E$。

实线和虚线对比知,测出的电源电动势 $E_测 < E_真$,电源内电阻 $r_测 < r_真$。

为减小系统误差,宜选择内电阻较大的电压表。

(2)代数分析法。

设电路中电流表、电压表的示数分别为 I、U,则二者的函数关系为:

$$U = E - (I_V + I)r \text{ 即}: U = E - \left(\dfrac{U}{R_V} + I\right)r$$

整理得:$U = \dfrac{ER_V}{R_V + r} - \dfrac{R_V r}{R_V + r}I$

当 $I = 0$ 时,纵轴上截距即 $E_测 = \dfrac{ER_V}{R_V + r} < E$,而直线斜率的绝对值即

$r_测 = \dfrac{R_V r}{R_V + r} < r$,也就是说,电源电动势及内电阻的测量值 $E_测$、$r_测$ 均偏小。实际上,这时 $r_测$ 是电源内阻 r 与电压表内阻的并联值。若知道 R_V 的准确值,便可计算出电源内电阻的准确值,进而求出电源电动势的准确值。

3.实验发散

本实验若把电流表放在干路上,误差分析:

(1)图像分析法。

因电流表与电源串联,这时电流表测得的电流就是电源的电流,当电压表示数为零(即滑动变阻器的电阻为零)时,电流表的示数 $I_1 = \dfrac{E}{r + R_A} < I_短 = \dfrac{E}{r}$,因此两条直线与横轴的交点不重合,但与纵轴交点重合,这是因为电流表的示数为零时,也就是电源中电流为零,此时电压表的示数等于电动势。又对同一个电流值,电压表的示数小于电源的两端的电压,因此根据两个电表读数描出的点(I_n,U_n)在真实情况描的点的左侧,如图 7-13 中实线所示。虚线是真实情况下的图线。显然,这时 $E_测 = E_真$,没有系统误差,而电源内电阻 $r_测 > r_真$。

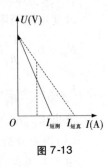

图 7-13

（2）代数分析法。

设电路中电流表、电压表的示数分别为 I、U，则二者的函数关系为：

$$U = E - I(r + R_A)$$

当 $I = 0$，纵轴上截距即 $E_测 = E$，而直线斜率的绝对值即 $r_测 = r + R_A > r$。也就是说，电源电动势测量值 $E_测$ 没有系统误差，而电源内电阻测量值 $r_测$ 偏大。实际上，这时 $r_测$ 是电源内阻 r 与电流表内阻的串联值，若知道电流表内阻的准确 R_A，由 $r_测 - R_A$ 便可求出电源内电阻的准确值。

七、实验改进与创新

1. 用电阻箱、电流表测

（1）电路图如图 7-14 所示。

（2）原理：改变电阻箱阻值，由

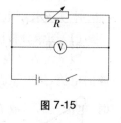

$$E_测 = I_1(R_1 + r_测)$$

$$E_测 = I_2(R_2 + r_测)$$

解方程组求出 $E_测$、$r_测$。

为了准确可多测几组数据，求平均值。

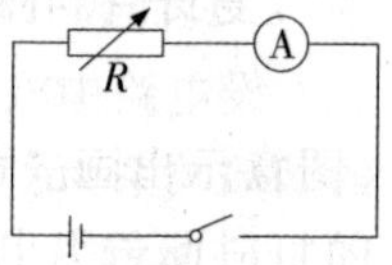

图 7-14

（3）误差分析：

若考虑电流表内电阻影响，列方程：

$$E_真 = I_1(R_1 + r_真 + R_A)$$

$$E_真 = I_2(R_2 + r_真 + R_A)$$

解出 $E_真$、$r_真$，对比两结果得：$r_真 = r_测 - R_A$，$E_真 = E_测$

可见，这种方法内电阻的测量值偏大，而电动势无系统误差。若已知电流表内电阻，可求出电源内电阻的真值。

2. 用电阻箱、电压表测

（1）测量电路如图 7-15 所示。

（2）实验原理：

改变电阻箱阻值，由闭合电路欧姆定律得：

$$E_测 = U_1 + \frac{U_1}{R_1} r_测$$

$$E_测 = U_2 + \frac{U_2}{R_2} r_测$$

图 7-15

求出 $E_测$、$r_测$ 即为测量值。为了尽可能准确一些，可多次测量求平均值。

（3）误差分析：

由于电压表分流影响，这种测量方法有系统误差。考虑电流表内电阻影响，列出的方程为：

$$E_{真} = U_1 + (\frac{U_1}{R_1} + \frac{U_1}{R_V})r_{真}$$

$$E_{真} = U_2 + (\frac{U_2}{R_2} + \frac{U_2}{R_V})r_{真}$$

解方程组得 $E_{真}$、$r_{真}$，对比两结果有：

$$\frac{1}{r_{真}} = \frac{1}{r_{测}} - \frac{1}{R_V}, \frac{1}{E_{真}} = \frac{1}{E_{测}}(1 - \frac{r_{测}}{R_V})$$

可见，$r_{测} < r_{真}$，测量值偏小；$E_{测} < E_{真}$，测量值偏小。若电压表内电阻已知，可求出 $r_{真}$、$E_{真}$。

3.用两只电压表测

（1）测量电路如图 7-16 所示。

（2）实验原理：

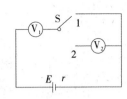

图 7-16

设电压表 V_1 的内电阻为 R_1。

当开关 S 接 1 时，电压表 V_1 示数为 U_0；

当开关 S 接 2 时，两电压表 V_1、V_2 的示数分别为 U_1、U_2，根据闭合电路欧姆定律得：

$$E = U_0 + \frac{U_0}{R_1}r$$

$$E = U_1 + U_2 + \frac{U_1}{R_1}r$$

解方程组求出 E、r，即为测量值。

这种测量方法的优点是无系统误差。缺点有两个：一是需提前知道电压表 V_1 的内电阻；二是无法多次测量。

4.用一只电压表粗测电动势

这种方法是直接将电压表接在电源两端，电压表所测得的值为 $U = \frac{ER_V}{R_V + r}$，因 $U < E$，所以测量值偏小。当满足 $R_V \gg r$ 时，$U \approx E$。这种测量方法简单易行，而且测量值很接近真值。

第四讲　多用电表及其使用

【考点导悟】

一、多用电表

多用电表由表头、选择开关和测量线路三部分组成，如图 7-17 中甲图所示。

121

表头是一块高灵敏度磁电式电流表,其满偏电流几十到几百 μA,选择开关和测量线路相配合,可测量直流电流、交流和直流电压及直流电阻等。

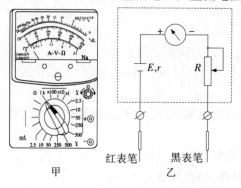

甲　　　　　　乙

图 7-17

二、工作原理

多用电表测量直流电阻部分即欧姆表,欧姆表的工作原理是依据闭合电路欧姆定律制成的。如图 7-17 中乙图所示,当红、黑表笔短接并调节调零电阻使电流指针满偏时,设此时 $R = R_0$,有:

$$I_g = \frac{E}{r + r_g + R_0} \qquad ①$$

当表笔间接入被测电阻时,有:

$$I_x = \frac{E}{r + r_g + R_0 + R_x} \qquad ②$$

由②式知,I_x 与 R_x 是一一对应关系,即两表笔间每接入一个电阻,都有一个电流与之对应。如果在电流表刻度盘上直接标出与 I_x 对应的电阻 R_x 的值,那么,就可以从表盘上直接读出被测的电阻值。但由于电流和电阻的非线性关系,表盘上的电流刻度是均匀的,其对应的电阻刻度是不均匀的,电阻的零刻度在电流的满偏处,且呈现左密右疏的分布特点。现令 $R_中 = r + r_g + R_0$,由表达式②知,当 $R_x = R_中$ 时,$I_x = \frac{I_g}{2}$,电流表指针指在表盘刻度中心,故称 $R_中$ 为欧姆表的中值电阻。现把 $R_中 = r + r_g + R_0$ 代入①、②式得:

$$I_g = \frac{E}{R_中}$$

$$I_x = \frac{E}{R_中 + R_x}$$

两式相除并化简得:

$$R_x = R_中 \left(\frac{I_g}{I_x} - 1 \right)$$

这一表达式告诉我们,只要知道满偏电流、中值电阻及接入某一电阻时的电流值,就可以求出被测电阻值。

三、多用电表的读数方法

多用电表的刻度盘如图 7-18 所示。根据被测物理量及其数量级将选择开关旋到相应的位置。读数时还要注意选用刻度盘上对应的量程刻度。如测量 40mA 左右的直流电流,应将选择开关对准左边 100mA 量程处;在刻度盘上,如果看中间一行的刻度,即满偏刻度为 50 的刻线,从刻度盘读出数据后还应再乘 2 才得到测量结果。

图 7-18

四、使用多用电表的步骤

(1)观察多用电表的外形,认清选择开关的测量项目及量程。

(2)检查多用电表的指针是否停在表盘刻度左端的零位置。若不指零,则可用小螺丝刀调整机械调零旋钮使指针指零。

(3)将红、黑表笔分别插入"＋""－"插孔:

①若测直流电压,将选择开关置于直流电压档,如 2.5V 档,可测 1.5V 干电池的电压。

②若测交流电压,将选择开关置于交流电压档,如 250V 档,可测照明电路 220V 的交流电压。

③若测直流电流,将选择开关置于直流电流档,如 10mA 档,可测量 1.5V 干电池与 200Ω 电阻串联后电路中的电流。

④若测电阻。将按照下列步骤进行:

A. 根据被测电阻大小,将选择开关置于欧姆表适当的量程档。

B. 将红、黑表笔短接,调节调零旋钮,使指针指向欧姆表的零刻度位置。

C. 将红、黑两表笔接触被测电阻两端,读出欧姆表指示的电阻值,再乘以量程倍率即为被测电阻值。

D. 实验完毕,将表笔从插孔中拔出,并将选择开关置于"OFF"档或交流电压最高档。

五、注意事项

(1)要注意区分"机械零点"与"欧姆零点"。

"机械零点"是表盘左侧电流为"0"刻度的位置。通过调整表盘下边中间的定位螺丝让指针停止在电流为"0"刻度,叫作机械调零;而"欧姆零点"是表盘刻度右侧电阻为"0"刻度的位置,通过调节调零旋钮让指针停止在电阻为"0"刻度,叫作欧姆调零。

(2)使用多用电表时,不管测量什么项目,电流都要从电表的"+"插孔(红表笔)流入,从"−"插孔(黑表笔)流出。因此,多用电表内部电池的正极接黑表笔,负极接红表笔。当测量电压和电流时,多用电表内部电池被断开,被测电路中的电流从红表笔流入、从黑表笔流出。

(3)测量待测电阻的阻值时,待测电阻一定要跟其他元件或电源断开,否则不但影响测量结果,还有可能损坏电表。

(4)每变换一次量程倍率,都要重新进行欧姆调零。

(5)由于欧姆表的表盘难以估读,表盘读数只需取两位有效数字,最终测量结果是读数乘以量程倍率。

(6)合理选择欧姆档的量程倍率,使指针尽量在表盘中间位置附近。

(7)用多用电表测黑箱时,一定要先用电压档判断其内部有无电源,确认无电源后才能使用欧姆档测量。

(8)多用电表使用完毕后,应将选择开关旋至"OFF"档或交流电压最高档。若长期不用,应取出电池。

六、误差分析

(1)由于欧姆表刻度不均匀,会产生较大的读数误差。

(2)多用电表内电池长期使用,电动势下降,内电阻增大,会使测量结果有误差。

综上所述,万用表只能粗测电阻,要想较准确地测量电阻,采用伏安法。

【活题精析】

【例1】 用如图7-19所示的多用电表测量电阻,要用到选择开关K和两个部件S、T,请根据下列步骤完成电阻测量:

(1)旋转部件_____,使指针对准电流的"0"刻线。

(2)将K旋转到电阻档"×100"的位置。

(3)将插入"+""−"插孔的表笔短接,旋转部件____,使指针对准电阻的____(填"0"刻线或"∞"刻线)。

(4)将两表笔分别与待测电阻相接,发现指针偏转角度过小,为了得到比较准确的测量结果,请从下列选项中挑出合理的步骤,并按____的顺序进行操作,再完成读数测量。

A.将K旋转到电阻档"×1k"的位置

图7-19

B.将 K 旋转到电阻档"×10"的位置

C.将两表笔的金属部分分别与被测电阻的两根引线相接

D.将两表笔短接,旋转合适部件,对电表进行校准

[分析与解]

多用电表的使用及操作要点,是电学实验的重要内容。因此,学习者必须理解其工作原理,熟练掌握多用电表的使用规程。在第(4)问中,指针偏转角度过小,是相对左侧电流"0"刻线的,即说明电表指示的电阻数值大。要想使指针在中央刻线附近,即电表示数要小一些,就要换用大量程提高倍率,故选 A。

答案:(1)S。(3)T,0 刻线。(4)A、D、C。

【例2】 图 7-20 为欧姆表原理示意图,其中电流表的满偏电流 $I_g = 300\mu A$,内阻 $R_g = 100\Omega$,可变电阻 R 的最大阻值为 $10k\Omega$,电池的电动势 $E = 1.5V$,内阻 $r = 0.5\Omega$,图中与接线柱 A 相连的表笔颜色应是_____

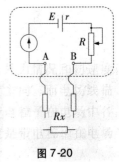

色。按正确使用方法测量电阻 R_x 的阻值时,指针指在刻度盘的正中央,则 R_x 为_____$k\Omega$;若该欧姆表使用一段时间后,电池电动势变小,内阻变大,但此表仍能调零,按正确使用方法再测上述 R_x,其测量结果与原结果相比将_____(填"偏大""偏小"或"不变")。

[分析与解]

本题考查了欧姆表的结构、测量原理及误差分析,因此学习者要对欧姆表的结构、工作原理很清楚。

图 7-20

因欧姆表是由电流计改装的,必须满足电流从"+"进入、从"-"流出,所以,与 A 相连的表笔是红色的;又因当 R_x 接入时,电流表正好指在正中央,说明此时的测量电阻等于中值电阻,而由 $I_g = \dfrac{E}{R_{中}}$ 得:$R_{中} = \dfrac{E}{I_g} = 5k\Omega$,因此被测电阻 $R_x = 5k\Omega$;当电源电动势变小时,由于还能欧姆调零,说明电流表满偏电流不变,由公式 $I_g = \dfrac{E}{R_{中}}$ 得:$E \downarrow R_{中} \downarrow$,接入被测电阻时,则电流:

$$I = \frac{E}{R_{中} + R_x} = \frac{I_g R_{中}}{R_{中} + R_x} = \frac{I_g}{1 + \dfrac{R_x}{R_{中}}}$$

对同一被测电阻 R_x,因 $R_{中} \downarrow$,必有电流 $I \downarrow$,电流计的指针跟正常时比就偏左了,即被测电阻示数偏大。

答案:红,5,偏大。

点拨:

多用电表的使用及操作要点,是中学电学实验的重要内容。因此,学习者必须理解多用电表的工作原理,理解并熟记公式。只有这样,才能熟练掌握多

用电表的使用规程,灵活解决相关问题。

单元检测七

1.一根长为 L、横截面积为 S 的金属棒,其材料的电阻率为 ρ,棒内单位体积自由电子数为 n,电子的质量为 m、电荷量为 e。如图检 7-1 在棒两端加上恒定的电压时,棒内产生电流,自由电子定向运动的平均速率为 v,则金属棒内的电场强度大小为(　　　)。

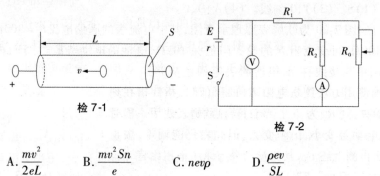

检 7-1

检 7-2

A. $\dfrac{mv^2}{2eL}$　　　　B. $\dfrac{mv^2Sn}{e}$　　　　C. $nev\rho$　　　　D. $\dfrac{\rho ev}{SL}$

2.在如图检 7-2 所示的电路中,已知电源内阻不能忽略,则开关 S 闭合后,在变阻器 R_0 的滑动端向下滑动的过程中以下说法正确的是(　　　)。

A.电压表与电流表的示数都减小

B.电压表与电流表的示数都增大

C.电压表的示数增大,电流表的示数减小

D.电压表的示数减小,电流表的示数增大

3.如图检 7-3 中①图所示,为一测量电解液电阻率的玻璃容器,P、Q 为电极,设 $a=1m$、$b=0.2m$、$c=0.1m$,当里面注满某种电解液,且 P、Q 加上电压后,其 U-I 图线如图检 7-3 中②图所示,当 $U=10V$ 时,求电解液的电阻率 $\rho=$?

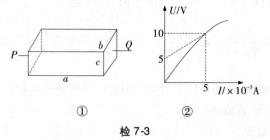

①　　　　　　②

检 7-3

4.在图检 7-4 所示的电路中,电源的输出电压恒为 U,电动机 M 线圈的电阻与电炉 L 的电阻相同,电动机正常工作,在相同的时间内,下列判断正确的是(　　　)。

A. 电炉放出的热量与电动机放出的热量相等

B. 电炉两端电压小于电动机两端电压

C. 电炉两端电压等于电动机两端电压

D. 电动机消耗的功率等于电炉消耗的功率

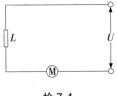

检 7-4

5. 关于电源和电动势,下列说法中正确的是（　　）。

A. 在电源内部把正电荷从负极移到正极,非静电力做功,电能增加

B. 对于给定的电源,移动正电荷非静电力做功越多,电动势就越大

C. 电动势越大,说明非静电力在电源内部从负极向正极移送单位电荷量做功越多

D. 电动势越大,说明非静电力在电源内部把正电荷从负极移到正极移送电荷量越多

6. 某研究性学习小组利用图检 7-5 中①图所示电路测量电池组的电动势 E 和内阻 r,根据实验数据画出检测图 7-5 中②图所示的 $R\text{-}\dfrac{1}{I}$ 图像,其中 R 为电阻箱读数,I 为电流表读数,根据以上信息,求电源电动势和内电阻。

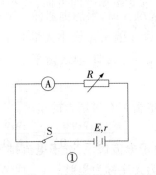

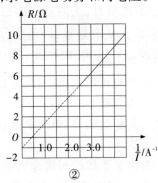

检 7-5

7. 如图检 7-6 所示,为多用电表欧姆档工作原理的示意图,其中电流表的满偏电流为 $I_g = 300\mu\text{A}$,内阻 $r_g = 100\Omega$,调零电阻的最大阻值 $R = 50\text{k}\Omega$,串联的固定电阻 $R_0 = 50\Omega$,电源电动势 $E = 1.5\text{V}$,用它测量电阻能准确测量的范围是（　　）。

A. $30 \sim 80\text{k}\Omega$　　　　B. $3 \sim 8\text{k}\Omega$

C. $300 \sim 800\text{k}\Omega$　　　D. $3000 \sim 8000\text{k}\Omega$

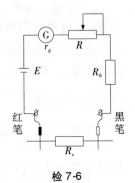

检 7-6

第八章 磁 场

第一讲 磁场及其对电流的作用

【考点导悟】

一、磁场

1. 磁场

磁极、电流和运动电荷周围存在的一种特殊物质,叫作磁场,磁场是看不见、摸不着的,但却是一种客观存在。

2. 磁场方向

磁场中的某一点,小磁针北极(N 极)所受磁场力的方向,或小磁针静止时北极(N 极)所指的方向,就是那一点的磁场方向。

3. 磁现象的电本质

磁铁的磁场和电流的磁场一样,都是由运动电荷产生的。

4. 磁场的基本性质

磁场对放入其中的磁体、电流和运动电荷都有磁场力的作用。

5. 磁化与退磁

最早揭示磁现象本质的假说是安培分子电流假说,分子电流排列由无序变为有序称为磁化,分子电流排列由有序变为无序称为退磁。

二、磁感应强度

1. 定义

用来表示磁场强弱和方向的物理量,数值上等于一段通电直导线垂直磁场方向放置时,其所受安培力 F 与导线的长度 L 和电流 I 的乘积的比值即为该处的磁感应强度的大小。用 B 表示。公式:$B = \dfrac{F}{IL}$。

特别强调一点:此公式仅适合电流与磁场垂直的情况。

2. 单位

特斯拉,简称"特",用 T 表示,$1T = 1\dfrac{N}{A \cdot m}$。

3. 方向

磁感应强度的方向就是该处磁场的方向,即小磁针静止时北极或 N 极所指的方向。

三、磁感线

1. 概念

为了形象地描述磁场,人们在磁场中画出一些有方向的曲线,曲线上某点的切线方向表示该处的磁场方向,曲线的疏密表示该处的磁场强弱,这些曲线叫作磁感线。

2. 特点

(1)磁感线是人们为了形象地研究磁场而引入的一些假设的曲线,实际上并不存在。

(2)磁感线是闭合线,在磁体外部从 N 极到 S 极,内部是从 S 极到 N 极的闭合曲线。

(3)磁感线的疏密表示磁场的强弱,磁感线较密的地方磁场较强;反之,较弱。

(4)磁感线上任何一点的切线方向,跟该点的磁场(或磁感应强度)方向一致。

(5)任何两条磁感线不能相交,也不会相切。

3. 通电电流磁场的判定(即安培定则)

(1)直线电流的磁场:用右手握住直导线,让大拇指指向电流方向,则弯曲的四指所指的方向就是磁感线环绕的方向。

(2)通电螺线管(或环形电流)的磁场:用右手握住螺线管(或环形电流),让弯曲的四指指向环绕的电流方向,则大拇指所指的方向就是螺线管中心轴线上的磁场方向。

4. 匀强磁场

若某个区域里磁感应强度大小处处相等、方向相同,那么,该区域的磁场叫匀强磁场。匀强磁场中的磁感线是平行等距的直线。如通电螺线管内部的磁场,就是匀强磁场。

5. 几种典型磁场

为了能正确地了解和分析磁场问题,我们列举几种典型的磁场分布。同时,我们还要善于将磁感线分布的空间图转化为不同方向的平面图,如图 8-1 所示。

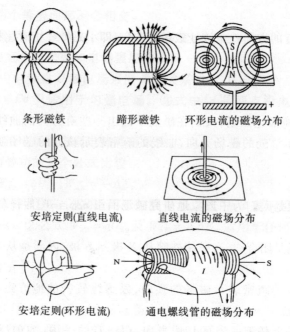

图 8-1

四、地磁场的特点

地球的磁场与条形磁体的磁场相似,其特点主要表现为三方面:

(1)地磁场的 N 极在地球南极附近,S 极在地球北极附近,磁感线分布如图 8-2 所示。

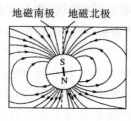

图 8-2

(2)地磁场 B 的水平分量(Bx)是从地球南极指向北极;竖直分量是在南半球垂直地面向上,在北半球垂直地面向下。

(3)在赤道平面上,距离地球表面相等的各点,磁感应强度大小相等、方向均水平向北。

五、磁场对电流的安培力

1.安培力的大小

$F = BIL\sin\theta$,其中 θ 为 I 和 B 的夹角。

特殊情况：

（1）当 $I \perp B$，即 $\theta = 90°$ 时，$F = BIL$。

（2）当 $I /\!/ B$，即 $\theta = 0°$ 时，$F = 0$。

2. 安培力方向的确定（左手定则）

伸开左手，使大拇指跟其余四指垂直，并且都跟手掌在同一个平面内，把手放入磁场中，让磁感线垂直穿入手心，并使四指指向电流的方向，那么，大拇指所指的方向就是通电导线在磁场中所受安培力的方向。

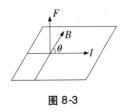

图 8-3

3. 安培力的特点

安培力的方向总是垂直于 B 和 I 所决定的平面，即一定既与 B 垂直又与 I 垂直，如图 8-3 所示。

六、电流表的工作原理

1. 磁电式电流表的构造特点

如图 8-4 所示。蹄形磁铁和铁芯间的磁场是均匀、辐向分布的。

2. 磁电式电流表的工作原理

如图 8-5 所示。由于磁场的方向是沿着径向均匀分布，所以在距轴线等距离处的磁感应强度总是大小相等。这样，无论线圈转到什么位置，线圈平面总跟它所在处的磁感线平行，指针偏角与电流成正比。也就是说，电流越大，指针偏转角越大，因而角度的大小可以表示电流大小，且刻度是均匀的。当线圈中的电流方向改变时，安培力的方向也随着改变，指针偏转方向也随着改变，因此又可判断被测电流的方向。

图 8-4

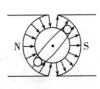

图 8-5

七、通电导体所受安培力方向的判定方法

1. 电流元法

把整段电流分为多段直线电流元，先用左手定则判断出每个电流元所受安培力的方向，再求合力方向。有时也将长直导线分成对称的两部分分别进行受力分析。

2. 等效法

将环形电流等效为小磁针；通电螺线管等效为多个环形电流或条形磁铁。

3. 特殊位置法

这种方法是根据通电导体在某些特殊位置所受安培力的方向，再推广到一般位置时的情况。因为特殊位置都比较简单，故可以化繁为简。

4. 直接利用直线电流相互作用的结论

同向电流互相吸引，反向电流互相排斥；当两电流不平行时，总有转动到相互平行且电流方向相同的趋势。

5. 转换研究对象法

电流与电流间、磁体与电流间的相互作用均满足牛顿第三定律，因此定性分析时可以灵活地转换研究对象。

八、安培力做功的实质

安培力做功的过程，是能量转化的过程。

(1) 安培力做正功，是将电能转化为其他形式能的过程。

(2) 安培力做负功，是将其他形式的能转化为电能的过程。

【活题精析】

【例1】 如图 8-6 所示，在纸面上有一个等边三角形 ABC，其顶点处均通有大小相同的电流，且这三根长直导线垂直纸面放置，求三角形中心处 O 点的总磁感应强度。

[分析与解]

磁感应强度是矢量，若空间有几个磁场源，每个磁场源都会在空间激发磁场，于是这一点的总磁场将是各个磁场源在这一点产生磁场的合磁场，叠加时要应用平行四边形定则。本题考查的是磁感应强度的矢量合成问题。

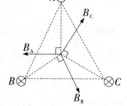

图 8-6

我们知道，直线电流磁场的磁感线是以直线电流为中心的一组同心圆，据此可画出三个直线电流在三角形中心 O 点处的磁场方向。见如图 8-6 所示，由于这三个磁场大小相等，互成 120° 角，根据平行四边形合成定则，这三个磁场的矢量和为零。因此，正确答案是：中心 O 处的总磁感应强度为零。

【例2】 如图 8-7 所示，导线 ab 固定，导线 cd 与 ab 垂直且与 ab 相隔一段距离。已知 cd 可以自由移动，请分析 cd 的运动情况。

[分析与解]

判断通电导线或线圈在安培力作用下的运动问题，可根据问题的需要灵活选用分析方法，本题可采用直线电流元及特殊位置两种分析方法。首先分析固定导线 ab 的磁场分布情况，然后再用左手定则分析 cd 导线在 ab 导线的磁场中所受安培力情况，我们会发现 cd 导线将沿顺时针方向转动。但我们又知道，只要 cd 一转动，二者的电流就有同向的成分，而同向电

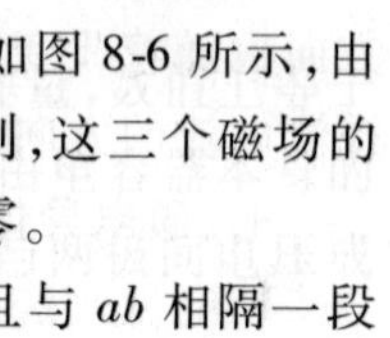

图 8-7

流相互吸引。综上所述,我们不难推断出 cd 导线在顺时针转动的同时还要向着 ab 导线平移靠近。

正确答案是:导线 cd 顺时针转动的同时还向 ab 导线平移靠近。

【例3】 在磁感应度为 B 的匀强磁场中,折线电流 ABC 中电流大小为 I,方向 A→B→C,如图 8-8 所示,求此电流所受的安培力大小和方向。

[分析与解]

我们先按照直线电流求安培力的方法,分别求出两段直线电流 AB 和 BC 所受的安培力,再求其合力。

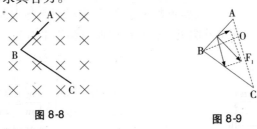

图 8-8　　　　　　　　图 8-9

AB 所受的安培力 F_1 与 AB 垂直,方向如图 8-9 所示。连接 AC,过 B 点做 AC 的垂线 BO,设 $\angle ABO = \alpha$,并将 F_1 沿 AC 及垂直 AC 方向分解,设两分力大小为 F_{1x}、F_{1y},则有:

$$F_{1x} = BIL_{AB} \cdot \cos\alpha = BIL_{BO}$$
$$F_{1y} = BIL_{AB} \cdot \sin\alpha = BIL_{AO}$$

同理,对 BC 研究,其所受的安培力 F_2 与 BC 垂直,其沿 AC 及垂直 AC 方向的两分力大小 F_{2x}、F_{2y},则可写成:

$$F_{2x} = BIL_{BO}$$
$$F_{2y} = BIL_{CO}$$

因 F_{1x} 与 F_{2x} 等大反向,而 F_{1y} 与 F_{2y} 方向相同,所以整个折线电流 ABC 所受的安培力为:

$$F = F_{1y} + F_{2y} = BI(L_{AO} + L_{CO}) = BIL_{AC}$$

F 的方向与 AC 垂直向右。

这一结果表明,弯曲电流所受的安培力可以等效为始末两点连线通以自始点到终点的电流所受的安培力。

【例4】 如图 8-10 所示,四边形的通电闭合线框 ABCD平面与匀强磁场垂直,则磁场对线框的安培力是多少?

图 8-10

[分析与解]

因线框闭合,即始末两点连线的距离等于零,故线框所受的安培力等于零。显然,用等效法求弯曲电流所受安培力很方便。

点拨:

本节是高中物理的一个重要的知识点,导体或磁体受力问题的综合性思考是问题的关键。对初学者,一定要掌握处理问题的基本方法,尤其是电流在磁场中所受的安培力的各种求法,如果能根据具体问题灵活选择必将会化难为易,有效提高分析问题、解决问题的能力。

第二讲 磁场对运动电荷的作用

【考点导悟】

一、洛伦兹力

1. 定义

运动电荷在磁场中所受的磁场对它的作用力。

2. 洛伦兹力公式

$F = qvB\sin\theta$

特别地:

(1)$v /\!/ B$ 时,$F = 0$。

(2)$v \perp B$ 时,$F = qvB$。

(3)v 与 B 夹角为 θ 时,$F = qvB\sin\theta$。

3. 洛伦兹力方向

F、v、B 三者的关系满足左手定则。

由于 F 始终与 v 的方向垂直,因此洛伦兹力永不做功。

二、带电粒子在磁场中的运动

(1)若 $v /\!/ B$,粒子以入射速度 v 做匀速直线运动。

(2)若 $v \perp B$,粒子在垂直磁场的平面内,做匀速圆周运动。

①基本公式:

动力学方程:$qvB = m\dfrac{v^2}{r}$

轨道半径:$r = \dfrac{mv}{qB}$

运动周期:$T = \dfrac{2\pi m}{qB}$

②运动参数特点:

从周期公式可以看出,带电粒子在磁场中运动的周期与轨道半径和运动速率无关。在磁感应强度一定的情况下,周期只与带电粒子的比荷有关,这种性质叫作该粒子的运动等时性。

3. 若 v 与 B 有夹角(0°和90°除外),粒子运动轨迹是螺旋线。(请自行分析周期、螺距特点)

三、在有界磁场中粒子运动轨迹的画法

带电粒子在足够大匀强磁场中做匀速圆周运动,轨迹是完整圆周,容易做图。若磁场有界,轨迹是一段圆弧,能正确画图是解决问题的关键。

1. 找圆心,定半径

确定圆心最重要,其基本思路是:圆心一定在与速度方向垂直的直线上。在实际问题中,通常有两个方法:

(1)若已知入射方向和出射方向时,这时可以过入射点和出射点做入射速度方向和出射速度方向的垂线,两条垂线的交点即圆心。如图 8-11 所示,圆心与入射点或出射点连线的长度就是半径。

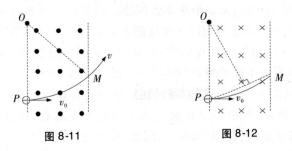

图 8-11　　　　　　　图 8-12

(2)已知入射方向和出射点的位置时,可以通过入射点做入射速度方向的垂线,连接入射点和出射点,做其中垂线,这两条垂线的交点就是圆心。如图 8-12 所示,圆心与出射点连线的长度等于半径。

2. 熟识做图规律

(1)对单边界有界磁场,入射角等于出射角。

即入射速度与边界线之间的夹角等于出射速度与这一边界之间的夹角。图 8-13 表示一对正、负粒子以相同速度进入单边有界磁场时的两段圆弧。

(2)沿径向进沿径向出。

是指粒子进入圆形有界磁场,若入射速度方向沿半径指向圆心,则离开磁场时速度方向一定沿半径向外。图 8-14 表示一个带正电粒子沿径向进入磁场运动的一段圆弧轨迹。

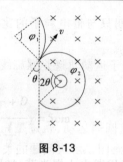

图 8-13

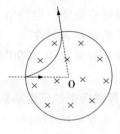

图 8-14

四、带电粒子运动的多解问题

在洛伦兹力的作用下做匀速圆周运动,由于多种因素的影响,使问题形成多解。主要有以下几种情况:

(1)粒子电性不确定形成的多解问题。

带电粒子在磁场中运动,在相同的初速度的条件下,由于电性不同,粒子在磁场中运动轨迹也不同,从而形成多解问题。

(2)磁场方向不确定形成的多解问题。

有些题目只给磁感应强度的大小,对这种情况,我们必须考虑磁场方向的多种可能,从而形成不同的解。

(3)临界状态不唯一形成的多解问题。

如图 8-15 所示,带电粒子在洛伦兹力作用下飞越有界磁场时,由于粒子运动轨迹是圆弧形,因此,由于受速度大小的影响,它可能从右下角穿过磁场,也可能转过 180° 从左下角反向飞出磁场,从而形成多解问题。

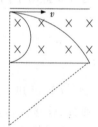

图 8-15

(4)运动的往复性形成的多解问题。

带电粒子在交替变化的电场和磁场中运动时,往往具有往复性,从而形成多解问题。

【活题精析】

【例1】 如图 8-16 所示,在 $y<0$ 的区域内存在匀强磁场,磁场方向垂直于平面并指向纸面外,磁感应强度大小为 B,一带正电的粒子以速度 v_0 从 O 点射入磁场,入射方向在 xoy 平面内,与 x 轴正向的夹角为 θ,若粒子射出磁场的位置与 O 点的距离为 l,求该粒子的比荷 $\dfrac{q}{m}$。

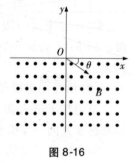

图 8-16

[分析与解]

该粒子射入磁场后,在洛伦兹力作用下,沿图8-17虚线所示的轨迹运动,设出射点为 A,按照题意,则 $OA=l$,但射出时速度大小仍为 v_0,且 x 与轴的夹角仍为 θ。由洛伦兹力充当向心力得: $qv_0B=m\dfrac{v_0^2}{r}$

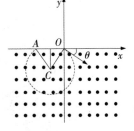

图8-17

解得: $r=\dfrac{mv_0}{qB}$

而由几何关系得: $\dfrac{l}{2}=r\sin\theta$

两式联立得: $\dfrac{q}{m}=\dfrac{2v_0\sin\theta}{Bl}$

【例2】　一个质量为 m、带电量为 e 的质子以初速度 v_0 从 NP 板的中心 O 点垂直射入平行板 NP 和 MQ 之间,两板之间存在垂直纸面向里的匀强磁场,如图8-18所示。已知两板之间距离为 d,板长也为 d,为使粒子能从两板间射出,试求磁感应强度 B 应满足什么条件。

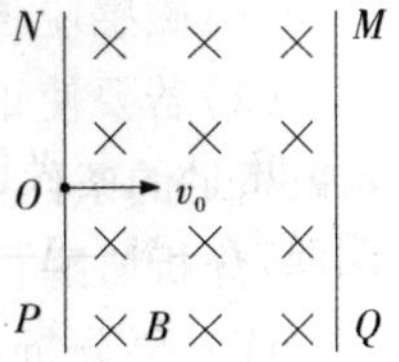

图8-18

[分析与解]

要求磁感应强度 B 应满足的条件,应找出粒子刚好射出磁场的临界条件,也就是粒子从 M 点及 N 点射出磁场时对应的磁感应强度的值。

根据半径公式 $r=\dfrac{mv_0}{qB}$ 可知,磁场弱时半径大,粒子会打到右侧 MQ 板上;磁场强时半径小,粒子会打到左侧 NP 板上。本题就是以从 M 点和 N 点射出时为临界,画出此时粒子的径迹,见图8-19所示。由做图可知,当粒子从 N 点射出时,对应的半径是:

$R_1=\dfrac{mv_0}{eB_1}=\dfrac{d}{4}$,故 $B_1=\dfrac{4mv_0}{ed}$

当粒子从 M 点射出时,由几何关系得:

$R_2^2=\left(R_2-\dfrac{d}{2}\right)^2+d^2$,又 $R_2=\dfrac{mv_0}{eB_2}$

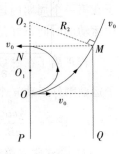

两式联立得: $B_2=\dfrac{4mv_0}{5ed}$

因此,磁感应强度 B 应满足的条件为:

$\dfrac{4mv_0}{5ed}\le B\le\dfrac{4mv_0}{ed}$

图8-19

【例3】　如图8-20中①图所示,M、N 为竖直放置彼此平行的两块平板,其间距为 d,两板中央各有一个小孔 O、O',连线水平且正对,在两板间有垂直于纸面的磁场,磁感应强度随时间变化如图 8-20 中②图所示。现有一束质量为 m、带电量为 q 的正离子,在 $t=0$ 时从 M 板上小孔 O 射入两板间的磁场。已知正离子在磁场中做匀速圆周运动的周期与磁感应强度的变化周期均为 T_0,不计粒子的重力。求:

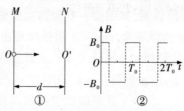

图 8-20

(1)磁感应强度 B_0 的大小。

(2)若要使正离子从 O' 孔垂直 N 板射出磁场,正离子射入磁场时的速度 v_0 应该满足的条件。

[分析与解]

首先要分析正离子在交变磁场中的运动情况,寻找运动规律,然后判断出要使正离子垂直于 N 板射出磁场,必须满足的条件。

(1)正离子进入磁场,是由洛伦兹力充当向心力:

$qv_0B_0 = m\dfrac{v_0^2}{r}$,解得:$r = \dfrac{mv_0}{qB_0}$

又粒子做匀速圆周运动的周期为:$T_0 = \dfrac{2\pi r}{v_0}$

两式联立得:$B_0 = \dfrac{2\pi m}{qT_0}$ ①

(2)规定垂直纸面向里的磁场方向为正方向,以此分析粒子运动轨迹。粒子在第一个周期内运动的轨迹如图 8-21 所示。经过分析,只有当正离子在磁场中运动的时间正好是圆周运动一个周期的整数倍时,才可以满足问题条件。

若正离子在磁场中只运动一个周期,圆周运动半径为 $4r = \dfrac{4mv_0}{qB_0} = d$;当正离子运动刚好运动 n 个周期水平射出时,有:

$n \cdot 4r = n \cdot \dfrac{4mv_0}{qB_0} = d$ ②

①、②式联立解得:

$v_0 = \dfrac{\pi d}{2nT_0}$(其中,$n = 1,2,3\cdots$)

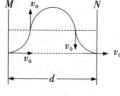

图 8-21

点拨:

明确带电粒子在磁场中做圆周运动轨迹画法的基本要领,同时熟悉几种典型的做图规律,是快速解决粒子在磁场中运动问题的关键。

第三讲　带电粒子在复合场中的运动

【考点导悟】

一、复合场

1. 定义

复合场是指电场、磁场、重力场三场并存或其中两种场并存的场。

带电粒子在复合场中运动时,必须全面考虑各种力的存在与否,因此对粒子进行受力分析很重要。

2. 带电粒子在磁场中运动的几种情况

(1)当带电粒子所受合力为零时,将处于静止或匀速直线运动状态。

(2)当带电粒子做匀速圆周运动时,方向恒定的那些力的合力必等于零。

(3)当带电粒子所受合力大小与方向均变化时,将做非匀变速曲线运动。

二、带电粒子在复合场中运动的典型实例

1. 速度选择器

(1)结构。

平行板中电场强度 E 和磁感应强度 B 互相垂直,这种装置能把具有一定速度的粒子选择出来,所以叫作速度选择器。如图 8-22 所示。

(2)工作条件。

$qvB = qE$

即:$v = \dfrac{E}{B}$(不计重力时)

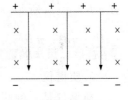

图 8-22

2. 回旋加速器

(1)基本构造。

如图 8-23 所示。回旋加速器的核心部分是放置在磁场中的两个 D 形的金属扁盒,D 形盒放在真空容器中,其基本组成为:粒子源、两个 D 形金属盒、匀强磁场、高频电源和粒子引出装置等。

(2)工作条件。

高频电场变化周期与带电粒子在 D 形盒中运动周期相同,即:$T_E = T_B$ $= \dfrac{2\pi m}{qB}$。

(3)工作原理。

①电场加速一次：$\Delta E_k = qU$

②磁场约束偏转：$qvB = m\dfrac{v^2}{r}$，有 $v = \dfrac{qBr}{m} \propto r$。

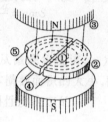
图 8-23

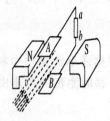
图 8-24

3. 磁流体发电机

（1）在图 8-24 中，B 是发电机的正极，A 是发电机的负极。

（2）若磁流体发电机两极板间的距离为 d，等离子体的速度为 v，磁场的磁感应强度为 B，则电动势为：$\varepsilon = Bdv$。

4. 电磁流量计

圆形导管直径为 d，是用非磁性材料制成的。设导电液体在管中向左流动，如图 8-25 所示。导电液体中的正、负离子在洛伦兹力的作用下，分别向下、向上偏转，于是在上、下及 a、b 间产生电场，当自由电荷所受的电场力和洛伦兹力平衡时，a、b 间形成稳定的电势差。此时有 $qvB = q\dfrac{U}{d}$，所以 $v = \dfrac{U}{Bd}$，因此液体流量 $Q = vS$

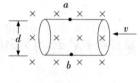
图 8-25

$= \dfrac{U}{Bd} \cdot \dfrac{\pi d^2}{4} = \dfrac{\pi dU}{4B}$。

5. 质谱仪

质谱仪是一种测量带电粒子质量和分离同位素的仪器。在图 8-26 中，从离子源 A 放出质量为 m、电量为 q 的正离子，重力不计且离子出来时速度很小，经过电压为 U 的电场加速后进入磁感应强度为 B 的匀强磁场中，经过半个周期到达照相底片 D 上，测得它的落点到入口处的距离为 L，则有：

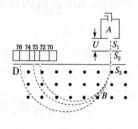
图 8-26

$$qU = \dfrac{1}{2}mv^2, \quad qvB = m\dfrac{v^2}{r}, \quad L = 2r$$

联立各式得：$m = \dfrac{qB^2L^2}{8U}$

由此可见,只要知道 q、B、L、U,就可计算出带电粒子的质量 m。又由 $m = \dfrac{qB^2L^2}{8U} \propto L^2$ 可知,不同质量的同位素到达照相底片 D 上的位置不同,故质谱仪也是分离同位素的重要仪器。

6. 霍尔效应

工作原理:如图 8-27 所示,厚度为 h、宽度为 d 的导体板放在垂直于它的磁感应强度为 B 的匀强磁场中,当有电流通过导体板时,就在导体板的上、下侧面 A、A′ 之间产生电势差,这种现象称为霍尔效应。实验表明,当磁场不太强时,AA′ 间的电势差与电流及磁感应强度的关系为:

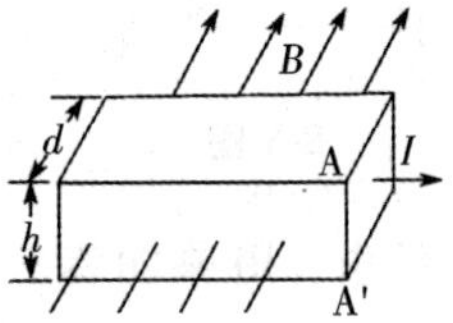

$U = k\dfrac{IB}{d}$(式中,比例系数 k 叫霍尔系数)

图 8-27

原理解释如下:

当在导体的外部加上垂直于电流的磁场时,洛伦兹力使定向移动的电子聚集在导体板中的 A 侧,在其正对的另一侧 A′ 就出现等量的正电荷,从而形成横向电场,这个电场对电子施加了与洛伦兹力方向相反的静电力,当二力平衡时,电场强度满足:

$E = vB$ ①

由电流的微观表达式 $I = nqvS$,其中 $S = dh$,可推导出:

$v = \dfrac{I}{nqdh}$ ②

结合①、②式得 AA′ 间可达到的稳定电势差是:

$U = E \cdot h = vBh = \dfrac{I}{nqdh} \cdot Bh = \dfrac{1}{nq} \cdot \dfrac{IB}{d}$,令 $k = \dfrac{1}{nq}$,则有:$U = k\dfrac{IB}{d}$,证毕。

从上面推导过程可以看出,霍尔系数 k 的意义是单位体积内的带电量的倒数,是由导体本身性质决定的。

注意:霍尔效应是导体本身的物理性质,电解液不会发生这种现象。

【活题精析】

【例 1】 场强为 E 的匀强电场和磁感应强度为 B 的匀强磁场正交,如图 8-28 所示,质量为 m 的带电粒子在垂直于磁场方向的竖直平面内,做半径为 R 的匀速圆周运动,设重力加速度为 g,则下列结论正确的是(   )。

A. 粒子带负电,且 $q = \dfrac{mg}{E}$

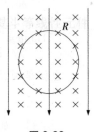

图 8-28

B. 粒子沿顺时针方向转动

C. 粒子的机械能守恒

D. 粒子速率 $v = \dfrac{BgR}{E}$

[分析与解]

因带电粒子在复合场中做匀速圆周运动,必有方向恒定的力(如电场力和重力)相平衡,因此,电场力向上,粒子带负电,故 A 选项正确;洛伦兹力指向圆心,根据左手定则可知粒子沿顺时针方向转动,故 B 选项正确;由于粒子在运动过程中电场力做功,因此粒子机械能不守恒,故 C 选项错误;根据 $R = \dfrac{mv}{qB}$ 及 $mg = qE$ 可推出 $v = \dfrac{BgR}{E}$,故 D 选项正确。

答案:A、B、D

【例2】 设在地面上方的真空室内,存在匀强电场和匀强磁场,已知电场强度和磁感应强度的方向是相同的,电场强度的大小 $E = 4.0\mathrm{V/m}$,磁感应强度的大小 $B = 0.15\mathrm{T}$,今有一带负电的质点以 $v = 20\mathrm{m/s}$ 的速度在此区域内沿垂直场强的方向做匀速直线运动。求:

(1)此带电质点的电量与质量之比 $\dfrac{q}{m}$。

(2)磁感应强度 B 可能的方向($g = 10\mathrm{m/s^2}$)。

[分析与解]

(1)带电粒子在三场共存的区域中做直线运动,一定是匀速直线运动,即重力、电场力和洛伦兹力的合力为零。设磁场方向与重力方向的夹角为 θ,对带电质点进行受力分析,如图 8-29 所示,由平衡条件得:

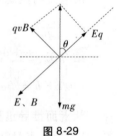

图 8-29

$$(qvB)^2 + (qE)^2 = (mg)^2$$

解得:$\dfrac{q}{m} = \dfrac{g}{\sqrt{v^2B^2 + E^2}} = 2\mathrm{C/kg}$

(2)$\tan\theta = \dfrac{qvB}{qE} = \dfrac{vB}{E} = \dfrac{3}{4}$,故 $\theta = \arctan\dfrac{3}{4}$

也就是说,磁场是沿着与竖直方向成 $\theta = \arctan\dfrac{3}{4}$ 的角度,且斜向下的一切方向。

【例3】 如图 8-30 所示,在水平地面上方有一范围足够大的互相正交的匀强电场和匀强磁场区域,磁场的磁感应强度为 B,方向水平并垂直于纸面向里,一质量为 m、带电量为 q 的带正电微粒在此区域内沿垂直于磁场的平面内以速

率 v_0 做匀速圆周运动,已知重力加速度为 g,求:

(1)这个区域的电场强度。

(2)若某时刻微粒运动到 P 点时,速度与水平方向的夹角为 $60°$,且已知 P 点与水平地面间的距离等于微粒做圆周运动的半径。求该微粒运动到最高点时到地面的距离。

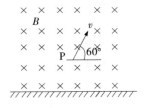

(3)若微粒运动到最高点时,只将电场强度大小变为原来的一半,求微粒落地前速度大小。

图 8-30

[分析与解]

带电微粒做匀速圆周运动,必有重力与电场力平衡,洛伦兹力充当向心力。

(1)因重力与电场力二力平衡,故电场力竖直向上,又粒子带正电,所以电场强度方向竖直向上。设电场强度大小为 E,则有:$mg = qE$,即:$E = \dfrac{mg}{q}$

(2)设微粒做匀速圆周运动的半径为 r,有:

$$qv_0B = m\frac{v_0^2}{r},解得:r = \frac{mv_0}{qB}$$

先画出微粒做圆周运动的轨迹,如图 8-31 所示,由几何关系可知,该微粒运动到最高点时与地面间的距离为:

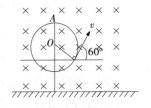

图 8-31

$$H = 2r + r\cos\theta = \frac{5}{2}r = \frac{5}{2} \cdot \frac{mv_0}{qB} = \frac{5mv_0}{2qB}$$

(3)若将电场强度大小减半,则电场力也将变为原来的一半,此时电场力为 $F_{电} = \dfrac{1}{2}mg$,这以后粒子将不再做匀速圆周运动,而是沿着曲线运动最终落到地面。在这一过程中,洛伦兹力不做功,只有重力和电场力做功。设微粒落地前速度大小为 v,根据动能定理得:

$$mgH - F_{电}H = \frac{1}{2}mv^2 - \frac{1}{2}mv_0^2$$

解得:$v = \sqrt{v_0^2 + \dfrac{5mgv}{2qB}}$

点拨:

带电粒子在复合场中运动时,必须全面考虑各种力的关系,进而判断运动性质,当带电粒子所受合力大小与方向均变化时,做非匀变速曲线运动,这时不能应用运动学公式求解,只能用能量关系来处理。

单元检测八

1. 磁体之间的相互作用是通过磁场发生的,下面对磁场认识正确的是 (　　)。

A. 磁感线有可能出现相交的情况

B. 磁感线总是由 N 极出发指向 S 极

C. 某点磁场的方向与放在该点小磁针静止时 N 极所指方向一致

D. 若在某区域内通电导线不受磁场力的作用,则该区域的磁感应强度一定为零

2. 把一通电直导线放在蹄形磁铁磁极的正上方,导线可以自由移动,当导线中通以如图检 8-1 所示的电流 I 时,判断导线的运动情况。

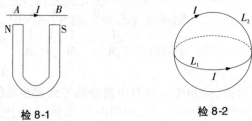

检 8-1　　　　　　检 8-2

3. 一个可以自由运动的线圈 L_1 和一个固定的线圈 L_2 互相绝缘且彼此垂直放置。当两个线圈通以图检 8-2 所示的电流时,则从左往右看,线圈 L_1 将 (　　)。

A. 不动　　　　　B. 顺时针转动

C. 逆时针转动　　D. 向纸外平动

4. 质量为 $m = 0.02\text{kg}$ 的通电细杆 ab 置于倾角为 $\theta = 37°$ 的平行放置的导轨上,导轨的宽度 $d = 0.2\text{m}$,杆 ab 与导轨间的动摩擦因数 $\mu = 0.4$,磁感应强度 $B = 2\text{T}$ 的匀强磁场与导轨平面垂直且方向向下,如图检 8-3 所示。现调节滑动变阻器的触头,试求为使杆静止不动,通过 ab 杆的电流范围为多少(取 $g = 10\text{m/s}^2$)。

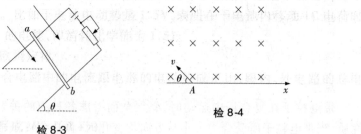

检 8-3　　　　　　检 8-4

5. 如图检 8-4 所示,在 x 轴上方有匀强磁场 B,一个质量为 m、带电荷量为 $-q$ 的粒子,以与入射边界的夹角为 θ、大小为 v 的速度从 A 点射入磁场,若不计粒子重力,求:

（1）粒子在磁场中的运动的时间。

（2）粒子离开磁场的位置。

6.如图检 8-5 所示,直角三角形 ABC 中存在一匀强磁场,比荷相同的两个粒子自 A 点沿 AB 方向射入磁场,最后分别从 AC 边上的 P、Q 两点射出,则（　　）。

A.两粒子在磁场中运动时间一样长

B.从 Q 射出的粒子速度大

C.从 P 射出的粒子,在磁场中运动时间长

D.从 P 射出的粒子速度大

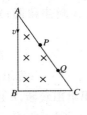
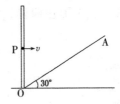

检 8-5　　　　　　　　检 8-6

7.如图检 8-6 所示,在倾角为 30° 的斜面 OA 的左侧有一竖直挡板,其上有一小孔 P,现有一质量 $m = 4 \times 10^{-20}\text{kg}$、带电荷量 $q = +2 \times 10^{-14}\text{C}$ 的粒子,从小孔 P 以速度 $v_0 = 3 \times 10^4 \text{m/s}$ 水平射向磁感应强度 $B = 0.2\text{T}$、方向垂直纸面向里的一正三角形区域。该粒子在运动过程中始终不碰及竖直挡板,且在飞出磁场区域后能垂直打在 OA 上,不计粒子重力。求:

（1）粒子在磁场中做圆周运动的半径。

（2）粒子在磁场中运动的时间。

（3）正三角形磁场区域的最小边长。

8.如图检 8-7 所示,直角坐标系 xoy 位于竖直平面内,在水平 x 轴下方存在匀强磁场和匀强电场,磁场的磁感应强度为 B,方向垂直 xoy 于平面向里,电场线平行于 y 轴,一质量为 m、电荷量为 q 的带正电的小球,从 y 轴上的 A 点水平向右抛出,经 x 轴上的 M 点进入电场和磁场,恰能做匀速圆周运动,从 x 轴上的 N 点第一次离开电场和磁场,M、N 之间的距离为 l,小球过 M 点时的速度方向与轴正方向夹角为 θ,不计空气阻力,重力加速度为 g,求:

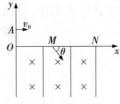

检 8-7

（1）电场强度 E 的大小和方向。

（2）小球从 A 点抛出时初速度 v_0 的大小。

（3）A 点到 x 轴的高度 $h = ?$

第九章　电磁感应

第一讲　电磁感应现象　楞次定律

【考点导悟】

一、磁通量

1.定义

在研究磁场时引入了一个很重要的物理量即磁通量,由于磁感线是人们引入的假想的曲线,实际并不存在,因此对磁通量的理解也有一定困难。

磁通量是指穿过某一面积的磁感线条数,简称磁通,用 Φ 表示。

2.对磁通量的理解

(1)磁通量是"面"的特征量,不是磁场的特征量,因为没有特定的面,也就无从谈磁通量。

(2)在计算磁通量时,若磁场是匀强磁场且 $B \perp S$,见图9-1所示,则 $\Phi = BS$;若平面 $abcd$ 与垂直于磁感线的平面的夹角为 θ,见图9-2所示,则通过平面 $abcd$ 的磁通量 $\Phi = BS\cos\theta$。

图9-1　　　　　　　　　图9-2

(3)磁通量的数值与线圈的匝数无关。

(4)磁通量是标量,没有方向,但有正负之分。因为任何一个平面都有正反两个面,如果规定磁感线从正面穿过时磁通量为正,那么从反面穿过时磁通量为负。

二、电磁感应现象

1.定义

电磁感应现象,简单地说就是"磁生电"现象。

2.产生条件

只要穿过电路的磁通量发生变化。

电磁感应现象的实质是产生感应电动势,如果回路闭合就产生感应电流;如果回路不闭合,则只有感应电动势、没有感应电流。

三、感应电流方向的判定

1.楞次定律

(1)内容:感应电流总是具有这样的方向,即感应电流的磁场总要阻碍引起感应电流的原磁通量的变化。

(2)正确理解楞次定律中"阻碍"的含义:感应电流的磁场总是阻碍引起感应电流的磁场(即原磁场)的磁通量的变化。要强调的是阻碍不是阻止,阻碍的结果只是延缓了磁通量的变化快慢,该增加的还增加,该减少的还减少。二者不是总相反的关系,而是体现为"增反减同",即当原磁通量增加时,感应电流的磁场方向与原磁场的方向相反;当原磁通量减少时,感应电流的磁场方向与原磁场的方向相同。

(3)应用楞次定律判定感应电流方向的步骤:

①明确闭合回路中引起感应电流的原磁场方向。

②确定原磁场穿过闭合回路的磁通量是增大还是减小。

③根据楞次定律确定感应电流的磁场方向。

④利用安培定则确定感应电流方向。

2.右手定则

内容:伸开右手,让拇指跟其余四指垂直,并且都跟手掌在同一个平面内,让磁感线垂直从手心进入,大拇指指向导体运动方向,则其余四指所指的方向就是感应电流的方向。

说明一点:楞次定律适用于电磁感应的各种情况,而右手定则只适用于闭合回路的一部分导体切割磁感线运动的情况,是楞次定律的一个特例。

四、感应电动势的分类

1.感生电动势

英国物理学家麦克斯韦认为:变化的磁场能在周围空间激发电场,这种电场叫作感生电场。后来也称之为涡旋电场,其电场线是闭合的,如图9-3所示。

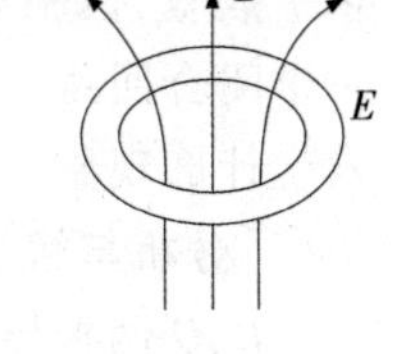

闭合导体中的自由电荷就是在感生电场力的作用下发生定向移动,从而产生了电动势,这就是感生电动势。感生电动势的非静电力是感生电场力。

图9-3

2.动生电动势

是由于导体在磁场中做切割磁感线运动时产生的电动势。因为当导体做切割磁感线运动时,导体中的自由电子也随之运动,因而受到磁场的洛伦兹力,如图9-4所示。由左手定则可以判断自由电子受到指向B端的洛伦兹力,于是在导体棒AB上下两端积累了正、负电荷,形成静电场,使电子受到向上的电场力,最终洛伦兹力与电场力达到二力平衡,AB两端形成稳定的电势差。

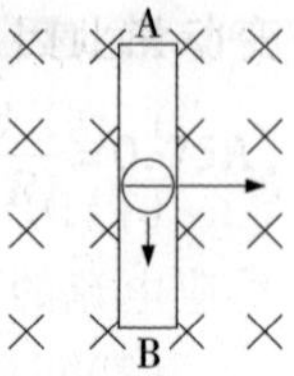

不妨设导体棒AB长度为l,磁感应强度为B,当导体棒以速度v沿着垂直导体棒方向运动时,有$evB = eE$,此时AB两端的电势差$U_{AB} = El = Blv$。这就是导体棒AB切割磁感线产生的动生电动势。由此可见,动生电动势的非静电力是洛伦兹力。

五、楞次定律的应用

在电磁感应中,由于感应电流的产生,线圈与磁体之间必有力的作用,所以会产生运动效果。反过来,这种运动效果是在实现着阻碍磁通量的变化。常常表现为:

(1)阻碍相对运动。

(2)改变回路面积。

(3)产生转动效果。

图9-4

【活题精析】

【例1】 一个条形磁铁向丝线悬挂的铝环靠近,会发生什么现象?

[分析与解]

磁铁向铝环靠近,铝环会向右"躲开",同时磁铁向右运动受阻,以阻碍穿过铝环磁通量的增加,如图9-5所示。若磁铁向左移去,则铝环又会"跟"过来,同时磁铁向左运动受阻,以阻碍穿过铝环磁通量的减少。由此看出,电磁感应过程产生的运动效果总是表现为阻碍相对运动,可概括为"来拒去留"。

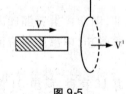

图9-5

【例2】 在图9-6中,光滑固定的金属导轨M、N水平放置,两根导体棒P、Q平行放置在导轨上,形成一个闭合回路。当一条形磁铁从高处自由落下时,会发生什么现象?

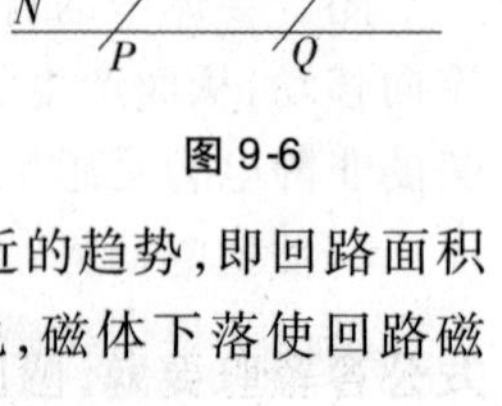

[分析与解]

P、Q两根导轨会相互靠近,同时,条形磁铁下落的加速度小于重力加速度g值。而M、N虽然固定,也有靠近的趋势,即回路面积有收缩的趋势,以此阻碍回路中磁通量的增加。也就是说,磁体下落使回路磁

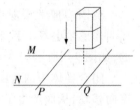

图9-6

通量增加时,回路面积有减小的趋势。相反,当条形磁体向上移去的过程中,闭合回路有扩张的趋势。也就是说,电磁感应过程会改变回路面积,可概括为"增缩减扩"。

【例3】 在图 9-7 中,*ab* 是一个可绕垂直于纸面的轴 *O* 转动的闭合矩形线框,当滑动变阻器的滑片 *P* 自左向右滑动时,从外向里看,线框将沿什么方向转动?

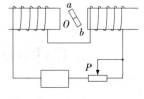

图 9-7

[分析与解]

线框 *ab* 将沿顺时针方向转动。这是因为滑片 *P* 向右滑动时,电路中电流强度变小,其对应的磁场也随之减弱,穿过线框回路的磁通量变小。由楞次定律知,感应电流的磁场总是阻碍引起感应电流的原磁场的磁通量的变化,所以线框将沿着顺时针方向转动,以增大正对面积阻碍穿过线框磁通量的减少。

点拨:

本题产生的转动效果,与磁体哪端是 N 极、哪端是 S 极以及电源哪端是正极、哪端是负极是没有关系的,也与线圈的绕法无关,这体现了电磁感应现象的一种内在的本质规律。掌握这些规律并灵活运用之解题,可以有效提高解题效率。

第二讲　法拉第电磁感应定律

【考点导悟】

一、法拉第电磁感应定律

1.感应电动势

(1)定义:在电磁感应现象中产生的电动势,叫作感应电动势,产生电动势的那部分导体或回路相当于电源,其电阻相当于电源的内阻。

(2)产生条件:只要穿过电路的磁通量发生变化,电路中就一定产生感应电动势,若电路闭合,电路中有感应电流。

2.法拉第电磁感应定律

(1)内容:电路中感应电动势的大小,跟穿过这一电路的磁通量的变化率成正比。公式为:

$$E = n \frac{\Delta \Phi}{\Delta t}$$

公式说明:感应电动势是由$\frac{\Delta\Phi}{\Delta t}$决定的,而与$\Delta\Phi$和$\Delta t$的大小没有关系。

(2)两种具体情况:当$\Delta\Phi$仅由B的变化引起时,$E = nS\frac{\Delta B}{\Delta t}$;当$\Delta\Phi$仅由$S$的变化引起时,$E = nB\frac{\Delta S}{\Delta t}$。

(3)理解:利用法拉第电磁感应定律公式求得的电动势,实际上是Δt时间内的平均值。

二、两种感应电动势

1. 动生电动势

(1)平动切割:是由于导体在磁场中做平动切割磁感线运动产生的电动势。产生机理:在动生电动势中,电源的非静电力是洛伦兹力。表达式:当B、l、v三者都相互垂直时,$E = Blv$;当B、l、v不垂直时,要投影到相互垂直的方向。只有v和B不垂直而成θ角,这时$E = Blv\sin\theta$。

(2)转动切割:当导体棒绕一端点在垂直于磁场的平面内以角速度ω转动切割磁感线时,产生电动势$E = \frac{1}{2}Bl^2\omega$。

2. 感生电动势

是由于穿过回路的磁通量发生变化而使回路中产生的电动势。产生机理:电源的非静电力是由感生电场力提供。公式:$E = n\frac{\Delta\Phi}{\Delta t}$。

三、弯曲导体产生的电动势

我们知道公式$E = Blv$,只适合于B、l及v彼此两两垂直时感应电动势的计算。对于导体不垂直切割磁感线,即v与B有一夹角θ,如图9-8所示,我们可将导体的速度v沿垂直于B和平行B两个方向分解,则对产生电动势有效的速度是$v_1 = v\sin\theta$,于是得感应电动势为:$E = Blv\sin\theta$。

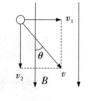

图 9-8

同理,若v与l不垂直,如图9-9所示,也可以用分解速度的方法。根据几何关系,易得$E = Blv\sin\theta$,而$l\sin\theta = l'$,其中l'是导体长度l在垂直速度v方向的投影长。也容易证明,弯曲导体在磁场中切割磁感线产生的电动势与始末两点连线在同样速度下产生的电动势相等。在图9-10中,A、B、C三个导体均沿平行框架方向运动,且速度大小相等,则感应电动势均为$E = Blv$,其中l是线框的宽度。

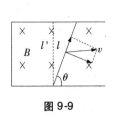

图 9-9

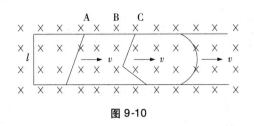

图 9-10

四、正确理解"动生电"中洛伦兹力充当非静电力

我们知道,洛伦兹力对运动电荷不做功,可为什么还说动生电动势是由于洛伦兹力做功引起的呢? 二者是否有矛盾? 为解释这个问题,做如下分析:

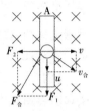

图 9-11

在右图中,一直导体在匀强磁场 B 中以速度 v 向右运动,并且直导体与 B、v 的方向互相垂直。由于导体中的自由电子随导体一起以速度 v 运动,因此每个电子都受到洛伦兹力的作用。根据洛伦兹力公式得:$F_1 = evB$,由于洛伦兹力使电子向下运动,才产生了动生电动势。由此可见,洛伦兹力是动生电动势的非静电力。也正是因为受洛伦兹力,电子不仅随导体以速度 v 向右运动,还以速度 u 沿导体向下做定向移动。于是,导体中的电子实际运动速度即合速度 $v_合$ 等于 v 和 u 的矢量和,电子受到的洛伦兹力为 $F_合 = ev_合 B$,因为 $F_合$ 与合速度 $v_合$ 垂直,故洛伦兹力对电子不做功。

也可以这样解释:洛伦兹力的合力 $F_合$ 的一个分量 $F_1 = evB$ 与速度 u 方向相同,功率 $P_1 = evBu > 0$,对电子做正功,而 $F_合$ 的另一个分量 $F_2 = euB$ 与速度 v 方向相反,其功率 $P_2 = -euBv$,对电子做负功,因 $P_1 = -P_2$,故这两个分力做功的代数和为零,即洛伦兹力对电子不做功。

总之,在电磁感应中,从总体上说,洛伦兹力对自由电荷不做功,而只是起传递能量的作用,即外力克服洛伦兹力的一个分力 F_2 所做的功通过另一个分力 F_1 转化为感应电流的能量。

【活题精析】

【例 1】 如图 9-12 所示,均匀磁场中有一由半圆弧及其直径构成的导线框,半圆直径与磁场边缘重合;磁场方向垂直于半圆面(纸面)向里,磁感应强度大小为 B_0,使该线框从静止开始绕过圆心 O、垂直于半圆面的轴以角速度 ω 匀速转动半周,在线框中产生感应电流,现使线框保持图中所示位置,磁感应强度大小随时间线性变化。为了产生与线框转动半周过程中同样大小的电流,磁感应强度随时间的变化率 $\dfrac{\Delta B}{\Delta t}$ 的大小应为(　　)。

A. $\dfrac{4B_0\omega}{\pi}$ B. $\dfrac{2B_0\omega}{\pi}$

C. $\dfrac{B_0\omega}{\pi}$ D. $\dfrac{B_0\omega}{2\pi}$

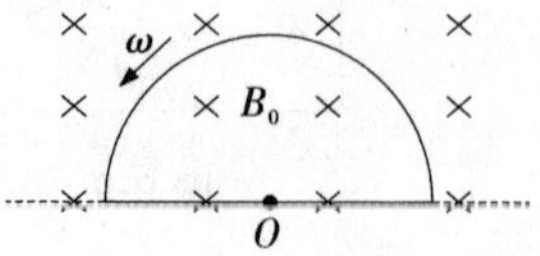

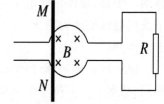

图 9-12

[分析与解]

设圆的半径为 R,当其绕过圆心 O 的轴匀速转动时,圆弧部分不切割磁感线,也不产生感应电动势,只有右侧的半径在磁场中做旋转切割磁感线,产生的感应电动势大小为 $E_1=\dfrac{1}{2}B_0R^2\omega$;当线框不动时,$E_2=\dfrac{1}{2}\pi R^2\times\dfrac{\Delta B}{\Delta t}$,由闭合电路欧姆定律知,要使两种情况的电流相等,必有 $E_1=E_2$,两式联立化简可得 C 选项。答案:C

【例2】　如图 9-13 所示,导线全部为裸导线,半径为 r 的圆内有垂直于圆平面的匀强磁场,磁感应强度为 B,一根长度大于 $2r$ 的导线 MN 以速度 v 在圆环上无摩擦地自左端向右端匀速滑动,已知电路中接有固定电阻 R,其余电阻忽略不计,求:MN 从圆环的左端滑到右端的过程中,电阻 R 上的电流的平均值和通过电阻 R 的电荷量。

[分析与解]

导体棒 MN 做切割磁感线运动,切割磁感线的有效长度不断变化,用公式 $E=Blv$ 难以求出平均感应电动势。从另一角度看,回路中的磁通量不断变化,利用法拉第电磁感应定律求平均感应电动势很方便。当导体从左端滑动到

图 9-13

右端回路中磁通量的变化量 $\Delta\Phi=B\Delta S=B\cdot\pi r^2$。从左端运动到右端的时间 $\Delta t=\dfrac{2r}{v}$,根据法拉第电磁感应定律,平均感应电动势为:

$$\overline{E}=\dfrac{\Delta\Phi}{\dfrac{2r}{v}}=\dfrac{B\pi r^2}{\dfrac{2r}{v}}=\dfrac{B\pi rv}{2}$$,平均电流为:

$$\overline{I}=\dfrac{\overline{E}}{R}=\dfrac{B\pi rv}{2R}$$

又因为 $\overline{I}=\dfrac{\overline{E}}{R}=\dfrac{\dfrac{\Delta\Phi}{\Delta t}}{R}$,而电量 $q=\overline{I}\Delta t$,故有:$q=\dfrac{\Delta\Phi}{R}=\dfrac{B\pi r^2}{R}$

注意:求电量用平均电流乘以时间,求热量不可以用平均电流代入公式 $Q = I^2Rt$ 求解,焦耳定律公式中的电流应该是电流按照热效应定义的有效值。

【例3】 如图 9-14 所示,两块距离为 d 的金属板水平放置,将其用导线和电键与一个匝数为 n 的线圈连接,线圈所处的空间有方向竖直向上且大小变化的磁场 B,两金属板间放一台压力传感器,传感器上表面静止放置一个质量为 m、电荷量为 $+q$ 的小球。S 断开时传感器上有示数,S 闭合时传感器上示数为 $2mg$,则线圈中的磁场的变化情况和磁通量变化率分别是( )。

A. 正在增加,$\dfrac{\Delta\Phi}{\Delta t} = \dfrac{mgd}{q}$

B. 正在减弱,$\dfrac{\Delta\Phi}{\Delta t} = \dfrac{mgd}{q}$

C. 正在增加,$\dfrac{\Delta\Phi}{\Delta t} = \dfrac{mgd}{nq}$

D. 正在减弱,$\dfrac{\Delta\Phi}{\Delta t} = \dfrac{mgd}{nq}$

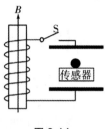

图 9-14

[分析与解]

当电键 S 断开时,小球只受重力和支持力,根据平衡条件和牛顿第三定律可知,压力大小即传感器的示数等于 mg;当电键 S 闭合时,压力增大了 mg,这是由于小球受到向下的电场力等于 mg,又因小球带正电,所以上板为正极板。根据楞次定律可知,磁场在减弱;又由 $q \cdot \dfrac{U}{d} = mg$,$U = n\dfrac{\Delta\Phi}{\Delta t}$,两式联立得:

$$\frac{\Delta\Phi}{\Delta t} = \frac{mgd}{nq}$$

答案:D

【例4】 如图 9-15 所示,a、b 是平行金属导轨,匀强磁场垂直导轨平面,c、d 分别为串有电流表和电压表的金属棒,它们与导轨接触良好,当 c、d 以相同速度向右运动时,下列说法正确的是( )。

A. 两表均无示数

B. 两表均有示数

C. 电压表有示数,电流表无示数

D. 电压表无示数,电流表有示数

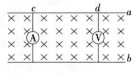

图 9-15

[分析与解]

当 c、d 以相同的速度向右运动时,由于 c、d 产生相同的电动势 Blv,且上端均为正极,故矩形回路中无电流,电流表无示数。但电压表有无示数呢? 有不少同学认为电压表两端有电动势 Blv,就错误地认为电压表的示数为 Blv。实际上,从磁电式电表的工作原理可知,只有电表中有电流时,指针才能偏转,无电流时电压表无示数。因此,答案为选项 A。

点拨:

要想使两表中有示数,可让两棒运动速度不同,此时电压表的示数为 iR_V (R_V 为电压表内电阻);若只让一根棒运动,则电压表的示数可视为 Blv,因为电压表内电阻远大于导体棒的电阻。

第三讲 自感 互感及涡流

【考点导悟】

一、自感现象

1. 定义

是指由于线圈本身的电流发生变化而产生的电磁感应现象。其公式为: $E = L\dfrac{\Delta I}{\Delta t}$。

2. 说明两点

(1)式中,比例系数 L 叫作自感系数,它的数值是由线圈匝数、横截面积及有无铁芯决定。

(2)单位:自感系数 L 的国际单位是亨利(H),除此之外还有 mH、μH,它们的关系是 $1\text{H} = 10^3\text{mH} = 10^6\text{μH}$。

二、互感现象

是指两个相互靠近的线圈,当一个线圈中的电流变化时,它所产生的变化的磁场会引起另一线圈产生感应电动势的现象。

三、涡流现象

是由变化的电流产生变化的磁场,从而在导体中激发出感应电场形成的感应电流。由于像水的旋涡,故称为涡电流,简称涡流。应该注意:

(1)无论是自感还是互感,都是电磁感应现象,因此都遵从电磁感应规律。

(2)感应电动势的大小决定于穿过电路的磁通量的变化率 $\dfrac{\Delta \Phi}{\Delta t}$,与磁通量 Φ、磁通量的变化量 $\Delta \Phi$ 的大小没有必然联系。

【活题精析】

【例1】 在图 9-16 中,若线圈 L 的电阻 R_L 与灯泡 A 的电阻 R_A 相等,则电键断开前后通过线圈的电流随时间的变化图像是____,通过灯泡的电流图像是

_____;若 R_L 远小于 R_A,则电键断开前后通过线圈的电流图像是_____,通过灯泡的电流图像为_____。

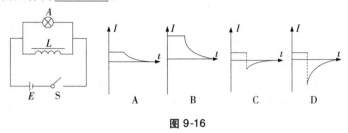

图9-16

[分析与解]

因 $R_A = R_L$,则电键断开前,两支路中电流相等,当电键断开后,自感线圈与电灯构成回路,电灯中电流与原来电流方向相反,并慢慢减小。故线圈中电流图像是 A,电灯中电流是 C。

因 R_L 远小于 R_A,则电键断开前,线圈中电流大于电灯中电流,故电键断开前后通过线圈的电流图像是 B,通过灯泡的电流图像为 D,此种情况断电后电灯会闪一下后再慢慢熄灭。

答案:A,C; B,D。

【例2】 如图 9-17 所示,在电路甲、乙中,电阻 R 和自感线圈 L 的电阻值都很小,接通 S,使电路达到稳定,灯泡 D 发光。则( )。

A. 在电路甲中,断开 S,D 将逐渐变暗

B. 在电路甲中,断开 S,D 将先变得更亮,然后渐渐变暗

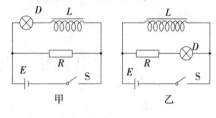

图9-17

C. 在电路乙中,断开 S,D 将渐渐变暗

D. 在电路乙中,断开 S,D 将变得更亮,然后渐渐变暗

[分析与解]

由于甲图中线圈与电灯 D 串联,二者电流相等,当断开 S,由于线圈产生自感电动势阻碍电流减小,并反向流过电灯,使 D 灯逐渐变暗;而乙图中,由于线圈中电流大于 D 灯中电流,因此,断开 S,会使电灯中的反向电流大于原来的电流。故 D 灯将先变得更亮,然后渐渐变暗。所以,A、D 选项正确。

答案:A、D

【例3】 如图 9-18 所示,当调节可变电阻 R 的大小时,线圈 a 中变化的电流产生变化的磁场,从而使 b 中的磁通量发生变化而在 b 中产生了感应电流,

这个过程中能量是如何转化的？

[分析与解]

这个过程中能量转化可表示为：

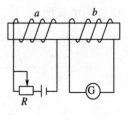

图 9-18

$$电能 \xrightarrow{\text{转化}} 磁场能 \xrightarrow{\text{转化}} 电能$$

虽然开始和结果都是电能，但却不是能量转移，因为中间经历了磁场能，故还是能量转化问题且有能量损失，即效率不是百分之百。

点拨：

解决自感问题时，要注意以下几点：

（1）通电时，线圈产生的自感电动势阻碍电流的增加且与原来电流方向相反。因此，在电键闭合的瞬间，含线圈的支路电流不能突变，可视为开路。

（2）断电时，线圈产生的自感电动势与原电流方向相同，在与线圈串联的回路中，线圈相当于电源。

（3）断电时灯闪还是不闪，取决于灯中正常工作时电流和后来从电感线圈流过来的电流大小关系：若 $I_{圈} > I_{灯}$，则闪一下后再熄灭；若 $I_{圈} \leqslant I_{灯}$，则灯不闪，只是慢慢熄灭。

（4）自感电动势只是延缓了过程的进行，不能使过程停止，也不能使过程向反向发展。

第四讲　电磁感应的应用

【考点导悟】

一、电磁感应在生产生活中的应用

1. 电磁阻尼

是指当导体在磁场中运动时，由于感应电流而使导体受到安培力阻碍导体的相对运动的现象。

如图 9-19 所示，铜球下端有一个通电的线圈，如果把小球拉离平衡位置后释放，在不计空气阻力影响的情况下，小球机械能也是不断减小，以至于最终停止下来。造成这种情况的原因是小球在通电线圈的磁场中运动，球体中产生涡流，由于涡流使小球受到安培力阻碍它的相对运动，导致小球的机械能不断减少，最终停止运动。

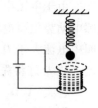

图 9-19

电学仪表的指针很快会停下来,电气机车的电磁制动器都利用了电磁阻尼现象。

2.电磁驱动

电磁驱动现象是磁场相对于导体运动,在导体中产生感应电流,使导体受到安培力作用从而运动起来的现象。

当转动蹄形磁铁后,线圈也跟着转动起来。这是因为当蹄形磁铁转动时,穿过线圈的磁通量发生变化。如当线圈处于图9-20所示的初始状态时,穿过线圈的磁通量为零,蹄形磁铁一转动,穿过线圈的磁通量就增加,根据楞次定律可知,线圈必跟着一起同方向转动起来以阻碍磁通量的增加。但其转速小于磁铁的转速,即异步。感应异步电动机、家用电能表、汽车上用的电磁式速度表都是利用电磁驱动的原理制成的。

3.电磁炉的工作原理

电磁炉的热效率可高达80%左右,比煤气灶要高出1倍左右,而且有加热均匀、省电、烹调迅速等优点。因此深受广大用户的喜欢。原来,在电磁炉台面下,布满了金属导线缠绕的线圈,当通上交流电时,在台板与铁锅底之间产生强大的变化的磁场,其磁感线穿过锅体,使锅底产生涡流,

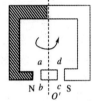

图9-20

当涡流受锅体的电阻阻碍时,就会放出大量的热,从而加热食物。同时,电磁炉产生的交变磁场,还会使金属锅的分子热运动加快,加速碰撞而加快生热。这两方面产生的热量都直接发生在锅体上,因此电磁炉的热效率很高。值得注意的是:

(1)金属锅的材料必须是铁磁性材料,因为铁磁性材料能被磁化使磁通量变化率变大,产生更大的涡流,以实现加热快的目的。而铝、铜锅则没有上述性质。若在铝、铜锅底部包覆一层铁,也可以实现感应加热。

(2)在使用电磁炉时,在直径为3m的范围内不要放置电视机、收音机和录相机等家用电器,以防辐射或电磁干扰。

二、电磁感应规律的综合运用

1.电磁感应现象中的电路问题

在电磁感应现象中,导体切割磁感线或通过回路的磁通量发生变化时将产生感应电动势,这时导体或回路相当于电源。因此,电磁感应规律常常与电路问题联系在一起。

解决问题的基本方法:

(1)用法拉第电磁感应定律和楞次定律确定感应电动势的大小及方向。

(2)画出等效电路图。

(3)运用闭合电路欧姆定律及串、并联电路的特点、规律求解。

2.电磁感应现象中的力学问题

通电导体在磁场中将会受到安培力作用,电磁感应问题往往和力学问题联系在一起,解决问题的基本方法是:

(1)用法拉第电磁感应定律和楞次定律求感应电动势的大小和方向。

(2)求回路中的电流。

(3)全面分析导体的受力情况。

(4)根据平衡条件或牛顿第二定律列方程。

若导体处于平衡状态,就根据合外力等于零列式分析。

若导体处于非平衡状态即加速度不等于零,就根据牛顿第二定律或结合功能关系分析。

3.电磁感应中的能量问题

在电磁感应过程中,不同形式能量之间发生相互转化。如运动的导体棒切割磁感线产生感应电流,同时必定会受到安培力而阻碍导体棒运动,要维持导体棒运动,必有外力克服安培力做功,在此过程中,是其他形式的能量转化为电能。外力克服安培力做了多少功,就有多少其他形式的能转化为电能,而电能通过用电器又将电能转化为内能、光能或机械能等其他形式的能量。反过来,安培力做功的过程,是将电能转化为其他形式能的过程,安培力做了多少功就有多少电能转化为其他形式的能。

4.电磁感应中的图像问题

(1)图像种类:

磁感应强度 B、磁通量 Φ、感应电动势 E 和感应电流 I 随时间 t 变化的图像,即 B-t 图像、Φ-t 图像、E-t 图像和 I-t 图像;在导体切割磁感线产生感应电动势、感应电流的情况下,还会涉及感应电动势 E 和感应电流 I 随线圈位移 x 变化的图像,即 E-x 图像和 I-x 图像。

(2)解决图像问题的基本方法:

①看清图像的种类。

②分析电磁感应的具体过程。

③结合法拉第电磁感应定律、欧姆定律及牛顿运动定律等列出数学关系式。

④根据关系式进行分析,搞清图像斜率、截距变化趋势。

⑤画出图像或进行判断。

【活题精析】

【例1】 如图9-21所示,竖直平面内有一金属环,半径为 r,拉直时总电阻为 R,磁感应强度为 B 的匀强磁场垂直穿过环平面,在环的最高点 A 用铰链连

接长度为 $2a$、电阻为 $\dfrac{R}{2}$ 的导体棒 AB，AB 由水平位置紧贴环面摆下，当摆到竖直位置时，B 点的线速度为 v，那么，这时 AB 两端的电压为（　　）。

A. $\dfrac{Bav}{3}$ 　　　　B. $\dfrac{Bav}{6}$

C. $\dfrac{2Bav}{3}$ 　　　　D. Bav

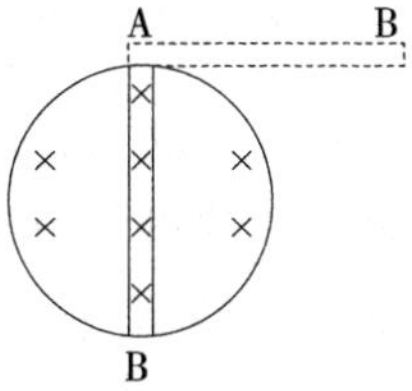

[分析与解]

导体棒摆到竖直位置时，AB 切割磁感线产生的感应

电动势：$E = \dfrac{1}{2}B(2a)^2\dfrac{v}{2a} = Bav$

根据闭合电路欧姆定律得：

$$U_{AB} = E - \dfrac{E}{\dfrac{R}{2}+\dfrac{R}{4}}\cdot\dfrac{R}{2} = \dfrac{1}{3}Bav$$

图 9-21

答案：A

【例 2】　如图 9-22 所示，在水平面内固定两根平行光滑导轨，间距为 L，电容器的电容为 C，原来不带电，磁感应强度为 B 的匀强磁场竖直向下，质量为 m 的导体棒 ab 放在导轨上，开始时静止，现给导体棒 ab 一个初速度 v_0，试分析导体棒 ab 最终做什么运动。

[分析与解]

导体棒 ab 向右运动切割磁感线产生感应电动势，对电容器充电，产生充电电流，因此 ab 棒受到向左的安培力而做减速运动。当导体棒运动产生的感应电动

图 9-22

势与电容器两端的电压相等时，充电完毕，导体棒不再受安培力，以后导体棒 ab 向右做匀速直线运动。设稳定时导体棒的速度为 v，电容器的带电量为 Q，则由

$$U_c = \dfrac{Q}{C} = BLv，得：Q = BLvC \qquad ①$$

对 ab 棒由动量定理得：

$$-\overline{F}t = mv - mv_0 \qquad ②$$

又 $\overline{F}t = B\,\overline{I}Lt = BLQ \qquad ③$

三式联立得：$v = \dfrac{mv_0}{m + B^2L^2C}$

因此，导体棒 ab 最终以恒定速度向右做匀速直线运动。

【例 3】　在上例中，若在导体棒 ab 上施加一个恒定的水平拉力 F，使它由静止开始运动，如图 9-23 所示。其他条件不变，则导体棒 ab 最终做什么运动。

[分析与解]

导体棒 ab 在外力作用下向右做加速运动,产生感应电动势对电容器充电,但导体棒的稳定状态不能是匀速运动,因为若匀速运动,则棒所受的合外力应为 0,必有外力 $F = BIL$,即 $I = \dfrac{F}{BL}$ 是定值,这时电容器一定仍处于充电状态,其两端电压必增大,这与导体匀速运动产生恒定电动势矛盾,因此导体棒做变速运动。

以棒 ab 为研究对像,其受到的安培力可以表示为:

$F_{安} = BIL$

$$= B \frac{\Delta q}{\Delta t} L = BL \cdot \frac{\Delta(CBLv)}{\Delta t} = B^2 L^2 C \frac{\Delta v}{\Delta t} = B^2 L^2 Ca \qquad ①$$

再对 ab 由牛顿第二定律得:

$$F - F_{安} = ma \qquad ②$$

两式联立可得:$a = \dfrac{F}{m + B^2 L^2 C}$

因式中各量均为常数,所以导体棒 ab 向右做匀加速直线运动。

导体最终运动情况取决于电学元件的性质,计算时可结合能量转化与守恒定律确定最终运动规律。一般有三种情况:(1)静止不动。(2)匀速运动。(3)匀加速运动。求解最终速度或加速度的大小,先确定运动状态是关键。

【例4】 如图 9-24 所示,相距为 L 的两条足够长的光滑平行金属导轨与水平面的夹角为 θ,上端接有定值电阻 R,匀强磁场垂直于导轨平面,磁感应强度为 B,将质量为 m 的导体棒由静止释放,当速度达到 v 时开始匀速运动,此时对导体棒施加一平行于导轨向下的拉力,并保持拉力的功率恒为 P,导体棒最终以 $2v$ 做匀速运动。设导体棒始终与导轨垂直且接触良好,重力加速度为 g(不计其他电阻),则下列说法正确的是(   )。

A. $P = 2mgv\sin\theta$

B. $P = 3mgv\sin\theta$

C. 当导体棒速度达到 $\dfrac{v}{2}$ 时,加速度大小为 $\dfrac{g}{2}\sin\theta$

D. 在速度达到 $2v$ 以后匀速运动的过程中,电阻 R 上产生的焦耳热等于拉力所做的功

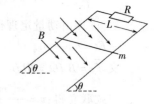

图 9-24

[分析与解]

对导体棒的下滑过程进行受力分析,如图 9-24 所示,由牛顿第二定律得:

$$mg\sin\theta - F_安 = ma \qquad\qquad ①$$

又 $F_安 = BIL = \dfrac{B^2L^2v}{R}$ ②

当棒向下加速时,$F_安$逐渐增大,但加速度逐渐减小,当加速度$a=0$时,导体棒速度达到最大值,以后以最大速度做匀速直线运动。

当速度为v时,$mg\sin\theta - \dfrac{B^2L^2v}{R} = 0$ ③

设所加拉力大小为F,这时导体棒将继续加速,当加速度再次为零时做匀速运动,由平衡条件得:

$$F + mg\sin\theta - \dfrac{B^2L^2 2v}{R} = 0 \qquad\qquad ④$$

③、④式联立得:$F = mg\sin\theta$,代入$P = F\cdot 2v$得:

$P = 2mg\sin\theta$,因此 A 选项正确、B 选项错误。

当速度为$\dfrac{v}{2}$时,$F_安 = \dfrac{B^2L^2\dfrac{v}{2}}{R} = \dfrac{1}{2}mg\sin\theta$,代入①式得:$a = \dfrac{g}{2}\sin\theta$,故 C 选项正确。

当棒以$2v$匀速运动时,动能不再变化,根据能量守恒可知,产生的电能等于外力做的功与重力做功的和。因此,D 选项错误。

答案:A、C

【例 5】 如图 9-25 所示,一载流长直导线和一矩形导线框固定在同一平面内,线框在长直导线右侧,且其长边与长直导线平行。已知在$t=0$到$t=t_1$的时间间隔内,直导线中电流发生某种变化,而线框中的感应电流总是沿顺时针方向;线框受到的安培力的合力先水平向左、后水平向右。设电流i正方向与图中箭头所示方向相同,则电流i随时间t变化的关系图线可能是( )。

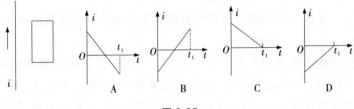

图 9-25

[分析与解]

由于线框中的感应电流总沿顺时针方向,由楞次定律可得,直导线中电流情况应该是向上减弱或向下增强,故 B、D 选项错误;又因线框所受安培力先水平向左、后水平向右,而 C 选项中的电流只能使线框受到向左的安培力而不能向右,显然 C 选项不合题意。

答案:A

【例6】 在图 9-26 中,光滑平行长直金属导轨置于水平面内,间距为 l,导轨左端接有一个自感系数为 L 的线圈,质量为 m 的导体棒垂直跨接在导轨上,整个装置处在竖直向上的匀强磁场中,磁感应强度大小为 B。现给导体棒一个沿导轨方向的瞬间冲量使导体棒获得初速度 v_0,在不计回路中电阻和电磁辐射的情况下,试定量分析导体棒以后的运动情况。

[分析与解]

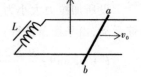

图 9-26

导体棒获得了速度 v_0,就开始以 v_0 做切割磁感线运动,虽然开始时动生电动势最大,但因线圈产生的自感电动势阻碍电流的增加,故此时电流 I 仍为零。

因不计回路中电阻,则动生电动势与自感电动势大小相等,即:

$$L\frac{\Delta I}{\Delta t} = Blv \ \text{或} \ \Delta I = \frac{Blv\Delta t}{L}$$

因 $\Delta x = v\Delta t$

联立各式得:

$$\Delta I = \frac{Bl}{L}\Delta x$$

从开始运动计时,则有 $t = 0$ 时,$I = 0$,$x = 0$,对上式求和得:

$$I = \frac{Bl}{L}x$$

因 $F_{安}$ 与位移 x 成正比,且方向相反,故 $F_{安}$ 可写成:

$$F_{安} = -BIl = -\frac{B^2l^2}{L}x = -kx,\text{其中} \ k = \frac{B^2l^2}{L}(\text{常数})$$

这表示导体棒所做的运动是以初始位置为平衡位置的简谐运动。

点拨:

根据简谐运动的知识和初始条件可知,回路中电流随时间按正弦规律变化。原来,当电流为零值的瞬间,它的变化最快,自感电动势最大,线圈两端的电压和导体棒的速度最大;当电流达到最大值的瞬间,它的变化率为零,自感电动势为零,线圈两端的电压和导体棒的速度为零。同一物理量出现零值与出现最大值相隔的时间为四分之一周期,由此可知,在动生电现象中,电感线圈阻碍电流的变化特点是导体棒的速度与电流之间有 90° 相位差,导体棒的速度最大时,电流为零,电流最大时,导体棒的速度为零,这样一来,导体棒的惯性和它受到的安培力交互作用,这是导体棒做简谐运动的原因。当然,这是一个典型的理想模型,对实际电路,由于焦耳热或电磁辐射等原因,系统机械能不断衰减,导体棒最终停止运动。

单元检测九

1. 如图检 9-1 所示,匀强磁场的磁感应强度为 B, B 的方向与水平方向的夹角为 30°,图中实线位置有一面积为 S 的矩形线圈处于磁场中,并绕着它的一条边从水平位置转到竖直位置(图中虚线位置)。在此过程中磁通量的改变量大小为(　　)。

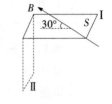

检 9-1

A. $\dfrac{\sqrt{3}-1}{2}BS$　　　B. BS

C. $\dfrac{\sqrt{3}+1}{2}BS$　　　D. $2BS$

2. 如图检 9-2 所示,导线框 $abcd$ 与直导线在同一平面内,直导线通有恒定电流 I,当线框由左向右匀速通过直导线的过程中时,线框中感应电流的方向是(　　)。

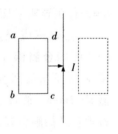

A. 先 $abcd$,后 $dcba$,再 $abcd$

B. 先 $dcba$,后 $abcd$,再 $dcba$

C. 始终 $dcba$

D. 先 $abcd$,后 $dcba$

检 9-2

3. 如图检 9-3 所示,平行导轨间距为 d,一端跨接一个电阻 R,匀强磁场的磁感应强度为 B,方向垂直于平行金属导轨所在平面。不计金属棒和导轨的电阻。当金属棒沿垂直于棒的方向以恒定的速度 v 在金属导轨上滑行时,通过电阻 R 的电流是(　　)。

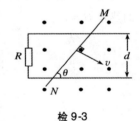

检 9-3

A. $\dfrac{Bdv}{R}$　　　　B. $\dfrac{Bdv}{R}\sin\theta$

C. $\dfrac{Bdv}{R\sin\theta}$　　　D. $\dfrac{Bdv}{R}\cos\theta$

4. 在如图检 9-4 所示的电路中,D_1 和 D_2 是两个完全相同的小灯泡,L 是一个自感系数很大的自感线圈,其直流电阻与 R 相同。在开关 S 接通和断开时,灯泡 D_1 和 D_2 亮暗顺序是(　　)。

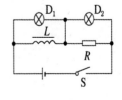

检 9-4

A. 接通时 D_1 先达最亮,断开时 D_1 先灭

B. 接通时 D_2 先达最亮,断开时 D_1 后灭

C. 接通时 D_1 先达最亮,断开时 D_1 后灭

D. 接通时 D_2 先达最亮,断开时 D_1 先灭

5. 如图检9-5所示,两光滑平行金属导轨与水平方向成 α 角,上端接有可变电阻 R,下端足够长,空间有垂直于导轨平面的匀强磁场,磁感应强度为 B。一根质量为 m 的金属杆从轨道上由静止开始下滑,最终金属杆的速度将达到一个最大值 v_{max},则以下结论正确的是(   )。

A. 如果 B 增大,v_{max} 将变大

B. 如果 α 变大,v_{max} 将变大

C. 如果 R 变大,v_{max} 将变小

D. 如果 m 变大,v_{max} 将变大

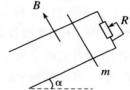

检9-5

6. 如图检9-6所示,两根足够长固定平行金属导轨位于倾角为 $\theta = 30°$ 的斜面上,导轨上、下端各接有阻值 $R = 20\Omega$ 的电阻(其他电阻忽略不计),导轨宽度 $L = 2m$,在导轨平面内有垂直于导轨平面且向上的匀强磁场,磁感应强度 $B = 1T$。质量 $m = 0.1kg$、电阻 $r = 10\Omega$ 的金属棒 ab 从较高处由静止开始释放,当金属棒 ab 下滑的高度为 $h = 3m$ 时,速度恰好达到最大值 $v = 2m/s$。假设金属棒 ab 在下滑过程中始终与导轨垂直且接触良好。g 取 $10m/s^2$,求:

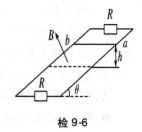

检9-6

(1)金属棒 ab 由静止下滑至高度为 $3m$ 的过程中机械能的减少量。

(2)金属棒 ab 由静止下滑至高度为 $3m$ 的过程中导轨上端电阻 R 中产生的热量 $Q = ?$

第十章　交变电流

第一讲　交变电流的产生和描述

【考点导悟】

一、交变电流的产生和变化规律

1. 交变电流

大小和方向都随时间做周期性变化的电流。

2. 正弦交变电流的产生

将线圈置于匀强磁场中,并绕垂直于磁感线的轴匀速转动,线圈中就会产生按照正(余)弦规律变化的交变电流,简称正弦交变电流。

3. 中性面

(1)中性面定义:与磁场方向垂直的平面。

(2)中性面处规律:

①线圈位于中性面时,穿过线圈的磁通量最大,但磁通量的变化率为零。因此,感应电动势为零。

②线圈转动一周,两次经过中性面。每次经过中性面,电流的方向就改变一次。因此,转动一周电流方向改变两次。

4. 正弦交流电表达式

若从线圈经过中性面位置处计时,则电流按照正弦规律变化,这时可以表示为:

(1)电动势 $e = E_{max}\sin\omega t$。

(2)电压 $u = U_{max}\sin\omega t$。

(3)电流 $i = I_{max}\sin\omega t$。

二、描述交变电流的物理量

1. 瞬时值

反映某一时刻交变电流的大小和方向,有电流、电压、电动势,分别用 i、u、e 表示。

2. 有效值

是根据电流的热效应来定义的,即在相同的时间内(通常指一个周期),与某一恒定电流通过同一电阻产生相等热量时的恒定电流的电流、电压、电动势叫作这一交流电的对应的有效值。对正弦交流电的有效值与最大值之间有如下关系:$I = \dfrac{I_{max}}{\sqrt{2}}$,$U = \dfrac{U_{max}}{\sqrt{2}}$,$E = \dfrac{E_{max}}{\sqrt{2}}$。

3. 周期和频率

都是描述交变电流变化快慢的物理量。

(1)周期:完成一次周期性变化所需的时间,用 T 表示。

(2)频率:在 1s 内完成周期性变化的次数,用 f 表示。

(3)基本关系:$f = \dfrac{1}{T}$,$\omega = \dfrac{2\pi}{T} = 2\pi f$。

三、感应电动势表达式的推导

下面以从中性面处开始计时,推导感应电动势的表达式。

如图 10-1 所示,矩形线框绕垂直于匀强磁场的轴 O 匀速转动时,只有上、下对边 ab、cd 切割磁感线产生电动势。设线圈的匝数为 n,转动角速度为 ω,各边长分别为 $ab = cd = L_1$,而 $bc = da = L_2$,当经时间 t 顺时针转到图中虚线的位置时,线框转过的角度为 ωt,这时有 ab、cd 边产生的感应电动势均为:

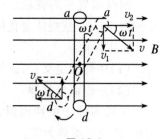

图 10-1

$$e_1 = e_2 = nBl_1 \cdot \omega \cdot \frac{L_2}{2}\sin\omega t = \frac{1}{2}nBL_1L_2\omega\sin\omega t$$

又根据右手定则可知,ab、cd 边产生的电动势方向相同,故转动线圈产生的总电动势为:

$$e = nBL_1L_2\omega\sin\omega t$$

令线圈面积 $S = L_1L_2$,$E_{max} = nBS\omega$,于是有:$e = E_{max}\sin\omega t$。

【活题精析】

【例1】 一小型发电机产生的交变电动势为 $e = 50\sin100\pi t\,\text{V}$,则下列表述正确的是( )。

A. 最大值是 $50\sqrt{2}\,\text{V}$ B. 频率是 $50\,\text{Hz}$

C. 有效值是 $25\sqrt{2}\,\text{V}$ D. 周期是 0.04s

[分析与解]

由 $e = 50\sin100\pi t\,\text{V}$,$E_{max} = 50\text{V}$,有效值 $E = \dfrac{E_{max}}{\sqrt{2}} = 25\sqrt{2}\,\text{V}$,$\omega = 100\pi\text{rad/s}$,

$T = \dfrac{2\pi}{\omega} = 0.02\,\text{s}, f = 50\,\text{Hz}。$

答案:B、C

【例2】 某电阻元件在正常工作时,通过它的电流按如图10-2所示的规律变化。现给这个电阻元件串联一个多用电表,则多用电表读数为(   )。

A.$4\sqrt{2}\,\text{A}$ 　　　　　 B.$5\,\text{A}$

C.$4\,\text{A}$ 　　　　　 D.$5\sqrt{2}\,\text{A}$

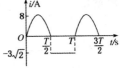

图10-2

[分析与解]

多用电表的读数为交流的有效值,因此本题的关键是求电流的有效值。按照有效值的定义得:

由 $I^2 RT = (\dfrac{8}{\sqrt{2}})^2 R\dfrac{T}{2} + (3\sqrt{2})^2 R\dfrac{T}{2}$ 得:$I = 5A$

故选项 B 正确。

答案:B

【例3】 如图10-3所示,矩形线圈面积为 S,匝数为 n,线圈电阻为 r,在磁感应强度为 B 的匀强磁场中绕 OO' 轴以角速度 ω 匀速转动,外电路电阻为 R,当线圈由图示位置转过 $60°$ 的过程中,下列判断正确的是(   )。

A.电压表的读数为 $\dfrac{nBS\omega}{\sqrt{2}}$

B.通过电阻 R 的电荷量为 $q = \dfrac{nBS}{2(R+r)}$

C.电阻 R 所产生的焦耳热为 $Q = \dfrac{n^2 B^2 S^2 \omega R\pi}{4(R+r)}$

D.当线圈由图示位置转过 $60°$ 时的电流为 $\dfrac{\sqrt{3}\,nBS\omega}{2(R+r)}$

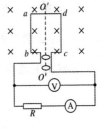

图10-3

[分析与解]

做好本题要明确几个概念:电压表读数是有效值,求电荷量用电流平均值计算,求焦耳热用有效值,线圈转到某位置时的电流是指瞬时值。图中电压表的有效值是路端电压的有效值,而 $\dfrac{nBS\omega}{\sqrt{2}}$ 是电源电动势的有效值,即内、外电压有效值的和,A 选项错误;由电量计算公式 $q = n\dfrac{\Delta\Phi}{R+r}$,先计算电量改变量,初始位置 $\Phi_1 = BS$,转过 $60°$ 时的磁通量为:

167

$\Phi_2 = BS\cos\dfrac{\pi}{3} = \dfrac{BS}{2}$，故有：

$q = n\dfrac{|\Phi_2 - \Phi_1|}{R+r} = n\dfrac{BS}{2(R+r)} = \dfrac{nBS}{2(R+r)}$，故 B 选项正确；而电阻上产生的热量是：

$Q = I^2Rt = (\dfrac{nBS\omega}{\sqrt{2}(R+r)})^2 R\dfrac{\frac{\pi}{3}}{\omega} = \dfrac{n^2B^2S^2\omega R\pi}{6(R+r)^2}$，故 C 选项错误；线圈由图示位置转过 60°时的电流是瞬时值，可写成：$i = \dfrac{nBS\omega}{R+r}\sin\omega t = \dfrac{nBS\omega}{R+r}\sin\dfrac{\pi}{3} = \dfrac{\sqrt{3}\,nBS\omega}{2(R+r)}$，故 D 选项正确。

答案：B、D

点拨：

在交变电流产生的过程中，要注意两个特殊位置的不同特点：

（1）线圈平面与中性面重合时，$S\perp B$，这时磁通量 Φ 最大，但$\dfrac{\Delta\Phi}{\Delta t} = 0$、$e = 0$、$i = 0$，电流方向将发生改变。

（2）线圈平面与中性面垂直时，$S/\!/ B$、$\Phi = 0$，但$\dfrac{\Delta\Phi}{\Delta t}$最大、$e$ 最大、i 最大，电流方向不发生改变。

第二讲　变压器　电能的输送

【考点导悟】

一、变压器原理

1. 构造和原理

（1）主要构造：由原线圈、副线圈和闭合铁芯组成。

（2）工作原理：互感现象。

2. 理想变压器的基本关系式

（1）电压关系：$\dfrac{U_1}{U_2} = \dfrac{n_1}{n_2}$

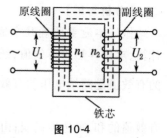

图 10-4

若 $n_1 > n_2$，为降压变压器；若 $n_1 < n_2$，为升压变压器。

（2）电流关系：$\dfrac{I_1}{I_2} = \dfrac{n_2}{n_1}$

只适用于只有一个副线圈的情况。

说明：① 如果变压器没有漏磁和能量损失，这样的变压器是理想变压器。② 变压器只能改变交变电流的电流和电压，不能改变恒定电流的电流和电压。

3. 互感器

（1）电压互感器：用来把高电压变成低电压。

（2）电流互感器：用来把大电流变成小电流。

二、电能的输送

1. 输电损耗

（1）功率损失：设输电电流为 I，输电线的电阻为 r，则功率损失为 $P_{损} = I^2 r$。

（2）减小输电损失的两个途径：

一是减小输电线的电阻：由电阻定律 $r = \rho \dfrac{L}{S}$ 可知，在输电距离一定的情况下，要减小电阻，应当用电阻率小的金属材料作输电线。此外，还要尽可能增加导线的横截面积。

二是减小输电导线中的电流：由 $P = UI$ 知，当输送功率 P 一定时，提高输电电压可以减小输电电流，进而有效地提高输电效率，如电压提高 10 倍，损失电功率将降为原来的 1% ，这是减小输电损失最有效的办法。因此，远距离采用高压输电。

2. 远距离高压输电

如图 10-5 是远距离高压输电示意图，对理想变压器，有如下基本关系：

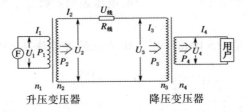

图 10-5

$P_1 = P_2 , P_2 = P_3 + P_{线} , P_3 = P_4 , I_2 = I_3$

$\dfrac{U_1}{U_2} = \dfrac{n_1}{n_2} , U_2 = U_{线} + U_3 , \dfrac{U_3}{U_4} = \dfrac{n_3}{n_4}$

3. 动态变化关系

当理想变压器原、副线圈匝数比确定以后，有如下关系：

（1）输入电压 U_1 决定输出电压 U_2 。

这是因为根据 $\dfrac{U_1}{U_2}=\dfrac{n_1}{n_2}$,当 U_1 不变时,U_2 也就确定下来了,无论负载电阻如何变化,U_2 都不会改变。

(2)输出电流 I_2 决定输入电流 I_1。

这是因为在输入电压 U_1 一定时,输出电压 U_2 也就完全确定,若负载电阻增大时,必有副线圈中的电流 I_2 减小,由 $\dfrac{I_1}{I_2}=\dfrac{n_2}{n_1}$ 知 I_1 也必减小;反之,当负载电阻减小时,I_2 增大,则 I_1 相应变大。

(3)输出功率 P_2 决定输入功率 P_1。

因为在输入电压 U_1 一定的情况下,U_2 也一定,而当负载电阻增大时,I_2 减小,由输出功率 $P_2=U_2I_2$ 知 P_2 减小,又输入功率 P_1 与输出功率 P_2 相等,故输入功率 P_1 也将减小;反之,当负载电阻减小时,I_2 增大,则 P_2 增大,输入功率 P_1 也增大。

【活题精析】

【例1】 在图 10-6 中①图是某燃气炉点火装置的原理图,转换器将直流电压转换为图 10-6 中②图所示的正弦交变电压,并加在一理想变压器的原线圈上,变压器原、副线圈的匝数分别为 n_1、n_2,其中 V 为交流电压表。当变压器副线圈电压的瞬时值大于 5000V 时,就会在钢针和金属板间引发电火花进而点燃气体。以下说法正确的是( )。

A.电压表的示数等于 $\dfrac{5}{\sqrt{2}}$V   B.电压表的示数等于 5V

C.点火的条件是 $\dfrac{n_2}{n_1}>1000$ D.点火的条件是 $\dfrac{n_2}{n_1}<1000$

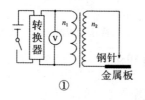
①

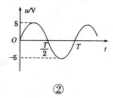
②

图 10-6

[分析与解]

解决此题的关键是要明确两个问题:一是电压表示数为电压有效值;二是产生电火花的条件是副线圈电压峰值大于 5000。根据②图可知,电压表的示数

为 $U_1 = \dfrac{U_{\max}}{\sqrt{2}} = \dfrac{5}{\sqrt{2}}$ V，故 A 选项正确、B 选项错误；当副线圈电压峰值为 5000V 时，

其有效值 $U_2 = \dfrac{U_{2\max}}{\sqrt{2}} = \dfrac{5000}{\sqrt{2}}$，故 $\dfrac{n_2}{n_1} = \dfrac{U_2}{U_1} = 1000$，要达到点火的条件，则必有

$\dfrac{n_2}{n_1} > 1000$，故 C 选项正确、D 选项错误。

答案：A、C

【例2】 在如图 10-7 所示的远距离输电线路中，已知升压变压器和降压变压器都是理想变压器，发电厂的输出电压和输电线的电阻均不变，则随着发电厂输出功率增大时，以下说法正确的是(　　)。

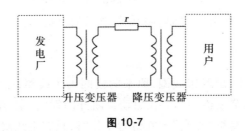

图 10-7

A. 升压变压器的输出电压增大

B. 降压变压器的输出电压增大

C. 输电线上损耗的功率增大

D. 输电线上损耗的功率占总功率的比例增大

[分析与解]

本题主要是考查变压器及远距离输电的基本知识及推理能力。不妨设升压、降压变压器的原、副线圈的匝数比分别为 n_1、n_2（定值），发电厂输出电压为 U_1（定值），输出功率为 P_1，由 $n_1 = \dfrac{U_1}{U_2}$ 知升压变压器的输出电压 U_2 不变，故 A 选项错误；又输电线中的电流为 $I_2 = \dfrac{P_1}{U_2}$，P_1 增加，U_2 不变，故 I_2 增加，因降压变压器的输入电压 $U_3 = U_2 - I_2 r_{线}$ 知 U_3 减小，又 $n_2 = \dfrac{U_3}{U_4}$ 知降压变压器输出电压 U_4 减小，故 B 选项错误；因输电线上损失功率 $P_{线} = I_2^2 r_{线}$，随着 I_2 增大而增大，故 C 选项正确；输电线上损耗功率占总功率的比例是 $\eta = \dfrac{I_2^2 r_{线}}{I_2 U_2} = \dfrac{I_2 r_{线}}{U_2}$，可见 I_2 增大，η 增大，故 D 选项正确。答案：C、D

【例3】 打开日光灯管的上盖，我们会看到里面有一个像变压器的元件，

它是镇流器而不是变压器。请说明镇流器的作用及其与变压器的区别。

[分析与解]

镇流器与启动器、日光灯管、开关串联,如图 10-8 所示,它主要有三方面的作用:一是在开启阶段,起限流作用;二是在启动器断开的瞬间,产生瞬间高压,使管内的气体被击穿,从而"点亮"日光灯管;三是在日光灯工作时,能起到稳定工作电流和电压的作用。

而变压器只是在原、副线圈之间起着电能传递的作用。不同的作用源于不同的结构:镇流器的铁芯是不闭合的,而是在铁芯上有一个空隙,通过改变夹在空隙间的介质的厚度,可实现调节线圈的自感系数大小,使镇流器满足电路的不同需求。但变压器的铁芯是闭合的,这是为了增强变压器的原、副线圈之间的互感耦合。

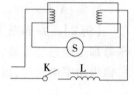

图 10-8

点拨:

新式镇流器有主、副两组线圈,原来的线圈为主线圈,副线圈是新增加的,又叫启动线圈,它与启动器串联。在启动器断开的瞬间,主、副线圈同时产生高压,使日光灯管更容易被"点亮"。在灯管工作时,只有主线圈在工作,起着镇流的作用。

单元检测十

1. 如图检 10-1 所示,理想变压器原、副线圈匝数比 $n_1 : n_2 = 4 : 1$,当导体棒向右匀速切割磁感线时,电流表 A_1 的读数是 12mA,则副线圈中的电流表 A_2 的读数应该为(   )。

A. 3mA

B. 0

C. 48mA

D. 与 R 阻值有关

检 10-1

2. 将一根硬导线中间部分折成不封闭的正方形,边长为 l,它在磁感应强度为 B、方向如图检 10-2 所示的匀强磁场中匀速转动,转速为 n,导线在 a、b 两处通过电刷与外电路连接,外电路中有额定功率为 P 的小灯泡并正常发光,电路中除小灯泡外,不计其他电阻,则小灯泡的电阻应为(   )。

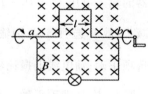

检 10-2

A. $\dfrac{2\pi nB^2 l^2}{P}$ 　　　　　B. $\dfrac{l^2 nB^2}{2P}$

C. $\dfrac{2\pi^2 n^2 B^2 l^4}{P}$ 　　　　D. $\dfrac{l^2 nB^2}{P}$

3. 在匀强磁场中,一矩形金属框绕与磁感线垂直的转轴匀速转动,如图检 10-3 中①图所示,产生的交变电动势如图检 10-3 中②图所示,则(　　)。

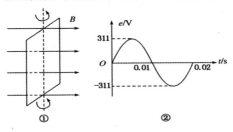

检 10-3

A. $t = 0.005$ s 时线框的磁通量变化率为零

B. $t = 0.01$ s 时线框平面与中性面重合

C. 线框产生的交变电动势有效值为 220V

D. 线框产生的交变电动势频率为 100Hz

4. 如图检 10-4 所示的电路中,A 是熔断电流为 2A 的保险丝,R 是可变电阻,s 是交流电源。交流电源的内电阻不计,其电动势随时间变化的规律是 $e = 220\sqrt{2}\sin 314t\,\mathrm{V}$,为了不让保险丝熔断,可变电阻的阻值应该大于(　　)。

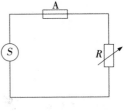

检 10-4

A. $110\sqrt{2}\,\Omega$ 　　　　B. $110\,\Omega$

C. $220\,\Omega$ 　　　　D. $220\sqrt{2}\,\Omega$

5. 如图检 10-5 所示的电路中,变压器为理想变压器,设交流电源 a、b 两端的电压是固定不变的,且 R_0 为定值电阻,R 是滑动变阻器。现将变阻器滑片从一个位置滑动到另一位置,观察到电流表 A_1 的示数增大了 0.2A,电流表 A_2 的示数增大了 0.8A,则下列说法正确的是(　　)。

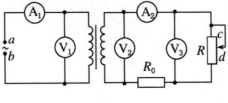

检 10-5

173

A. 电压表 V_1 示数增大

B. 电压表 V_2、V_3 示数均增大

C. 该变压器为降压变压器且变压比为 4

D. 变阻器滑片是沿 $c \rightarrow d$ 的方向滑动

6. 在图检 10-6 中,把电感线圈 L 与白炽灯串联起来,先把它接到直流电源上(图甲),再把它接到有效值相同的交流电源上(图乙),会看到什么现象? 说明理由。

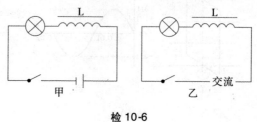

检 10-6

第十一章　热学

第一讲　分子动理论　内能

【考点导悟】

一、分子动理论

1. 物质是由大量分子组成的

(1)分子很小。

①分子模型有两种:一种是球形,另一种是立方体。分子直径或棱长的数量级是 10^{-10} m,分子质量的数量级是 10^{-26} kg。

②分子大小的测量办法:油膜法,$d = \dfrac{V}{S}$。

(2)阿伏加德罗常数。

①内涵:1mol 任何物质所含有的粒子数相同,其数值是:$N_A = 6.02 \times 10^{23}$ mol^{-1}。

②阿伏加德罗常数是联系微观量和宏观量的桥梁:

微观量是指分子体积 V_0、分子直径 d、分子质量 m。

宏观量是指物质的体积 V、摩尔体积 V_{mol}、物质的质量 M、摩尔质量 M_{mol}、物体的密度 ρ。

③各量关系如下:

分子的质量:$m = \dfrac{M_{mol}}{N_A} = \dfrac{\rho V_{mol}}{N_A}$

固体或液体分子的体积:$V_0 = \dfrac{V_{mol}}{N_A} = \dfrac{M_{mol}}{\rho N_A}$

固体或液体所含有的分子数:$n = \dfrac{V}{V_{mol}} N_A = \dfrac{M}{\rho V_{mol}} N_A$

2. 分子永不停息地做无规则运动

(1)扩散现象。

内涵:相互接触的不同物质的分子彼此进入对方的现象叫作扩散。

注意两点:

①扩散是由物质分子无规则运动产生的,也是物质分子永不停息地做无规则热运动的有力证据。

②扩散与温度有关,温度越高,扩散越快。

(2)布朗运动。

内涵:悬浮在液体(或气体)中的微粒做的无规则运动叫作布朗运动。

注意两点:

①产生原因:微粒受到周围液体(或气体)分子的撞击力不平衡,产生了布朗运动,微粒越小撞击就越不平衡,布朗运动就越显著,温度越高布朗运动越显著。

②布朗运动不是分子的运动,而是布朗微粒在运动,布朗微粒用肉眼看不见,必须借助显微镜才能观察到,但却是分子无规则热运动的反映。

3.分子间存在相互作用的引力和斥力

(1)分子间有空隙。

气体容易被压缩、扩散现象及酒精和水混合后总体积变小等事实都直接证明了分子之间存在着空隙。

(2)分子间有引力。

固体很难拉伸及液珠的形成等,这些事实都直接证明了分子间是存在着引力的。

(3)分子间有斥力。

压缩固体、液体时,物体内都产生了反抗压缩的弹力,这些现象直接证明了分子间有斥力存在。

(4)分子力随分子间距离的变化规律。

设 r_0 是引力和斥力相等时的间距,则有:当 $r = r_0$ 时,$F_引 = F_斥$,分子力为零;当 $r > r_0$ 时,$F_引 > F_斥$,分子力表现为引力;当 $r < r_0$ 时,$F_引 < F_斥$,分子力表现为斥力;当分子间距离的数量级大于 $10r_0$ 时,分子力变得很微弱,可忽略不计,气体分子间的距离一般大于 $10r_0$,因此可以忽略气体分子间的作用力,将它视为理想气体。

(5)分子动理论内容。

包括三个方面:物体是由大量分子组成的,分子在永不停息地做无规则热运动,分子之间同时存在着引力和斥力。

说明:虽然组成物质的分子是大量的,且各个分子的运动又是无规则的,但大量分子的集体行为遵从统计规律。

二、物体的内能

1.平衡态与状态参量

(1)平衡态:对于一个不受外界影响的系统,无论其初始状态如何,经过足够长的时间后,必将达到一个宏观性质不再随时间变化的状态,这种状态叫平衡态。

（2）描述系统的状态参量有压强 p、体积 V、温度 T。

2. 温度与温标

（1）温度:是表示物体的冷热程度,这是宏观意义。

为了定量描述温度,需要引入温标,常见温标有摄氏温标和热力学温标。

（2）两种温标关系: $T = t + 273\mathrm{K}$。

（3）温度的微观意义:温度是分子平均动能的标志,温度越高,分子的平均动能越大。写成公式: $\overline{E}_k = \dfrac{3}{2}kT$,其中 $k = 1.38 \times 10^{-23}\mathrm{J/k}$ 称为玻耳兹曼常数。此式表明分子的平均动能与热力学温度成正比。

（4）温度的统计意义:温度只具有统计意义,对单个或少数分子谈温度是没有意义的。

3. 内能

（1）分子平均动能。

内涵:物体内所有分子动能的平均值叫作分子热运动的平均动能。分子的平均动能与宏观上的物体运动的速度没有关系。

（2）分子势能。

①内涵:相互作用的分子之间由相对位置而决定的能,叫作分子势能。分子力做正功,分子势能减少;分子力做负功,分子势能增加。

②特点:具有相对性,若取无限远处为零势能点,则分子势能与分子间距离的关系,如图 11-1 所示,可见,平衡位置处分子势能最小。

（3）物体的内能。

内涵:物体中所有分子无规则热运动的动能与分子势能的总和叫作物体的内能。物体的内能由物质的量、温度、体积共同决定,同时受物态变化的影响。

注意:内能只具有统计意义,且与物体的机械运动状态无关。

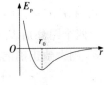

图 11-1

【活题精析】

【例1】 下列关于布朗运动的说法,正确的是（ ）。

A.布朗运动是液体分子的无规则运动

B.布朗运动是由于液体各部分的温度不同而引起的

C.液体温度越高,悬浮颗粒越小,布朗运动越明显

D. 布朗运动是由于液体分子从各个方向对悬浮颗粒撞击作用的不平衡性引起的

[分析与解]

布朗运动是悬浮小颗粒的无规则运动,不是液体分子的运动,故 A 选项错误;布朗运动是由于液体分子从各个方向对悬浮粒子撞击作用的不平衡性引起的,且液体的温度越高,悬浮颗粒越小,布朗运动越明显,故 B 选项错误,C、D 选项正确。

答案:C、D

【例2】 已知汞的摩尔质量为 $M = 200.5 \times 10^{-3} \mathrm{kg/mol}$,密度为 $\rho = 13.6 \times 10^3 \mathrm{kg/m^3}$,设阿伏加德罗常数 $N_A = 6.02 \times 10^{23} \mathrm{mol}^{-1}$。求:(1)一个汞原子的体积。(2)在体积 $V = 1\mathrm{cm}^3$ 的汞中含有汞原子的个数。

[分析与解]

估算固体或液体分子(或原子)的线度和质量,可以忽略分子(或原子)的间隙,这是估算一个分子(或原子)的体积及线度大小的基本方法。

(1)一个汞原子的体积为:

$$V_0 = \frac{V_{\mathrm{mol}}}{N_A} = \frac{M_{\mathrm{mol}}}{\rho N_A} = \frac{200.5 \times 10^{-3}}{13.6 \times 10^3 \times 6.02 \times 10^{23}} \mathrm{m}^3 \approx 2.4 \times 10^{-29} \mathrm{m}^3$$

(2)$1\mathrm{cm}^3$ 的汞中含有汞原子个数为:

$$n = \frac{\rho V}{M} \cdot N_A = \frac{13.6 \times 10^3 \times 1 \times 10^{-6}}{200.5 \times 10^{-3}} \times 6.02 \times 10^{23} \text{个} \approx 4.1 \times 10^{22} \text{个}$$

【例3】 甲分子固定在坐标原点 O,乙分子位于 x 轴上,甲分子对乙分子的作用力与两分子间距的关系如图 11-2 中图线所示。$F > 0$ 为斥力,$F < 0$ 为引力,A、B、C、D 为 x 轴上四个特定的位置。现把乙分子从 A 处由静止释放,选项中四个图分别表示乙分子的速度、加速度、分子势能、动能与两分子间距的关系,则大致正确的是( )。

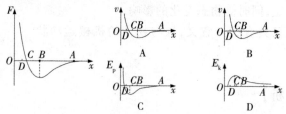

图 11-2

[分析与解]

由于乙分子在到达 C 点前两分子力表现为引力,乙始终处于加速阶段,显然 A 选项错误;加速度与力的大小成正比,方向与力方向相同,故 B 选项正确;乙分子从 A 处由静止释放到 C 过程中,分子引力始终做正功,分子势能在减小而动能增加,由 *C* 到 *D* 过程,克服分子力做功,势能增加,但不可能增大到正值,分子动能也不可能减为负值,故 C、D 选项均错误。

答案:B

【例4】 1kg 100℃的水和 1kg 100℃的水蒸气相比较,下列说法正确的是( )。

A.分子的平均动能和分子的总动能都相同

B.分子的平均动能相同,分子的总动能不同

C.1kg 100℃的水内能小于 1kg 100℃水蒸气的内能

D.1kg 100℃的水内能等于 1kg 100℃水蒸气的内能

[分析与解]

不论物质处于何种状态,只要温度相同,它们的分子平均动能就相同;又因为相同质量的水和水蒸气的物质的量相同,分子数相同,即它们的分子总动能相同,故 A 选项正确、B 选项错误;因为 100℃的水变成 100℃的水蒸气时,分子距离变大,克服分子力做功,分子势能增加,因此要吸收热量,可见,1kg 100℃的水的内能小于 1kg 100℃的水蒸气的内能,故 C 选项正确、D 选项错误。

答案:A、C

点拨:

比较物体的内能时,既要考虑物体的分子数目,又要考虑物体的温度和体积。要特别注意的是,当物体的物态发生变化时,有些物质虽然温度不改变,但因要吸热或放热,因此内能仍然会发生改变。

第二讲 固体 液体 气体

【考点导悟】

一、固体和液体

1.固体

(1)分类:晶体和非晶体两类。

石英、云母、明矾、食盐、味精、蔗糖等是晶体,而玻璃、蜂蜡、松香、沥青、橡胶等是非晶体。

二者的本质区别:晶体有确定的熔点,非晶体没有确定的熔点。

(2)晶体分类:单晶体和多晶体。

单晶体具有规则的几何形状,多晶体和非晶体没有规则的几何形状。

(3)晶体的特性:有些晶体沿不同方向的导热或导电性能不同,有些晶体沿

不同方向的光学性质不同,这类现象称为各向异性。非晶体和多晶体在各个方向的物理性质都是一样的,这叫作各向同性。金属是多晶体,因此它是各向同性的。

注意:

①只要具有各向异性的物质必定是晶体,而且是单晶体。

②只要具有确定熔点的物质必定是晶体;反之,是非晶体。

③晶体和非晶体在一定条件下是可以相互转化的。

2.液体

(1)液体分子间距及分子力:液体内部分子间的距离在 10^{-10} m 左右,比气体分子间距离小得多,液体分子间的作用力比固体分子间的作用力要小。

(2)液体的表面张力:液体表面层分子间距离较大,因此分子间的作用力表现为引力;液体表面存在表面张力,使液体表面绷紧,浸润与不浸润也是表面张力的表现。

3.液晶

液晶是一种特殊的物质,它既具有液体的流动性,又具有晶体的各向异性,液晶在显示器方面具有广泛的应用。

二、饱和汽　饱和汽压　相对湿度

1.饱和汽

在密闭容器中的液体,不断地蒸发,液面上的蒸汽也不断地凝结,当二者达到动态平衡时,宏观的蒸发现象停止,这种与液体处于动态平衡的蒸汽称为饱和汽。而没有达到饱和状态的蒸汽称为未饱和汽。

2.饱和汽压

在一定温度下饱和汽的分子密度是一定的,因而饱和汽的压强也是一定的,这个压强称作这种液体的饱和汽压,饱和汽压随温度的升高而增大。

3.相对湿度

在某一温度下,水蒸气的压强与同温度下饱和汽压的比,称为空气的相对湿度。

$$相对湿度 = \frac{水蒸气的实际压强\ p}{同温度下的饱和汽压\ p_s} \times 100\%$$

三、气体

1.气体分子间距与分子力

气体分子之间的距离是分子直径的 10 倍左右,因此,气体分子之间的作用力十分微弱,通常可以忽略不计。

2.气体分子的速率分布规律

呈现出"中间多、两头少",气体分子向各个方向运动的机会均等。

3.理想气体

理想气体是一种理想化的模型,这种模型的气体分子是自由地、杂乱地运动着的大多数弹性分子小球的集合,由于分子间没有作用力,无分子势能,所以理想气体的内能仅由温度和气体的物质的量来决定。特别指出的是在压力不太大、温度不太低的情况下,实际气体和理想气体的表现几乎完全一致。因此,通常的气体均可视为理想气体。

四、描述气体的状态参量

1. 温度(T)

宏观上表示物体的冷热程度,微观上标志着物体分子热运动的激烈程度。热力学温标(T)和摄氏温标(t)的关系是:

$$T = t + 273K$$

2. 体积(V)

气体体积的物理意义:气体分子所占据的空间,数值上等于盛装气体的容器的容积。

3. 压强(p)

(1)产生原因:大量气体分子无规则地运动碰撞器壁,对器壁产生持续的压力。其中作用在器壁单位面积上的压力叫作气体的压强。

(2)决定气体压强大小的因素:宏观上,取决于气体的温度和体积;微观上,取决于分子的平均动能和分子的密集程度。

(3)压强的单位:常用的单位是帕斯卡(Pa)

$$1Pa = 1N/m^2, 1atm = 760mmHg = 1.013 \times 10^5 Pa$$

4. 气体压强与大气压强的区别

密闭容器中气体的压强的产生,是由于大量做无规则热运动的气体分子对器壁频繁、持续地碰撞产生的,所以从分子动理论的观点来看,气体的压强就是大量气体分子作用在器壁单位面积上的平均作用力,或者说等于单位时间内器壁单位面积上所受气体分子碰撞的总冲量,可以写成公式为:

$p = n \cdot \Delta mv$。式中,n 是单位时间内与器壁的单位面积碰撞的分子数。

大气压强与封闭气体压强产生的机理不同:它是由于空气受到重力作用,紧紧包围地球而对浸在其中的物体产生的压强。如果没有地球的吸引,地球表面就没有大气,也就不会有大气压。据此,可以估算地球表面大气的总重量,即:

$G = p_0 \cdot 4\pi R^2$。式中,R 为地球半径。

五、气体状态变化的实验规律

1. 玻意耳定律

对一定质量的理想气体,压强与体积的乘积是一个常量。公式为:

$$pV = 恒量 \quad 或 \quad p_1 V_1 = p_2 V_2$$

这个定律从微观角度解释为,对一定质量的理想气体,分子的总数是一定的,在温度保持不变时,分子的平均动能保持不变,气体的体积减小到原来的几分之一,气体的分子密度就增大到原来的几倍,因此压强就增大到原来的几倍,所以气体的压强与体积成反比。

2. 查理定律

对一定质量的理想气体,压强与热力学温度的比值是一个常量。公式为:

$$\frac{p}{T} = 恒量 或 \frac{p_1}{T_1} = \frac{p_2}{T_2}$$

这个定律从微观角度解释为:对一定质量的理想气体,气体分子总数不变,因此气体体积 V 不变时,单位体积内的分子数不变。当气体温度升高时,由于气体分子的平均动能增大,则分子每次碰撞器壁产生的平均冲力增大,且由于速度的增大,单位时间内跟器壁单位面积碰撞的分子数也增多,因此气体压强 p 增大。

3. 盖-吕萨克定律

对一定质量的理想气体,体积与热力学温度的比值是一个常量。公式为:

$$\frac{V}{T} = 恒量 或 \frac{V_1}{T_1} = \frac{V_2}{T_2}$$

这个定律从微观角度解释为,对一定质量的理想气体,当温度升高时,气体分子的平均动能增加,分子每次碰撞器壁产生的平均冲力增大,要保持压强不变,必须减小单位体积内的分子个数,即增大气体的体积。

六、理想气体的规律方程

1. 理想气体的状态方程

一定质量的理想气体,压强与体积的乘积与热力学温度的比值等于恒量。

公式为:$\frac{pV}{T} = 恒量 或 \frac{p_1 V_1}{T_1} = \frac{p_2 V_2}{T_2}$

2. 克拉珀珑方程

反映了物质的量与物质三个状态参量的关系。

公式为:$\frac{pV}{T} = nR$

式中,$R = 8.31 J/K$;n 是摩尔数,$n = \frac{m}{M_{mol}}$。

推导过程如下:

根据状态方程得:$\frac{pV}{T} = \frac{p_0 \cdot nV_0}{T_0} = n \frac{p_0 V_0}{T_0}$,其中 p_0、V_0、T_0 分别是标准状况下气体的压强、摩尔体积和热力学温度。代入数值:$p_0 = 1.013 \times 10^5 N/m^2$,$V_0 = 22.4 \times 10^{-3} m^3$,$T_0 = 273K$ 得:

$$R = \frac{p_0 V_0}{T_0} = 8.31 \text{J/K}$$

3. 密度方程

反映了同一种气体的密度与压强、热力学温度的关系。公式：$\frac{p_1}{\rho_1 T_1} = \frac{p_2}{\rho_2 T_2}$

证明如下：

根据克拉珀珑方程得：$\frac{pV}{T} = \frac{m}{M_{\text{mol}}} \cdot R$，两边同时除以气体的质量 m 并利用

$\rho = \frac{m}{V}$ 得：$\frac{p}{\rho T} = \frac{R}{M_{\text{mol}}}$，等式右边是一个常数。可见，对于某种理想气体在不同状态

下压强与密度、热力学温度乘积的比值都相等。即：$\frac{p_1}{\rho_1 T_1} = \frac{p_2}{\rho_2 T_2}$

特别提醒：这个公式对变质量的理想气体也成立。

【活题精析】

【例1】 对一定质量理想气体，以下说法正确的是（   ）。

A. 如果体积减小，气体分子在单位时间内对单位面积器壁的碰撞次数一定增大

B. 如果分子密度增大，气体分子在单位时间内对单位面积器壁的碰撞次数一定增大

C. 如果温度升高，气体分子在单位时间内对单位面积器壁的碰撞次数一定增大

D. 如果压强增大，气体分子在单位时间内对单位面积器壁的碰撞次数可能增大

[分析与解]

气体分子在单位时间内对单位面积器壁的碰撞次数，是由单位体积内的分子数和分子的平均速率（或温度）共同决定的，而选项 A 和 B 都是单位体积内的分子数增大，但温度如何变未知，故无法确定分子的平均速率变化情况，因此选项 A、B 错误；同一种气体，温度升高，分子的平均动能变大，平均速率变大，但单位体积内的分子数变化情况未知，故 C 选项错误；压强变大，由公式 $p = n \cdot \Delta mv$ 可知，气体分子在单位时间内对单位面积器壁的碰撞次数可能增大也可能变小；若单位时间内对单位面积器壁的碰撞次数变小，一定是温度升高、速率变大，故只有 D 选项正确。

答案：D

【例2】 如图 11-3 所示，一根粗细均匀、内壁光滑的玻璃管竖直放置，现将

其两端密封,但上端留有一抽气孔。管内下部被活塞封住一定量的理想气体,气体的温度为 T_1,开始时,将活塞上方的气体缓慢抽出,当活塞上方的压强达到 p_0 时,活塞下方气体的体积为 V_1,活塞上方玻璃管的容积为 $2.6V_1$,活塞因重力而产生的压强为 $0.5p_0$,继续将活塞上方抽成真空并密封,整个抽气过程中管内气体温度始终保持不变,然后将密封的气体缓慢加热。求:

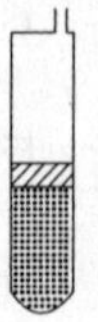

(1)活塞刚碰到玻璃管顶部时气体的温度。

(2)当气体温度达到 $1.8T_1$ 时气体的压强大小。

图 11-3

[分析与解]

(1)由题意知,当活塞上方的压强为 p_0 时,活塞下方气体的压强为 $1.5p_0$,体积为 V_1;当抽成真空时,下面气体的压强为 $0.5p_0$,设此时气体的体积为 V,由玻意耳定律得:$1.5p_0 \times V_1 = 0.5p_0 \times V$

解得:$V = 3V_1$

当抽成真空并缓慢加热,气体做等压膨胀,设活塞刚碰到玻璃管顶部时气体的温度为 T',则由盖-吕萨克定律得:$\dfrac{3.6V_1}{T'} = \dfrac{V}{T_1}$

将 $V = 3V_1$ 代入得:$T' = 1.2T_1$

(2)活塞碰到顶部后继续加热到 $1.8T_1$ 的过程,体积不再发生变化,设此时气体压强为 p_2,由查理定律得:$\dfrac{0.5p_0}{T'} = \dfrac{p_2}{1.8T_1}$

把 $T' = 1.2T_1$ 代入得:$p_2 = \dfrac{3}{4}p_0$

【例3】 如图 11-4 所示,粗细均匀的 Ⅱ型玻璃管内由一段水银柱封闭有一段空气柱。当温度为 $T_1 = 27℃$ 时,空气柱 AB 长度是 30cm、BC 长 10cm,管内水银水平部分 CD 长 18cm、竖直部分 DE 长为 15cm,外界大气压强为 $p_0 = 75cm$ 水银柱。求:要使水银完全被推进竖直管内,管内空气柱的温度至少要升高到多少度(设右管足够长,水银不会从管口流出)。

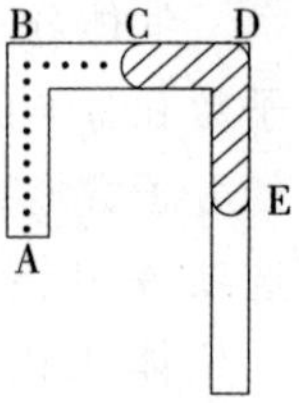

[分析与解]

解决本题的思路是先找出空气柱伸长量与温度的变化关系。为此,设管的截面积为 S,某时刻气体的温度为 T_2。气柱的状态1:

$p_1 = 75cm - 15cm = 60cm$,$V_1 = 40s$,$T_1 = 300K$

图 11-4

状态2:设水银向右推进 x,则气体压强 $p_2 = (60 - x)cm$,$V_2 = (40 + x)S$,由气态方程得:

$$\dfrac{60 \times 40}{300} = \dfrac{(60 - x) \times (40 + x)}{T_2}$$

解得：$T_2 = -\dfrac{1}{8}x^2 + \dfrac{5}{2}x + 300$

这是顶点在：

$$x = -\dfrac{b}{2a} = -\dfrac{\dfrac{5}{2}}{2 \times \left(-\dfrac{1}{8}\right)} \text{cm} = 10\text{cm}$$

开口向下的抛物线，故 T_2 有最大值，且 $T_{2\max} = 312.5\text{K}$，即 $39.5℃$，如图 11-5 所示。由图像可知，x 在 $(0,10)$ 内，随着 x 增加，温度 T_2 升高；而在 $(10,18)$ 内，x 增大，T_2 减小。我们把这一数学关系和物理过程结合起来分析：当温度升高至 312.5K 时，即使不再加温水银也会自动进入竖直管中。显然，最低温度不应是 $x = 18\text{cm}$ 时对应的温度值。因此，要使水银不在水平管内，空气柱温度至少要升高到 $39.5℃$。

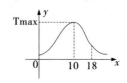

图 11-5

【例4】 如图 11-6 所示的均匀薄壁 U 形管，左管上端封闭，右管上端开口且足够长，管的截面积为 S，内装有密度为 ρ 的液体，右管内有一质量为 m 的活塞搁在固定卡口上，卡口与左管上端等高，活塞与管壁间无摩擦且不漏气，温度为 T_0 时，左、右管内液面等高且两管内空气柱长度均为 L，压强均等于外界大气压 p_0，设重力加速度为 g。现使左右两管温度同时缓慢升高，已知在活塞离开卡口上升前，左右两管液面保持不动，求：

(1)温度升高到多少时活塞开始离开卡口上升。

(2)温度升高到多少时两管液面高度差为 L。

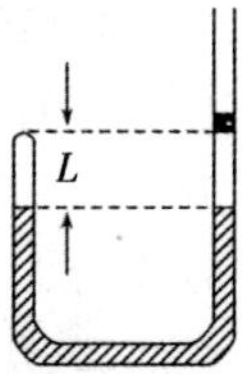

[分析与解]

(1)当活塞刚离开卡口时，对活塞由平衡条件得：

$$p_0 S + mg = p_1 S$$

对右管气体，在活塞刚离开卡口前体积不变。由查理定律得：

$$\frac{p_0}{T_0} = \frac{p_1}{T_1}$$

两式联立得：$T_1 = T_0\left(1 + \dfrac{mg}{p_0 S}\right)$

图 11-6

(2)当两管液面高度差为 L 时，左管气体长度为 $L + \dfrac{L}{2} = \dfrac{3}{2}L$，其压强为 p_2

$$= p_0 + \frac{mg}{S} + \rho g L$$

根据理想气体状态方程得：$\dfrac{p_0 L}{T_0} = \dfrac{p_2 \cdot \dfrac{3}{2} L}{T_2}$

两式联立得：$T_2 = \dfrac{3T_0}{2p_0}(p_0 + \dfrac{mg}{S} + \rho g L)$

点拨：

热学中的两团气通常是以某种形式相关联，要找出两团气之间的数量关系，常常要结合力学知识中的受力分析及平衡方程；同时，灵活运用一定质量的理想气体的变化规律是解决两团气问题的关键。

第三讲　热力学定律　能量守恒

【考点导悟】

一、改变内能的两种方式

1. 做功

外界对物体做了多少功，物体的内能就增加多少；物体对外界做了多少功，物体的内能就减少多少。

2. 热传递

（1）热传递方式有三种：传导、对流和辐射。

（2）物体从外界吸收了多少热量，物体的内能就增加多少；反之，物体向外界放出了多少热量，物体的内能就减少多少。

二、热力学第一定律

1. 内涵

反映了做功 W、传递热量 Q 与物体内能改变量之间的关系。

表达式为：$\Delta U = W + Q$

2. 公式说明

外界对物体做功，$W > 0$；物体对外界做功，$W < 0$。

物体从外界吸收热量，$Q > 0$；物体向外界放热，$Q < 0$。

内能增加，$\Delta U > 0$；内能减少，$\Delta U < 0$。

三、能量守恒定律

能量既不能凭空产生，也不能凭空消失，它只能从一种形式转化为另一种形式，或从一个物体转移到另一个物体，在转化和转移的过程中，能的总量保持不变。

意义：提示了第一类永动机不可能制成。

四、热力学第二定律

1. 预备知识

(1)热传导具有方向性:即热量只能自发地从高温物体传向低温物体;要实现反方向的过程,必须通过做功才能实现。

(2)热机:是一种将内能转化为机械能的装置,热机效率 $\eta = \dfrac{W}{Q}$,其中 W 为热机对外做的功,Q 为热机从热源吸收的热量。热机工作时,总有 $Q > W$,热机效率 $\eta < 100\%$。

(3)第二类永动机:从单一热源吸收热量,全部用来做功,而不引起其他变化的热机。

第二类永动机不违反能量守恒定律,但也不可能制成,因为机械能和内能的转化过程具有方向性,尽管机械能可以全部转化为内能,内能却不能全部转化为机械能而不引起其他变化。

2. 热力学第二定律的两种表述

表述一(克劳修斯表述):不可能使热量由低温物体传递到高温物体而不引起其他变化。

表述二(开尔文表述):不可能从单一热源吸收热量并把它全部用来做功而不引起其他变化。

【活题精析】

【例1】 关于热力学定律,以下说法正确的是(　　　)。

A. 为了增加物体的内能,必须对物体做功或向它传递热量

B. 对某物体做功,必然会导致物体内能增大

C. 可以从单一热源吸收热量,使之完全变为功

D. 不可能使热量从低温物体传向高温物体

E. 功转变为热的宏观过程是不可逆过程

[分析与解]

由热力学第一定律知,改变物体内能的方式有两种,分别是做功和热传递,故 A 选项正确、B 选项错误;由热力学第二定律知,从单一热源吸收热量使之完全变为功,但一定会引起其他变化,不引起其他变化不可能,故 C 选项正确;热量不能自发地从低温物体传向高温物体,但借助外界是可以实现这一过程的,如电冰箱通过消耗电能,将热量从低温的箱内传到高温的箱外,故 D 选项错误;一切与热现象有关的宏观自然过程都是不可逆的,故 E 选项正确。

答案:A、C、E

【例2】 如图 11-7 所示,在绝热汽缸内封闭着质量、体积和种类都相同的

两部分理想气体 A 和 B,它们中间用导热的固定隔板 P 隔开,若不导热的活塞 Q 在外力 F 作用下向外移动,则下列说法正确的是(　　)。

A.气体 B 压强减小,内能减小

B.气体 B 压强减小,内能不变

C.气体 A 压强减小,内能减小

D.气体 A 压强减小,内能不变

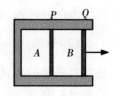

图 11-7

[分析与解]

当外力 F 向右拉动活塞时,由于气体 B 膨胀对外做功,使 B 气体内能减小,又气体是理想气体,故 B 气体的温度降低,由于 A、B 中间是导热隔板,所以 A 气体温度也降低,当二者热平衡时 A、B 温度都比原来低,内能都比原来小;对 A 气体,由于体积不变,温度降低,由查理定律知 A 气体的压强减小;对 B 气体,因体积变大,温度降低,由理想气体状态方程知 B 气体压强减小。因此,A、C 选项正确。

答案:A、C

【例3】　一定质量的非理想气体(分子间的作用力不可忽略),从外界吸收了 $4.2 \times 10^5 \mathrm{J}$ 的热量,同时气体对外做了 $6 \times 10^5 \mathrm{J}$ 的功,则有:

(1)气体的内能＿＿＿＿＿＿＿＿(填"增加"或"减少"),其变化量的大小为＿＿＿＿＿＿＿＿ J。

(2)气体的分子势能＿＿＿＿＿＿(填"增加"或"减少")。

(3)分子平均动能如何变化?

[分析与解]

做功和热传递同时发生时,内能的变化要用结合热力学第一定律综合分析。如气体体积增大,对外做功;体积减小,外界对气体做功;绝热过程中,将不发生热传递,$Q = 0$。

(1)因气体从外界吸收了热量,故 $Q = 4.2 \times 10^5 \mathrm{J}$,气体对外做功,故 $W = -6 \times 10^5 \mathrm{J}$,由热力学第一定律 $\Delta U = W + Q$,得:$\Delta U = W + Q = -1.8 \times 10^5 \mathrm{J}$,也就是说,物体内能减少了 $1.8 \times 10^5 \mathrm{J}$。

(2)因为气体对外做功,体积变大,分子间距离增大了,分子引力做负功,故气体的分子势能增加。

(3)因为气体内能减少、分子势能增加,由内能定义知,分子平均动能的减少量大于分子势能的增加量。

答案:(1)减少,$1.8 \times 10^5 \mathrm{J}$。(2)增加。(3)减少。

【例4】　如图 11-8 所示,一圆柱形绝热容器竖直放置,通过绝热活塞封闭着温度为 t_1 的理想气体,活塞的质量为 m,横截面积为 S,与容器底部相距 h_1。现通过电热丝

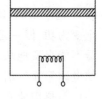

图 11-8

给气体缓慢加热一段时间,使其温度上升到 t_2,若这段时间内气体吸收的热量为 Q,已知大气压强为 p_0,重力加速度为 g,求:

(1)气体的压强。

(2)这段时间内活塞上升的距离。

(3)这段时间内气体的内能的变化量。

[分析与解]

(1)对活塞进行受力分析,如图 11-9 所示,由平衡条件得:

$$mg + p_0S = pS$$

即:$p = p_0 + \dfrac{mg}{S}$

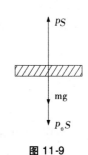

图 11-9

(2)设温度为 t_2 时活塞与容器底部相距 h_2,电热丝缓慢加热,气体做等压膨胀,由盖－吕萨克定律 $\dfrac{V_1}{T_1} = \dfrac{V_2}{T_2}$ 得:

$$\frac{Sh_1}{273 + t_1} = \frac{Sh_2}{273 + t_2}$$

解得:$h_2 = \dfrac{273 + t_2}{273 + t_1}h_1$

活塞上升的高度为:$\Delta h = h_2 - h_1 = \dfrac{t_2 - t_1}{273 + t_1}h_1$

(3)气体做等压膨胀,故气体对外做的功为:

$$W = -pS \cdot \Delta h$$

$$= -\left(p_0 + \frac{mg}{S}\right) \cdot S\frac{t_2 - t_1}{273 + t_1}h_1$$

$$= -(p_0S + mg)\frac{t_2 - t_1}{273 + t_1}h_1$$

由热力学第一定律:

$$\Delta U = Q + W = Q - (p_1S + mg)\frac{t_2 - t_1}{273 + t_1}h_1$$

点拨:

气体的综合习题,常常是气体与力学知识的综合问题,关键要注意四个方面:一是根据物理情境搞清绝热或吸放热情况;二是受力分析,然后用平衡条件或牛顿第二定律求某一状态参量;三是找到气体体积的变化与做功的关系;四是恰当利用热力学规律及能量守恒定律。

单元检测十一

1. 直立的绝缘容器中间有一个导热的隔板,上部装有 1mol 的某种气体、下部装有 2mol 的同种理想气体,上、下的温度相同,如图检 11-1 所示。若把隔板抽掉,则气体的温度将会( )。

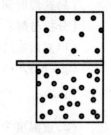

检 11-1

A. 降低

B. 升高

C. 不变

D. 不能确定

若器壁不是绝热的,抽去隔板并加热,使两气体充分混合,设在此过程中吸热为 Q,气体内能增加量为 ΔE,则二者的关系是 _____。

2. 有一个气泡从水池底部缓慢上升,气泡跟水不发生热传递,而气泡内气体的体积不断增加,则小气泡上升过程中内能会 _____。这是因为 _____

_____。

若水温上、下恒定,气泡跟水之间不绝热,则气泡缓慢上升过程中内能 _____。这是因为 _____。

3. 一定质量的理想气体,经过以下过程可实现的是( )。

A. 先等压膨胀,再等容降温,其温度必低于起始温度

B. 先等温膨胀,再等压压缩,其体积必低于起始体积

C. 先等容升温,再等压压缩,其温度可能等于起始温度

D. 先等容加热,再绝热压缩,其内能必大于起始内能

4. 已知铜的密度为 $8.9 \times 10^3 \text{kg/m}^3$,铜的原子量为 64,质子和中子质量均为 $1.67 \times 10^{-27} \text{kg}$,求:铜块中平均每个铜原子所占的空间体积为多少。

5. 一个钢筒的容积为 0.05m^3,盛有 10kg 的氧气,求:

(1)钢筒内有多少个氧分子?

(2)每个氧分子所占有的空间体积是多少?

(3)相邻氧分子间的距离是多少?

6. 晶须是一种发展中的高强度的材料,它是一些非常细的、非常完整的丝状(截面是圆形)晶体。现有一根铁晶,直径是 $D = 1.60 \mu\text{m}$,用了 $F = 0.0264\text{N}$ 的力才把它拉断,试估算拉断过程中最大的铁原子力 $f = ?$(已知铁的摩尔质量 $M_A = 56\text{g}$)

7. 如图检 11-2 所示,A、B 两个气缸中都装有体积为 10L、压强为 1 个标准

大气压、温度为 27℃ 的气体。已知 A 气缸截面积为 500cm^2，A、B 两气缸之间用
细管连接，体积不计，且各处没有摩擦。现将 B 气缸
中的气体温度升高到 127℃，若在这一过程中，保持 A
气缸中气体温度不变，要使细管中的活塞仍停在原来
位置，求 A 气缸中活塞应向右移动的距离是多少。并
说明 A 气缸中气体是吸热还是放热。

检 11-2

8. 在竖直放置的圆柱形容器内，用质量为 m 的活塞密封一部分气体，活塞
与容器壁间无摩擦滑动，容器的横截面为 S，现将整个装置放在大气压恒为 p_0
的空气中，开始时气体的温度为 T_0，活塞与容器底的距离为 h_0，如图检 11-3 所
示。当气体从外界吸收热量 Q 以后，活塞缓慢上升 d 后
再次平衡，问：

（1）外界的空气温度是多少？

（2）此过程中封闭气体的内能增加了多少？

检 11-3

第十二章　机械振动和机械波

第一讲　机械振动

【考点导悟】

一、机械振动

1. 概念

物体在某一中心位置附近所做的往复运动,其特征是往复运动。

2. 平衡位置

是振动过程的中心位置。在此位置,物体静止时合力等于零,因此也叫平衡位置。

3. 回复力

回复力是以效果命名的力,是使物体能够返回平衡位置的力,时刻指向平衡位置,可能是几个力的合力,也可能是某一个力,还可能是某一个力的分力提供。

二、简谐运动

1. 概念

物体在跟偏离平衡位置的位移大小成正比,并且方向总是指向平衡位置的回复力作用下的振动。

2. 描述简谐运动的物理量

(1)位移(x):由平衡位置指向振动质点所在处的有向线段,是矢量。

(2)振幅(A):振动物体离开平衡位置的最大距离,是标量。

(3)周期(T):物体完成一次全振动所需的时间。

周期公式:$T = 2\pi\sqrt{\dfrac{m}{k}}$

(4)频率f:单位时间内完成全振动的次数。

(5)周期与频率的关系:$f = \dfrac{1}{T}$

3. 对简谐运动的理解

简谐运动是一种最简单、最基本的运动,是物体在跟位移大小成正比,并且总是指向平衡位置的回复力作用下的振动,即回复力 $F = -kx$,加速度 $a = -\dfrac{kx}{m}$,"$-$"表示加速度方向与位移方向相反,总指向平衡位置。由此可知:

(1)简谐运动是在平衡位置附近做变速运动,在平衡位置时,速度最大,加速度为零;在最大位移处,速度为零,加速度最大。

(2)离开平衡位置的过程中,速度 v 和动能 E_k 均减小,位移 x、回复力 F、加速度 a、势能 E_p 均增大;向平衡位置运动过程中,速度 v 和动能 E_k 均增大,而位移 x、回复力 F、加速度 a、势能 E_p 均减小。

4.简谐运动的规律

(1)具有周期性:即做简谐运动的物体每经过一个周期或 n(n 为正整数)个周期后,能回到原来的位置。若振幅为 A,则一个周期内通过的路程为 $4A$,半个周期内通过的路程为 $2A$,因此在解决实际问题时要注意多解问题并能够写出通式。但要特别注意的是,由于起点不同,在小于半个周期内的时间里所通过的路程不能按此比例类推。

(2)具有对称性:做简谐运动的物体,具有相对平衡位置的对称性,如在平衡位置两侧对称点的位移大小、速度大小、加速度大小分别相等;不计空气阻力时,振动过程在平衡位置两侧的最大位移大小相等。

(3)物体做简谐运动过程中机械能守恒。

5.简谐运动的表达式

若从平衡位置处计时,做简谐运动的物体位移、速度、加速度与时间的关系分别是:

$$x = A\sin\omega t \qquad v = A\omega\cos\omega t \qquad a = -A\omega^2\sin\omega t$$

三、两种模型

1.水平弹簧振子

(1)做简谐运动的条件:弹簧质量不计,弹簧的形变在弹性限度内,无摩擦等阻力。

(2)回复力来源:弹簧弹力 $F = -kx$,x 是弹簧的形变量,"$-$"表示弹力方向与位移(弹簧的形变方向)相反。

(3)特点:

①平衡位置:$x = 0$,弹簧处于原长。

②固有周期:$T = 2\pi\sqrt{\dfrac{m}{k}}$,只与弹簧劲度系数和摆球的质量有关,与振幅无关。

(4)能量关系:动能与弹性势能相互转化,总机械能守恒。

2.单摆

(1)做简谐运动的条件:摆线轻且不可伸长,无摩擦等阻力,最大摆角

$\theta \leqslant 5°$。

（2）回复力的来源：单摆振动的回复力不是线的拉力与重力的合力，而是由重力的切线方向的分力提供。如图 12-1 所示，回复力大小为：

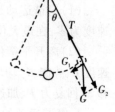

$$F = mg\sin\theta$$

在摆角 $\theta \leqslant 5°$ 时，$\sin\theta \approx \dfrac{x}{l}$，有：$F = \dfrac{mg}{l}x$，由于位移 x 与回复力的方向相反，可表示为：

图 12-1

$$F = -\frac{mg}{l} \cdot x$$

（3）单摆周期公式：令 $k' = \dfrac{mg}{l}$，得 $F = -k'x$，代入简谐运动周期公式得：

$$T = 2\pi \sqrt{\frac{m}{k'}} = 2\pi \sqrt{\frac{l}{g}}，于是有：$$

单摆周期公式为：$T = 2\pi \sqrt{\dfrac{l}{g}}$

可见，单摆的周期与摆长、当地的重力加速度有关。

（4）平衡位置受力特点：在平衡位置处，回复力为零，但合外力不为零。

在平衡位置：$T - mg = m\dfrac{v^2}{R}$，因速度 v 最大，因此，在平衡位置处摆线中张力最大。

四、简谐运动的图像

1. 简谐运动图像的意义

表示振子的位移随时间变化的规律——按正弦或余弦规律变化。

2. 由图像可获得的信息

（1）直接读出振幅 A 和周期 T。

（2）确定某一时刻振动质点相对平衡位置的位移。

（3）判定任一时刻振动质点的速度方向及加速度方向。

（4）判定某一段时间内振动质点的位移、速度、加速度、动能、势能的大小及其变化情况。

五、阻尼振动和受迫振动

1. 阻尼振动

振幅逐渐减小的振动，叫作阻尼振动。

2. 无阻尼振动

振幅大小不变的振动。

3.受迫振动

物体在周期性变化的驱动力作用下的振动。

注意:物体做受迫振动时,振动稳定后的频率等于驱动力的频率,跟物体的固有频率无关。

六、共振

1.概念

当驱动力频率与物体的固有频率相等时,受迫振动的振幅最大,这种现象叫作共振。

2.产生共振的条件

驱动力的频率等于物体的固有频率,即 $f_{驱}=f_{固}$。

3.共振曲线

表示振动的幅度与驱动力频率关系的曲线,从图 12-2 可以看出,当驱动力的频率等于物体的固有频率时振幅最大。

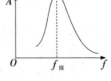

4.共振的利用和防止

(1)利用共振:使驱动力的频率接近或等于振动系统的固有频率。

(2)防止共振:使驱动力的频率远离振动系统的固有频率。

图 12-2

【**活题精析**】

【**例1**】 简谐运动的振动图线可用下述方法画出:如图 12-3 中①图所示,在弹簧振子的小球上安装一支绘图笔 P,让一条纸带在与小球振动方向垂直的方向上匀速运动,笔 P 在纸带上画出的就是小球的振动图像。取振子水平向右的方向为振子离开平衡位置位移的正方向,纸带运动的距离代表时间,得到的振动图线如图 12-3 中②图所示。请回答下列问题:

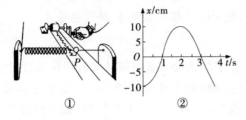

图 12-3

(1)为什么必须匀速拖动纸带?

(2)刚开始计时时,振子处在什么位置? $t=17\text{s}$ 时振子相对平衡位置的位移及运动方向。

（3）若纸带运动的速度为2cm/s，振动图线上1、3两点间的距离是多少？

（4）振子在_____时刻负方向速度最大；在_____时刻正方向加速度最大；2.8s时振子正在向_____方向运动，速度在_____（填变大或变小）。

[分析与解]

（1）只有纸带做匀速运动，才有 $x = vt$，即位移与时间成正比，这样才能用纸带通过的位移表示时间。

（2）由图像知 $t = 0$ 时，振子在平衡位置左侧最大位移处；$t = 17$s，又 $T = 4$s，故 $t = 4T + \frac{1}{4}T$，与 $\frac{1}{4}T$ 在同一位置，即位移为0，向右运动。

（3）1、3两点时间间隔 $\Delta t = 2$s，$v = 2$cm/s，故间距 $\Delta x = v\Delta t = 2 \times 2$cm $= 4$cm。

（4）由图像看出，$\frac{3}{4}T = 3$s 末负方向速度最大，考虑到周期性，在满足 $t = nT + \frac{3}{4}T$（$n = 0,1,2,3,\cdots\cdots$）的时刻负方向速度最大；在 $t = 0$ 或 $t = 4$s 末时正方向加速度最大，考虑到周期性应该是满足 $t = nT$（$n = 0,1,2,3,\cdots\cdots$）的时刻正向加速度最大；在 $t = 2.8$s 时，向 $-x$ 方向运动，速度在变大。

答案：（1）在匀速运动条件下，位移与时间成正比，可以用纸带通过的位移表示时间。

（2）左侧最大位移；位移是零；向右运动。

（3）4cm。

（4）$t = nT + \frac{3}{4}T$（$n = 0,1,2,3,\cdots\cdots$）；$t = nT$（$n = 0,1,2,3,\cdots\cdots$）；$-x$，变大。

【例2】 一弹簧振子，振幅为 A，下列说法正确的是（　　　）。

A. 在一个周期 T 内，振子的位移一定是零，路程一定是 $4A$

B. 在半个周期内，振子的位移一定是 $2A$，路程一定是 $2A$

C. 在 $\frac{T}{4}$ 时间内，振子的位移可能是零，路程可能小于 A

D. 在 $\frac{T}{4}$ 时间内，振子的位移一定是 A，路程也是 A

[分析与解]

经过一个周期，振子的运动状态相同且回到原位置，所以位移一定是零，路程一定是 $4A$，选项 A 正确；由于简谐运动是一种变加速运动，在平衡位置速度最大，最大位移处速度最小，所以经过半个周期，振子的位移不一定是 $2A$，有可能是零，但根据对称性知路程一定是 $2A$，故 B 选项错误；在 $T/4$ 时间内，振子的位移可能是零，路程可能小于 A、也可能大于 A，故 C 选项正确、D 选项错误。

答案：A、C

【例3】 一摆长为 l 的单摆挂在水平向右以加速度 a 加速运动的小车上，

现将摆球拉离其相对车静止的位置一个小的角度,则小球就以相对车静止的位置左右摆动起来,如图 12-4 所示。设当地的重力加速度为 g,求此单摆的振动周期。

[分析与解]

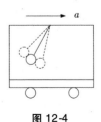

图 12-4

这是一个单摆模型,解决问题的方法是利用等效法。当摆球相对车静止时,摆线上的拉力大小为 F,则根据牛顿第二定律可求出摆线上的拉力大小为:

$$F = \sqrt{(mg)^2 + (ma)^2} = m\sqrt{g^2 + a^2}$$ 等效重力加速度为:

$g' = \dfrac{F}{m} = \sqrt{g^2 + a^2}$,代入单摆周期公式得:

$$T = 2\pi\sqrt{\dfrac{l}{\sqrt{g^2 + a^2}}}$$

【例 4】　某单摆的周期为 2s,则此单摆一昼夜做多少次全振动?若有一只结构和它完全相仿的另一个摆钟,由于摆长略有差异,致使一昼夜快了 5min,则该钟一昼夜做全振动多少次?

[分析与解]

(1)一昼夜是 24h,合 $t = 24 \times 3600\text{s}$,而单摆完成一次全振动的时间即周期是 $T_0 = 2\text{s}$,所以全振动次数为 $N_0 = \dfrac{t}{T_0} = \dfrac{24 \times 3600}{2} = 43200$ 次

(2)无论摆钟准确还是或快或慢,摆钟每完成一次全振动,摆钟所显示的时间是相同的,即指针走的格数相同,故有:$\dfrac{t_0}{N_0} = \dfrac{t}{N}$,于是有:

$$\dfrac{24 \times 60}{43200} = \dfrac{24 \times 60 + 5}{N}$$

解得:$N = 43350$ 次

点拨:

摆钟的快慢是由摆钟的周期大小引起的,若摆钟的周期 T 大于准确钟的周期 T_0,则为慢钟;若摆钟的周期 T 小于准确钟的周期 T_0,则为快钟。解决摆钟问题的关键是要知道摆钟的机械结构。根据摆钟的机械结构和工作原理可知,无论摆钟准确与否,摆钟每完成一次全振动,摆钟所显示的时间是相同的,即指针走的格数相同,可写成:$\dfrac{t_0}{N_0} = \dfrac{t}{N}$。式中,$t_0$ 是标准时间;t 是钟面上显示的时间。明确这一关系,就可以很方便地处理相关问题了。

第二讲　机械波

【考点导悟】

一、机械波

1. 概念

机械振动在介质中的传播,形成机械波。

2. 产生条件

必须有振源和能传播振动的介质。

3. 波的形成

可以把介质看成是由大量质点构成的,相邻质点间有相互作用力,当介质中某一质点发生振动时,就会带动周围的其他质点振动起来,使振动由近向远处传播而形成机械波。

4. 横波与纵波

(1)横波:质点的振动方向跟波的传播方向垂直的波,它有凸部(波峰)和凹部(波谷)。

(2)纵波:质点振动方向与波的传播方向在同一条直线上的波叫纵波,它有密部和疏部。

二、描述机械波的物理量

1. 波长(λ)

机械振动在一个周期内传播的距离叫波长。在横波中,两个相邻的波峰(或波谷)间的距离等于波长;在纵波中,两个相邻的密部(或疏部)间的距离等于波长。

2. 周期(T)与频率(f)

波的周期(T)或频率(f)等于波源的振动周期或振动频率,且不随介质的不同而变化,是由振源决定的。

3. 波速(v)

(1)概念:波在介质中传播的速度。机械波的传播速度只与介质有关,也就是说,在同一种均匀介质中,各种频率的机械波的波速是相同的,是由介质决定的。

(2)公式:$v = \dfrac{\lambda}{T} = \lambda f$

注意:①公式 $v = \dfrac{\lambda}{T} = \lambda f$,对机械波、电磁波都适用。②机械波由一种介质进入另一种介质时,频率 f(或周期)不会发生改变。

三、对机械波的理解

(1)对简谐波而言,介质中各质点振动的振幅、周期、频率都相同,只是振动步调不同。

(2)离波源近的质点带动离波源远的质点依次振动,即前面的质点带动后面的质点,运动形式向后传。

(3)各质点只在各自的平衡位置附近振动,并不向波的传播方向迁移。

(4)所有质点开始振动的方向都与波源的起振方向相同。

(5)对横波而言,振动方向与传播方向的关系是:当波向左传时,波形左面坡上的各质点向上运动,右面坡上各点向下运动,即左传左上(右下);当波向右传时,波形右面坡上各点向上运动,左面坡上各点向下运动,即右传右上(左下),见图12-5中①、②图所示。

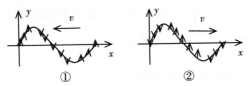

图 12-5

(6)在沿着波的传播方向上,相隔一个波长 λ 或 $n\lambda$($n=1,2,3\cdots$)的两点,振动步调总是相同的;而相隔半个波长 $\dfrac{\lambda}{2}$ 或 $(2n+1)\dfrac{\lambda}{2}$($n=0,1,2,3\cdots$)两点,振动步调总相反。

正是由于波的周期性,波动问题常出现多解情况。大体可归纳为下面几种:

①传播方向不确定出现多解。

②时间的周期性带来的多解。

③两质点间的空间位置的周期性带来的多解,以及几种情况的综合带来的多解等。因此,我们解题时一定要注意多解问题,不要丢解。

四、机械波的图像

1.图像

在平面直角坐标系中,用横坐标表示介质中各质点的平衡位置,用纵坐标表示某一时刻,各质点偏离平衡位置的位移,连接各位移矢量的末端,得出的曲线即为波的图像,简谐波的图像是正弦(或余弦)曲线。如图12-6所示。

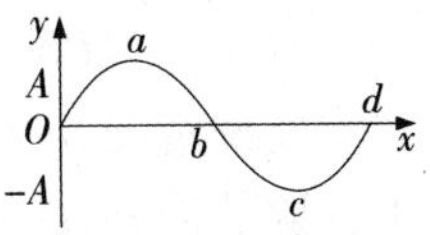

2.物理意义

反映的是某一时刻介质中各质点相对平衡位置的位

图 12-6

移,进而获取波动的相关信息,具体表现为:

(1)该时刻各质点的位移、振幅及波长。

(2)由波速方向,确定各质点的振动方向。

(3)由质点振动方向,确定波的传播方向。

(4)已知波速可求周期或频率。

(5)根据波速方向,画波形图。

五、波的独立传播与叠加

1. 波的独立传播原理

两列波在相遇过程中和相遇后,和两列波相遇前比较各自的运动状态不发生改变,叫作波的独立传播原理。

2. 波的叠加原理

几列波相遇时,每列波能够保持各自的状态继续传播而不互相干扰,只是在重叠的区域里任一质点的总位移等于各列波分别引起的位移的矢量和。

六、波的干涉

1. 干涉现象

频率相同的两列波叠加,使某些区域的振动加强,某些区域的振动减弱,而且振动加强的区域和振动减弱的区域相互间隔,这种现象叫作波的干涉。干涉形成的图样叫作干涉图样。如图 12-7 所示。

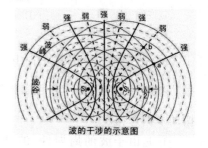

波的干涉的示意图

图 12-7

2. 产生稳定干涉的必要条件

两列波的频率相同、振动方向相同。

3. 振动加强和减弱的条件

在两波源振动步调相同的情况下,如果某点到两波源的距离之差等于波长的整数倍,则该点的振动是加强的;如果某点到两波源的距离之差是半波长的奇数倍,则该点的振动是减弱的。若两波源振动步调相反,条件对调。

4. 对干涉图样的定量分析

设 S_1 和 S_2 是两个完全相同的波源,P 是波所在区域内的一点,如图 12-8 所示。若 P 是振动加强点,则满足条件:

$$|PS_1| - |PS_2| = n\lambda \,(\text{其中 } n = 0, \pm1, \pm2, \pm3\cdots)$$

特殊情况,$n = 0$ 时,振动加强点在 S_1、S_2 连线的中垂线上。除此而外,n 每取一对值(如 ±1),就对应一个双曲线,且双曲线是以 S_1、S_2 为焦点,以 $(\pm\dfrac{|n\lambda|}{2}, 0)$ 为顶点。

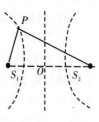

图 12-8

同理,若 P 是振动减弱点,满足条件:

$$|PS_1| - |PS_2| = (2n+1)\frac{\lambda}{2} \text{（其中 } n = 0, \pm 1, \pm 2, \pm 3\cdots)$$

这时的双曲线仍以 S_1、S_2 为焦点,但顶点为($\pm |(2n+1)\frac{\lambda}{4}|,0$)。

由此看来,每一族振动加强点或振动减弱点都是双曲线,这些双曲线相互间隔,构成了干涉图样。

应该强调指出的是:

(1)振动加强的区域和振动减弱的区域的位置是固定不变的,且是有限的、可确定的。

(2)振动加强和振动减弱分别是指振幅大和小,即 $|A_1 + A_2|$ 和 $|A_1 - A_2|$,而不是指某时刻振动位移的大和小。

七、波的衍射现象

1.定义

波在传播过程中偏离原来的直线传播绕过障碍物的现象叫作波的衍射。

2.产生明显衍射的条件

障碍物或孔的尺寸比波长小或差不多。

八、多普勒效应

1.多普勒效应

由于观察者与波源之间有相对运动,使观察者感受到的波的频率发生变化,这种现象叫作多普勒效应。

(1)当波源向观察者靠近或观察者向波源运动时,觉察到的频率高于波的实际频率。

(2)当波源远离观察者或观察者远离波源时,观察到的频率低于波的实际频率。

2.多普勒效应的产生条件

观察者与波源之间发生相对运动。

强调两点:一是各种波都能发生多普勒效应;二是发生多普勒效应时,波源的实际频率不发生任何变化,只是观察者接收到的频率(即觉察到的频率)高于或低于实际频率。

【活题精析】

【例1】　关于振动和波的关系,以下说法正确的是(　　)。

A.如果波源停止振动,在介质中传播的波也立即停止

B.物体做机械振动,一定产生机械波

C.波在介质中传播的频率由波源决定,与介质的性质无关

D.波源振动得越快,波的速度也越大

[分析与解]

波源停止振动,介质中已经振动起来的质点有一定的能量,要继续振动一段时间,波也要继续传播一段时间才停止,故 A 选项错误;产生机械波的条件是有机械振动和传播振动的介质,故 B 选项错误;波的频率由波源决定,与介质无关,故 C 选项正确;波源振动快慢和波的传播速度是两个不同的概念,而波速和介质有关,故 D 选项错误。

答案:C

【例2】 一列向右传播的简谐波,第一次形成如图 12-9 所示的波形,波速是 $v = 0.6\text{m/s}$,P 点的横坐标是 $x = 0.96\text{m}$,从图中的状态开始计时,求:

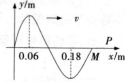

图 12-9

(1)经过多长时间 P 点开始振动,方向如何。

(2)经过多长时间 P 点第一次到达波谷。

(3)经过多长时间 P 点第二次到达波峰。

[分析与解]

本题是考查振动与波动的一道综合习题,掌握振动与波动的关系是关键。

(1)波头在图中的 M 点,其振动信息传播到 P 所需的时间为 $t_1 = \dfrac{|MP|}{v}$

$= \dfrac{0.96 - 0.24}{0.6}\text{s} = 1.2\text{s}$,根据振动与波动的关系知图中波头 M 点此时正在向下运动。

(2)M 点再经过 $\dfrac{1}{4}T$ 到达最低点。其中:

$$T = \frac{\lambda}{v} = \frac{0.24}{0.6}\text{s} = 0.4\text{s}$$

因此,P 点第一次到达波谷的时间是:

$$t_2 = t_1 + \frac{1}{4}T = 1.2\text{s} + \frac{1}{4} \times 0.4\text{s} = 1.3\text{s}$$

(3)P 点第二次到达波峰的时间是:

$$t_3 = t_1 + 1\frac{3}{4}T = 1.2\text{s} + \frac{7}{4} \times 0.4\text{s} = 1.9\text{s}$$

【例3】 如图 12-10 所示,在同一种均匀介质中,有 S_1、S_2 两个波源,这两个波源的频率和振动方向均相同,且振动步调一致。已知两波源间距是波长 λ 的 2 倍,即 $S_1S_2 = 2\lambda$,现以 S_1、S_2 连线的中点 O 为中心,以 λ 为半径画圆,问在该圆周上除 S_1、S_2 两波源外,有几个振动加强点?

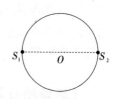

图 12-10

[分析与解]

要确定振动加强点的个数,首先要确定振动加强线的个数。方法是:在 S_1、S_2 连线上取一点 P,令 $S_1P = x$,则有:

$S_2P = 2\lambda - x$

因为 P 振动加强点,必有:

$|S_1P| - |S_2P| = 2x - 2\lambda = n\lambda$

又 $0 < x < 2\lambda$

两式联立解得:$-2 < n < 2$

即:$n = -1, 0, 1$

这表明在 S_1、S_2 两点之间有三条振动加强线,而每条振动加强线与圆周有两个交点,所以圆周上有六个振动加强点,如图 12-11 所示。

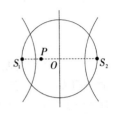

图 12-11

【例4】　简谐横波沿 x 轴正方向传播,已知轴上 $x_1 = 0$ 和 $x_2 = 1$m 处的两个点的振动图像如图 12-12 中(A)、(B)图所示,求波的传播速度。

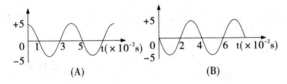

图 12-12

[分析与解]

解决此题的关键是要找到 $x_1 = 0$ 和 $x_2 = 1$m 两个点在波形图中的位置关系,根据(A)图知 $x_1 = 0$ 的点,在 $t = 0$ 的时刻处于最高点,由(B)图知 $x_2 = 1$m 的点在同一时刻处于平衡位置向下运动,因此两质点间的距离符合 $x_1x_2 = n\lambda + \dfrac{3}{4}\lambda$,其中 $n = 0, 1, 2, 3\cdots$

又因为 $x_1x_2 = 1m$,两式联立得:$\lambda = \dfrac{4}{4n+3}$m

根据 $v = \dfrac{\lambda}{T}$,又 $T = 4 \times 10^{-2}$s,得:

$v = \dfrac{100}{4n+3}$m/s。式中,$n = 0, 1, 2, 3\cdots$

点拨:

波动问题经常出现多解,主要原因有:

(1)传播方向不确定出现多解。

(2)时间的周期性带来的多解。

（3）两质点间的空间位置的周期性带来的多解。

（4）以上几种情况的综合带来的多解等。解题时一定要多加注意，把各种情况考虑周全以免丢解。

单元检测十二

1. 一个弹簧振子沿 x 轴做简谐运动，取平衡位置 O 为 x 轴坐标原点，从某时刻开始计时，经过四分之一周期，振子具有沿 x 轴正方向的最大加速度。在图检 12-1 中，能正确反映振子位移 x 与时间 t 关系的图像是（   ）。

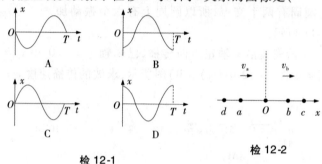

检 12-1

2. 如图检 12-2 所示，弹簧振子在振动过程中，振子从 a 到 b 历时 0.2s，振子经 a、b 两点时速度相同，若它从 b 再回到 a 的最短时间为 0.4s，则该振子的振动频率为（   ）。

A. 1 Hz   B. 2.5 Hz   C. 2 Hz   D. 1.25 Hz

3. 一洗衣机在正常工作时非常平稳，当切断电源后，发现先是振动越来越剧烈，然后振动逐渐减弱，对这一现象下面说法正确的是（   ）。

①正常工作时，洗衣机波轮的运动频率大于洗衣机的固有频率。②正常工作时，洗衣机波轮的运动频率小于洗衣机的固有频率。③当洗衣机振动最剧烈时，波轮的运转频率等于洗衣机的固有频率。④当洗衣机振动最剧烈时，固有频率最大。

A. ①、④   B. ①、③   C. ②、③   D. ②、④

4. 有一个天体的半径为地球半径的 2 倍，平均密度与地球相同，在地球表面走时准确的摆钟移到该天体表面上，秒针走一圈的实际时间为多少？

5. 一列简谐横波沿 x 轴正向传播，在 $t = 0$ 时刻的波形如图检 12-3 所示，M 为介质中的一个质点，该波的传播速度为 40m/s，则 $t = \dfrac{1}{40}$ s 时正确说法是（   ）。

A. 质点 M 对平衡位置的位移一定为负值

B. 质点 M 的速度方向与对平衡位置的位移方向相同

C. 质点 M 的加速度方向与速度方向一定相同

D. 质点 M 的加速度方向与对平衡位置的位移方向相反

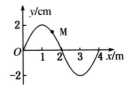

检 12-3

6. 在直线 OM 上有 A、B 两个声源,直线 PQ 与 OM 垂直,如图检 12-4 所示。A、B 分别距 O 点为 6m 和 1m,两声源发出的声波 $\lambda = 2m$ 的完全相同的波,求直线 PQ 上从 $-\infty$ 到 $+\infty$ 的范围内听不到声音的区域共有几处。

检 12-4

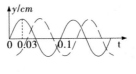

检 12-5

7. 一列简谐横波沿水平直线传播,该直线上的 a、b 两点相距 4.42m,如图检 12-5 中的实、虚线分别表示平衡位置在 a、b 两点处的振动曲线,求波的传播速度。

8. 有两列简谐波 a、b 在同一媒质中沿 x 轴正方向,其波长分别是 2.5m 和 4m,波速均为 $v = 2.5 \mathrm{m/s}$,在 $t = 0$ 时,两列波的波峰正好在 $x = 2.5 \mathrm{m}$ 处重合,如图检 12-6 所示。求 $t = 0$ 时,两列波的波峰重合处的所有位置。

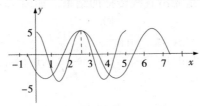

检 12-6

第十三章　光　电磁波

第一讲　光的折射　全反射

【考点导悟】

一、光的直线传播

1. 光源

光源是能够自行发光的物体。光源发光的过程是将其他形式的能转化为光能的过程,因此,光在介质中的传播实际上是能量的传播。

2. 光沿直线传播的条件

光在同一种均匀介质中,沿直线传播。

如光在真空中的传播速度 $c = 3.0 \times 10^8$ m/s,光在折射率为 n 的介质中传播速度 $v = \dfrac{c}{n}$,因为 $n > 1$,故光在介质中的传播速度总小于 c。

3. 日食和月食现象

日食和月食现象都是光沿直线传播的结果。如图 13-1 所示。

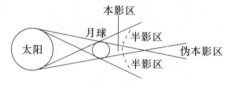

图 13-1

当人们处于月球的本影区时,能看到日全食;处于月球的半影区时,能看到日偏食;处于月球的伪本影区时,能看到日环食。由于地球上不同区域的人在白天里可同时处于月球的本影区和半影区或半影区和伪本影区,故地球上不同区域的人可同时看到日全食和日偏食或日偏食和日环食现象。应该注意的是,不可能同时看到日全食和日环食现象。

发生月食时,是地球挡住了射向月球的光线,当月球全部进入了地球的本影区时,人们会看到月全食;当月球有一部分进入本影区时,人们可看到月偏食;注意不存在月环食的情况。

二、光的折射

1. 折射现象

所谓光的折射,是指光从一种介质进入另一种介质时,在两种介质的分界面上光路发生改变的现象。

2. 折射定律的内容

(1)折射光线与入射光线、法线在同一平面内。

(2)折射光线与入射光线分别位于法线两侧。

(3)入射角的正弦和折射角的正弦成正比,即 $\dfrac{\sin\theta_1}{\sin\theta_2}=n$。

3. 折射率

光从真空射入某种介质发生折射时,入射角的正弦与折射角正弦之比,叫作这种介质的折射率。

公式:$n=\dfrac{\sin\theta_1}{\sin\theta_2}$

4. 对折射率的理解

(1)折射率是由介质本身及光的频率共同决定的,而与入射角、折射角的大小无关。

(2)折射率与光速的关系:

介质的折射率数值上等于光在真空中的速度与光在这种介质中的速度之比,即 $n=\dfrac{c}{v}$。

5. 光疏介质与光密介质

我们知道,任何介质的折射率都大于1,折射率越大,表明光在其中传播速度越小。在光学中常常要比较两种介质的这种属性,就把折射率大的介质叫光密介质,把折射率小的介质叫光疏介质。

6. 视深度

在岸上看水底,底变浅了,而在水中看岸上的树,树变高了,这是光折射产生的结果。若水深为 h,则岸上的人垂直水面向下看,水的深度为 $\dfrac{h}{n}$(设水的折射率为 n)。证明如下:

做出从水底 S 发出的两条光线,一条垂直射出水面,另一条入射角小于5°,两条折射光线的交点即为 S 的像点 S',如图13-2所示。

在 $\Delta AS'O$ 中,$\tan\alpha=\dfrac{OA}{OS'}$

在 ΔASO 中，$\tan r = \dfrac{OA}{OS}$

所以，$\dfrac{\tan\alpha}{\tan r} = \dfrac{OS}{OS'}$

因 α、r 都小于 $5°$，故：

$\tan\alpha = \sin\alpha$，$\tan r = \sin r$

联立得视深度为：

$$OS' = \dfrac{h}{n}$$

对此可以总结为：

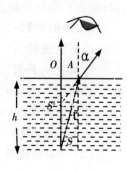

图 13-2

（1）在岸上看水底，底变浅，浅了 $h - \dfrac{h}{n} = h(1 - \dfrac{1}{n})$，这一结果具有一般性，见图 13-3 所示。

人隔着透明介质看下面 L 处的点光源，光源变浅了，浅了 $h - \dfrac{h}{n} = h(1 - \dfrac{1}{n})$，这时视深度为 $L + \dfrac{h}{n}$。

（2）人在水中看岸上的树，树变高了，视高为 nh。

应该注意的是，上述结论成立的条件是视线垂直水面或接近垂直水面时的情况。

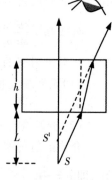

图 13-3

三、全反射

1. 定义

光从光密介质射向光疏介质，当入射角增大到某一角度，使折射角达到 $90°$ 时，折射光完全消失，只剩下反射光的现象。

2. 临界角

指折射角等于 $90°$ 时的入射角。临界角用 C 表示，则 $\sin C = \dfrac{1}{n}$。

3. 产生全反射的条件

首先光是从光密介质射向光疏介质；其次是入射角大于或等于临界角。

只有这两个条件全满足时，才能产生全反射现象。光导纤维就是运用了光的全反射原理。

【活题精析】

【例1】 如图 13-4 所示，一束白光通过玻璃棱镜发生色散现象，下列说法正确的是( )。

A.红光的偏折最大,紫光的偏折最小

B.紫光在玻璃中的传播速度比红光的大

C.玻璃对红光的折射率比对紫光的大

D.红光的偏折最小,紫光的偏折最大

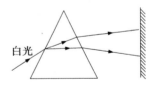

[分析与解]

这是一道关于白光色散的问题。白光通过玻璃

图 13-4

棱镜会发生色散是由于各种色光在玻璃中的折射率

不同。在可见光中,玻璃对紫光的折射率最大,因此紫光在玻璃中的偏折最大,

在图中对应的是最下面的光。再根据公式 $n = \dfrac{c}{\lambda}$ 可知,紫光在玻璃中的传播速

度小。故 D 选项正确。

答案:D

【例2】 如图 13-5 所示,空中有一只鸟,距离水面高度为 $h_1 = 3m$,其正下

方距离水面 $h_2 = 4m$ 的深处水中有一条鱼,已知水的折射率 $n_{水} = \dfrac{4}{3}$,求鸟看到

鱼离它多远、鱼看到鸟离它多远。

[分析与解]

鸟和鱼的眼睛分别处于两种不同的介质中,根据折

射产生的视差规律可知,鸟看到鱼离它的距离为:

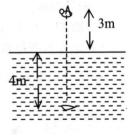

$$L_1 = h_1 + \frac{h_2}{n} = 6m$$

鱼看到鸟离它的距离为:

$$L_2 = h_2 + nh_1 = 8m$$

图 13-5

二者看到的彼此间距不同,是由于光的折射产生的

一种视觉差异。

【例3】 平面镜前靠放着一个厚度为 d、折射率为 n 的玻璃砖,有一个点光

源 S 位于距玻璃砖为 L 处,求它经过平面镜所成的像的位置。

[分析与解]

做出点光源 S 发出的两条光线,让其中一条与玻璃砖垂直,另一条与之靠

近,如图 13-6 所示。由于光线 SA 经过玻璃砖折射后射到平面镜上,对平面镜

而言,这条光线好像来自 AB 和 SO 的反向延长线的交点 S′,根据光的反射定律

可知,点光源 S 经平面镜反射后所成的像点 S″与 S′关于平面镜对称,而与 S 不

对称。

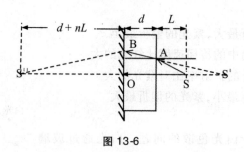

图 13-6

根据折射规律知,在光线 SA 很靠近 SO 时,在玻璃砖中逆着折射光线 AB 看过去,光源 S 的"视距"(即 S′到玻璃砖的距离)为 nL,因此光源 S 经过平面镜所成的像在平面镜的后面距离平面镜为 $d+nL$ 处。

由此可见,在有介质介入平面镜成像问题时,表面看来是不对称的,但实际上是不对称中包含着对称规律。

【例 4】 在一个玻璃立方体的正中心,有一点光源,现欲在立方体的表面镀上不透明薄膜,使从光源发出的光直接射到界面上而不能透出立方体。求镀膜面积与立方体表面积之比的最小值(已知该玻璃的折射率为 $\sqrt{2}$)。

[**分析与解**]

如图 13-7 所示,画出从玻璃立方体中心 O 点发出的一条光线,它在界面上的入射角为 θ,折射角为 α,根据折射规律,必有:

$\dfrac{\sin\alpha}{\sin\theta}=n$,当 $\alpha=90°$时,发生全反射,则此时:

$$\sin\theta=\frac{1}{n}=\frac{1}{\sqrt{2}} \qquad ①$$

设刚好发生全反射的点构成的圆的半径为 R,由几何关系,有:

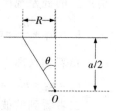

图 13-7

$$\sin\theta=\frac{R}{\sqrt{R^2+\dfrac{a^2}{4}}} \qquad ②$$

①、②式联立得:$R=\dfrac{a}{2}$

依题意,立方体每个表面所镀膜的最小面积是半径为 R 的圆面,又立方体有六个面,每个面上均要镀膜,故镀膜的最小面积 S' 与玻璃立方体表面积 S 之比:

$$\frac{S'}{S}=\frac{\pi R^2}{a^2}=\frac{\pi}{4}$$

点拨：

在几何光学中,光的直线传播、光的折射、全反射等规律的理解及运用,要注意结合生活实际,同时要正确画出并利用光路图。

第二讲　光的干涉和衍射

【考点导悟】

一、光的干涉

1.干涉现象

两列频率、振动方向相同的光波相叠加,在某些区域出现光被加强,某些地方出现光被减弱,并且加强和减弱的区域总是相互间隔的现象叫光的干涉现象。

2.双缝干涉

用单色光进行的双缝干涉实验若双缝处两列光的振动情况完全相同,则在光屏上距双缝的路程差为光波波长整数倍的地方被加强,将出现明条纹;光屏上距双缝的路程差为光波半波长奇数倍的地方光被减弱,出现暗条纹。

3.杨氏双缝干涉实验

杨氏最先在1801年得到两列相干的波源,并且最早以明确的形式确立了光波迭加原理,并用光的波动性解释了干涉现象。如图13-8所示。

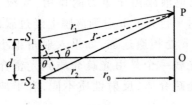

图 13-8

下面对双缝干涉实验进行分析：

设两波源相距为 d,在满足 $r_0 \gg d$ 和 $r \gg \lambda$ 情况下有：

$$\Delta r = r_2 - r_1 \approx d\sin\theta$$

设 y 是观察点 P 到中央 O 的距离,在角度很小的情况下, $\sin\theta \approx \tan\theta = \dfrac{y}{r_0}$,因此,出现亮条纹的位置满足条件：

$$d\frac{y}{r_0} = n\lambda, \text{即} : y = n\frac{r_0}{d}\lambda \ (n = 0, \pm 1, \pm 2\cdots) \qquad ①$$

同理,出现暗条纹的位置是:

$$y = (2n+1)\frac{r_0}{2d}\lambda\,(\,n = 0,\,\pm 1,\,\pm 2\cdots\,)\qquad\qquad②$$

由①式或②式可得相邻两条明纹或暗条纹间的距离为:

$$\Delta y = \frac{r_0}{d}\lambda\qquad\qquad③$$

根据上述分析,可知干涉图样具有如下规律:

(1)相邻两条亮条纹或暗条纹的间距都是相等的,与干涉条纹的位置无关。

(2)对一定波长的入射光,相邻条纹间距与 r_0 成正比、与 d 成反比。因此,减小 d 或增大 r_0 会使图样更清楚。

(3)当 r_0、d 一定时,相邻两条亮条纹或暗条纹的间距与波长 λ 成正比。由于在可见光范围内,红光的波长最大,故红光相邻亮条纹或暗条纹间距最大。

(4)用白光作光源,除 $n=0$ 的中央亮条纹外,其余各级亮条纹都带有各种颜色,且不同级数的各颜色条纹相互重叠。由于可辨认的条纹数目很少,故一般用单色光作光源。

4.薄膜干涉

是由薄膜前后两个表面的反射光束相遇叠加而形成的。

在阳光照射下,我们能看到肥皂泡上色彩缤纷的条纹,这是由于白光在薄膜上产生的干涉现象。

以单色光为例进行分析:

如图13-9所示,肥皂液膜由于重力的作用,变成了上薄下厚的楔形膜。当入射平行光 a、b 射到薄膜上经过膜的前后两个面反射,在出射点 c 处相遇迭加,如果入射角很小,并考虑到在两个反射面上光线一个是由光疏介质到光密介质、另一个是由光密介质到光疏介质,反射性质不同,有半波损失,这时有:

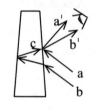

图 13-9

当 $2nh = (2j+1)\dfrac{\lambda}{2}$ 时,c 处出现亮条纹;当 $2nh = j\lambda$ 时,c 处出现暗条纹。其中 j 叫干涉级,$j = 0,1,2,3\cdots$

式中,n 是液膜的折射率,h 是 c 处液膜的厚度。

由于液膜上各点的厚度不同,故液膜上各点条纹的明暗不同。当液膜很薄且光线入射角不大时,可认为干涉条纹定域于薄膜表面,是一些平行于楔劈棱的明暗相间的条纹。

若用白光照射液膜,我们将看到彩色的干涉条纹。不仅如此,薄膜的油脂和金属表面上极薄的氧化层,也都会显示出灿烂的干涉条纹,只不过因为薄膜的厚度变化不均匀,故条纹是不规则的。

5.干涉现象应用

(1)检测平面。

在磨制光学元件时,必须检验光学表面的质量,通常做法是在被检测的表面放一个透明的标准样板,并在一侧垫上薄片,使二者之间形成一个楔形的空气薄膜,如图 13-10 所示。如果用单色平行光从上面照射,则入射光从楔形空气膜的上、下表面反射出两列光波,于是从反射光中就能看到光的干涉条纹。如果被检测表面是平整的,那么空气膜厚度相同的各点干涉产生的明暗点就位于同一条直线上,即干涉条纹是平行的;如果被检测面上凸凹不平,干涉条纹就发生弯曲,如图 13-11 所示。

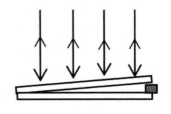

图 13-10

如 P 处空气膜厚度大,将和 P 右侧产生同级干涉线,故干涉条纹向下凹陷。相反,Q 处空气膜厚度小,将和 Q 左侧产生同级干涉线,使干涉线向上凸。因此,从干涉条纹的弯曲方向和程度可以掌握被检测面的粗糙情况,这种测量的精度可达到 10^{-6} cm。

(2)镀膜光学元件。

比较复杂的光学系统,如摄影机和电影放映机的镜头、潜望镜等都是由许多透镜、棱镜等光学元件组成,对这样由多个光学元件组成的系统,光能的反射损失约占 50%,除此而外,光在透镜表面上的反射还会造成杂散光,严重影响成像的质量。为减少光在光学元件上的反射,可利用薄膜的干涉相

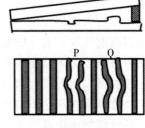

图 13-11

消来减少反射光,在光学元件表面镀上透明的介质薄膜,也叫增透膜。

与增透膜相反,另一种镀膜是为了增加对某一光谱区内的反射能量,如反射镜镀膜。这种膜称为反射膜。

除了增透膜和反射膜外,还可以镀各种性能的多层高反射膜、彩色分光膜、冷光膜等。

二、光的衍射

1.光的衍射

光绕过障碍物偏离直线传播的路径而进入障碍物的几何阴影中的现象叫光的衍射。

2.产生明显衍射的条件

只有当障碍物的尺寸跟光的波长相差不多,甚至比光的波长还小的时候,

衍射现象才会明显。

三、光的干涉与衍射的区别与联系

光的干涉与衍射现象都是光的波动性的表现,也是光具有波动性的证据,二者有区别又相互联系。

(1)区别:首先是发生条件不同。光的干涉现象只有在符合一定的条件时才能发生;而衍射现象却总是存在的,是光波传播的基本形式,只有明显和不明显之分。其次是干涉和衍射图样不同。如双缝干涉的条纹的间距是均匀的,且从中央明纹向两侧明纹的亮度变化很小;而单缝衍射的条纹间距是不均匀的,中央明纹最宽、最亮,越往两侧条纹宽度明显减小且亮度明显减弱。

(2)联系:干涉和衍射的本质都是波的相干叠加的结果,只是参与相干叠加的对象不同。干涉是有限几束光的叠加,而衍射则是无穷多次波的相干叠加。前者是粗略的,因为它忽略了每一束光的衍射,把它近似地用几何光学直线传播的模型来替代;而后者则是精细的。总之,干涉和衍射现象是本质上统一,但在形成条件、分布规律又略有不同的同一类现象。

四、光的直线传播与衍射

光的衍射现象是指光偏离直线传播而进入几何阴影区并在屏幕上出现光强不均匀分布的现象。但光波通常看来是沿直线传播的,这是怎么回事呢?

通过前面的学习,我们已经知道衍射现象能否被观察到,取决于障碍物或孔的线度与波长大小的对比。只有在障碍物或孔的线度和波长可以相比拟时,衍射现象才会明显地表现出来。比如,声波的波长可以达到几十米,无线电波的波长可以达到几百米,它们遇到的障碍物通常小于波长,因而在传播途中可以绕过障碍物到达不同的角落。而可见光的波长只有 $4 \times 10^{-7} \sim 7 \times 10^{-7}$ m,一般的障碍物或孔都远大于它,因而通常都显现出光以直线传播,很难观察到光的衍射现象。但实际上,光通过单孔照射到屏幕上,仔细观察可以发现屏上的明亮区域比根据光沿直线传播所估计的总要大很多,而且还出现了明暗不均匀分布的照度。这个平常的现象说明光的衍射现象的存在。

根据惠更斯-菲涅耳原理,任意时刻波面上每一点都是次波的波源,各自发出球面次波,所有各点所发次波在某一给定观察点的叠加。当波面完全不遮蔽时,所有次波在任何观察点叠加的结果就形成光的直线传播;如果波面上某些部分被遮蔽,以至于这些部分发出的次波不能到达观察点,叠加时缺少了这部分次波的参加,便产生了明暗相间的衍射条纹。至于衍射现象是否显著,就和障碍物的线度有关系了。

由此可见,衍射现象是光的波动性的最基本的表现,是光传播的基本形式,而光的直线传播不过是衍射现象的极限情况而已。

【活题精析】

【例1】 如图 13-12 所示是双缝干涉实验装置,使用波长为 600nm 的橙色光照射单缝 S,在光屏中央 P 处观察到亮条纹,在位于 P 点上方的 P_1 点出现第一条亮纹的中心,现改用波长为 400nm 的紫光照射单缝,则（　　　）。

A. P 和 P_1 仍为亮点 　　　　B. P 为暗点,P_1 为亮点

C. P 为亮点,P_1 为暗点 　　　　D. P、P_1 均为暗点

〔分析与解〕

根据题意,从单缝 S 射出的光波被 S_1、S_2 两缝分成两束相干光,这时,光屏上某点出现亮纹还是暗纹,取决于这点到双缝的路程差是波长的整数倍还是半波长的奇数倍。

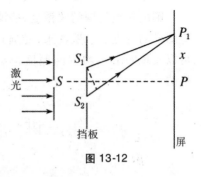

图 13-12

由于屏中央点 P 到双缝 S_1、S_2 距离相等,因此,无论用什么颜色的光,波长多大,P 点都是其中央亮纹的中心。又因 P_1 是橙色光的第一级亮条纹,即 $P_1S_2 - P_1S_1 = \lambda_橙 = 600\text{nm}$,当换用波长为 400nm 的紫光时,$P_1S_2 - P_1S_1 = 3 \times \dfrac{\lambda_橙}{2}$,这说明用紫光照射时,两列光到达 P_1 点时振动方向刚好完全相反、相互削弱,将出现暗条纹。因此,只有 C 选项正确。

答案:C

【例2】 为减少可见光谱中心波长 $\lambda_0 = 5.5 \times 10^{-7}\text{m}$（绿光）反射,给镜片镀上一层 MgF_2（$n = 1.38$）透明薄膜,如图 13-13 所示,求该镀膜的最小厚度。

〔分析与解〕

要减少光在光学元件上的反射,可利用薄膜的干涉相消来减少反射光。由于光在两个反射面上均由光疏到光密介质,因此没有半波损失问题,出现干涉相消的条件是 $2nh = (2j+1)\dfrac{\lambda}{2}$。

当 $j = 0$ 时膜最薄,故 $h = \dfrac{\lambda}{4n} = 0.996 \times 10^{-7}\text{m}$

因此,镀膜最小厚度大约为万分之一毫米。

【例3】 如图 13-14 所示,①、②两幅图是由

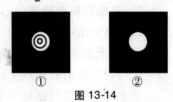

① ②

图 13-14

单色光分别入射到圆孔而形成的图样,其中图①是光的＿＿＿＿（填"干涉"或"衍射"）图样,由此可以判断出图①所对应的圆孔的孔径 ＿＿＿＿（填"大于"或"小于"）图②所对应的圆孔的孔径。

[分析与解]

在图①中出现明暗相间的条纹,这是发生了衍射现象的结果,说明孔的尺寸比光波波长小或跟波长差不多;图②是圆形亮斑,不是衍射图样,说明光是沿直线传播的,可判断出孔的尺寸比光波波长大。

答案:衍射;小于。

点拨:

解决这类问题的关键是,搞清产生干涉和明显衍射现象的条件并掌握其对应图样的特点。一般说来,光通过较大的圆孔照射到屏幕上,只有仔细观察才可以发现明暗不均匀的照度,这说明衍射现象不明显,可认为光是沿直线传播的。

第三讲　光的偏振及电磁波

【考点导悟】

一、光的偏振

1. 偏振

横波只沿某一特定的方向振动,称为波的偏振。

2. 自然光

在与光波传播方向垂直的平面内光振动（指 E 的振动）沿各个方向振动强度都相同。如:由太阳、电灯等普通光源发出的光都是自然光。

3. 偏振光

在与光波传播方向垂直的平面内只有沿着某一个稳定方向振动的光,如自然光经偏振片后的光就是偏振光。

4. 应用

利用偏振片摄影、观看立体电影等。

二、电磁场和电磁波

1. 麦克斯韦电磁场理论

(1)变化的磁场产生电场,具体如下:

①均匀变化的磁场产生稳定的电场。

②非均匀变化的磁场产生变化的电场。

③振荡的磁场产生同频率振荡的电场。

（2）变化的电场产生磁场，具体如下：

①均匀变化的电场产生稳定的磁场。

②非均匀变化的电场产生变化的磁场。

③振荡的电场产生同频率振荡的磁场。

2. 电磁场

变化的磁场产生电场，变化的电场产生磁场，变化的电场和变化的磁场总是相互联系着，形成一个不可分离的统一体，这就是电磁场。

3. 电磁波

（1）概念：电磁场由近及远地向周围空间传播，就形成电磁波。

（2）电磁波的特点：

①电磁波的传播不需要任何介质，这一点与机械波是不同的。电磁波在真空中传播的速度最大，且波速 $c = 3 \times 10^8 \text{m/s}$。

②电磁波是横波，能够产生干涉、衍射、反射、折射及偏振等现象。

（3）电磁波的发射：

①发射条件：足够高的频率和开放电路。

②调制的分类：调幅和调频。

（4）电磁波的接收：

①调谐：使接收电路产生电谐振的过程。

②解调：使声音或图像信号从高频电流中还原出来的过程。

（5）电磁波谱：

按照波长从大到小的次序排列有：

无线电波→微波→红外线→可见光→ 紫外线→X 射线→Y 射线 。

【活题精析】

【例1】 下列关于电磁波的说法正确的是（   ）。

A. 只要有电场和磁场，就能产生电磁波

B. 电磁波在真空和介质中传播速度相同

C. 均匀变化的磁场能够在空间产生电场

D. 电磁波在同种介质中只能沿直线传播

[分析与解]

正确理解麦克斯韦电磁理论及电磁波的传播，是解题的关键：如果电场（或磁场）的变化是均匀的，将产生的磁场（或电场）是恒定不变的，但不能再产生新的电场（或磁场），所以不能形成电磁波，故 A 选项错误、C 选项正确；电磁波的传播速度跟介质有关,频率由波源决定,同一频率的电磁波在不同介质里的波长不同,由 $v = \lambda f$ 知,波在不同介质中的传播速度不同,故 B 选项错误;又因电磁波发生衍射现象时,不再沿直线传播,故 D 选项错误。

答案:C

【例2】 有关电磁波和声波,下列说法错误的是( )。

A.电磁波的传播不需要介质,声波的传播需要介质

B.由空气进入水中传播时,电磁波的传播速度变小,声波的传播速度变大

C.电磁波是横波,声波也是横波

D.由空气进入水中传播时,电磁波的波长变短,声波的波长变长

[分析与解]

电磁波本身就是一种物质,它的传播不需要介质,电磁波的波速与介质及频率都有关系。而声波的传播需要介质,故 A 选项正确;电磁波由空气进入水中时,传播速度变小,但声波在水中的传播速度比其在空气中大,故 B 选项正确;电磁波的传播方向与 E、B 两个振动矢量的方向都垂直,是横波,而声波是纵波,因此 C 选项错误;电磁波由空气进入水中传播时,波速变小,波长变短,而声波由空气进入水中时,波速变大,波长变长,故 D 选项正确。

答案:C

【例3】 下面列出一些医疗器械的名称和这些器械运用的物理规律。请你将相应的字母填写在运用这种现象的医疗器械后面的空格上。

(1)X 光机 _____。

(2)紫外线灯_____。

(3)理疗医用"神灯"照射伤口,可使伤口愈合得较好。这里的"神灯"是利用_____。

A.X 射线具有很强的贯穿力

B.紫外线具有很强的荧光作用

C.紫外线具有杀菌消毒作用

D.光的全反射

E.红外线波长较长,易发生衍射

F.红外线具有显著的热效应

[分析与解]

(1)X 光机是用来透视人体内器官的,因此需要具有较强穿透力的电磁波,但又不能对人体造成太大伤害,因此采用了穿透能力比较强又不会给人体造成太大的伤害的 X 射线,故选 A。

(2)紫外线灯主要是用来杀菌的,它应用的是紫外线的杀菌作用而非荧光作用,故选 C。

（3）"神灯"又叫红外线灯,主要是用于促进局部血液循环,它是利用红外线的热效应,故选 F 。

答案:(1)A。(2)C。(3)F。

【例4】 已知地球质量 $M = 6.0 \times 10^{24} kg$,地球的半径 $R = 6400km$,万有引力常量 $G = 6.67 \times 10^{-11} N \cdot m^2 / kg^2$。如果一个人用通信卫星转发的无线电波与对方通话,那么在他讲完话后,至少要经过多长时间才能听到对方回话?

[分析与解]

通信卫星是同步卫星,它相对地面是静止不动的,其运行周期 $T = 24h = 24 \times 3600s = 8.64 \times 10^4 s$。设通讯卫星离地面的高度为 h,如图 13-15 所示,因地球对它的万有引力充当向心力,故有:

$$G \frac{Mm}{(R + h)^2} = m \left(\frac{2\pi}{T} \right)^2 (R + h)$$

$$h = \sqrt[3]{\frac{GMT^2}{4\pi^2}} - R \approx 3.6 \times 10^7 m$$

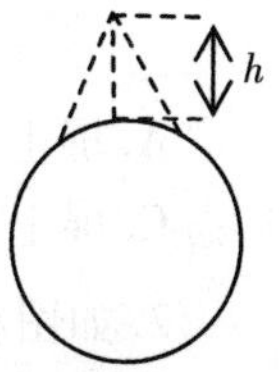

发话人和听话人的最近距离是 $x = 2h$,发话人将电磁波发过去,对方再发来电磁波的总时间就是所求的时间。

图 13-15

$$t = \frac{4h}{c} = \frac{4 \times 3.6 \times 10^7}{3 \times 10^8} s = 0.48s$$

答案:0.48s

【例5】 在某空间出现了如图 13-16 所示的一组闭合的电场,这可能是(　　)。

A.沿 AB 方向磁场在迅速增强

B.沿 AB 方向磁场在迅速减弱

C.沿 BA 方向磁场在迅速增强

D.沿 BA 方向磁场在迅速减弱

[分析与解]

由麦克斯韦电磁场理论知,闭合回路中磁通量变化时,闭合回路中将产生感应电流,因感应电流方向和电场线方向一致,故可用楞次定律进行判断,易得 B、C 选项正确。

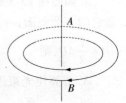

图 13-16

答案:B、C

点拨:

由麦克斯韦电磁场理论知,闭合电路中产生感应电流,这是因为闭合电路中电荷受到了电场力的作用,而变化的磁场产生电场,与是否存在闭合电路无关,磁场变化产生的电场方向,仍然可用楞次定律进行判断。

单元检测十三

1. 实验表明,可见光通过三棱镜时,各色光的折射率 n 随波长 λ 的变化符合科西经验公式: $n = A + \dfrac{B}{\lambda^2} + \dfrac{C}{\lambda^4}$,其中 A、B、C 是正的常量,太阳光进入三棱镜后发生色散的情形。如图检 13-1 所示。则（　　）。

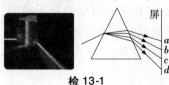

检 13-1

A. 屏上 c 处是紫光　　　　　　　　B. 屏上 d 处是红光

C. 屏上 a 处是红光　　　　　　　　D. 屏上 b 处是紫光

2. 如图检 13-2 所示,空气中有一折射率为 $\sqrt{2}$ 的玻璃柱体,其横截面是圆心角为 90°、半径为 R 的扇形 OAB,一束平行光平行于横截面,以 45° 入射角照射到 OA 上,OB 不透光。若只考虑首次入射到圆弧 $A-B$ 上的光,则该弧上有光透出部分的弧长为（　　）。

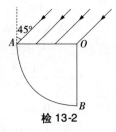

检 13-2

A. $\dfrac{1}{4}\pi R$　　B. $\dfrac{1}{6}\pi R$　　C. $\dfrac{1}{3}\pi R$　　D. $\dfrac{5}{12}\pi R$

3. 如图检 13-3 所示,把折射率为 n 的透明长方体放在空气中,矩形 $ABCD$ 是它的一个截面,一条单色光束入射到 P 点,入射角为 θ,且

$AP = \dfrac{1}{2}AD$,则（　　）。

A. 若要使光束进入长方体后能射至 AD 面上,角 θ 的最

小值为 $\arcsin \dfrac{\sqrt{5}\,n}{5}$

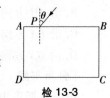

检 13-3

B. 若要使光束进入长方体后能射至 AD 面上,角 θ 的最小值为 $\arcsin \dfrac{n}{2}$

C. 若要此光束在 AD 面上发生全反射,角 θ 的范围应满足 $\arcsin \dfrac{\sqrt{5}\,n}{5} < \theta$

$\leqslant \arcsin \sqrt{n^2 - 1}$

D. 若要此光束在 AD 面上发生全反射,角 θ 的范围应满足 $\arcsin \dfrac{2\sqrt{5}\,n}{5} < \theta$

$\leqslant \arcsin \sqrt{n^2 - 1}$

4.一束平行白光从左侧射入肥皂薄膜,如图检 13-4 所示,下列说法中正确的是(　　)。

A.从左侧向右看,可看到清晰的彩色条纹

B.从右侧向左看,可看到清晰的彩色条纹

C.彩色条纹竖直排列

D.彩色条纹水平排列

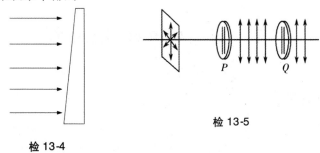

检 13-5

检 13-4

5.如图检 13-5 所示,让灯光通过偏振片 P,在偏振片 P 的后面再放置另一个偏振片 Q,转动 Q 观察通过两块偏振片的透射光。当透射的光线最强时,记录 P、Q 放置的位置关系,这时再将 P 转动 90°,在 Q 的另一侧观察到的现象是(　　)。

A.射出光线强度保持不变　　　B.无光线射出

C.有光线射出,强度变强　　　D.有光线射出,强度变弱

6.在用单色平行光照射单缝观察衍射现象的实验中,下列说法正确的是(　　)。

A.缝越宽,衍射现象越显著

B.缝越窄,衍射现象越显著

C.照射光的波长越长,衍射现象越显著

D.照射光的频率越高,衍射现象越显著

7.如图检 13-6 所示,电子感应加速器是利用变化磁场产生的电场来加速电子的。在圆形磁铁的两极之间有一环形真空室,用交变电流励磁的电磁铁在两极间产生交变磁场,从而在环形室内产生很强的电场,使电子加速,被加速的电子同时在洛伦兹力的作用下沿圆形轨道运动,设法把高能电子引入靶室,就能进一步进行实验工作。已知在一个轨道半径为 $r = 0.84$m 的电子感应加速器中,电子在被加速的 4.2m/s 内获得的能量为 120MeV。设在这期间电子轨道内的高频交变磁场是线性变化的,磁通量的最小值为零、最大值为 1.8Wb,试求电子在加速器中共绕行了多少周?

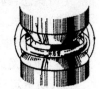

检 13-6

第十四章　动量守恒定律

第一讲　动量及动量定理

【考点导悟】

一、动量

1.内涵

运动物体的质量和它的速度的乘积叫作动量。

公式:$p = mv$

说明:

(1)单位:千克米每秒,符号为 kg·m/s。

(2)矢量性:动量是矢量,其方向与速度方向相同。

2.动量的变化量

是指物体的末动量与初动量的矢量差。如图 14-1 所示。

(1)矢量关系:$\overrightarrow{\Delta p} = \overrightarrow{p_2} - \overrightarrow{p_1}$。

(2)对最简单的一维情况:$\Delta p = p_2 - p_1 = mv_2 - mv_1$。

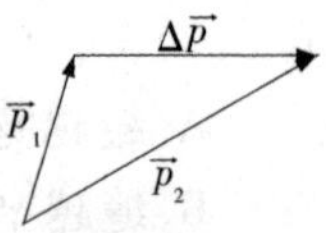

图 14-1

方向的确定:与规定的正方向相同的动量为正,相反的为负;动量的变化量也是矢量,其方向与速度的改变量的方向相同。

二、冲量

(1)概念:物体受到的力和力的作用时间的乘积叫作力的冲量。

(2)表达式:$I = Ft$。

(3)单位:牛·秒,符号为 N·s。

(4)冲量是矢量,恒力的冲量方向与力的方向一致。

三、动量定理

1.内容

动量改变量等于物体在这个过程中所受合外力的冲量。

2. 表达式：$\vec{\Delta p} = \vec{p_2} - \vec{p_1} = \vec{I_合}$

特别的，对一维情况：$mv_2 - mv_1 = F_合 t$。

3. 说明

（1）动量定理的研究对象可以是单个物体，也可以是几个物体组成的物体系统。一般取单个物体为研究对象，这时物体受到的力都是外力，$F_合$ 指的是物体所受外力的合力。

（2）动量定理表达式中的冲量和动量都是矢量，该式为矢量式，等号的两边不但大小相同、方向也相同。

（3）对一维情况，可先规定一个正方向，然后把矢量式变成代数式进行计算。

四、用动量定理解释物理现象

用动量定理 $F = \dfrac{\Delta p}{t}$ 解释现象时，有两种情况：

（1）物体的动量变化一定，此时力的作用时间越短，力就越大；时间越长，力就越小。

如：从同一高度落下的玻璃杯，落地前瞬间的动量 $p = m\sqrt{2gh}$ 是一定的，杯子停下来后的动量为零，也是一定的。因此可认为动量的变化是一定的。如果落到水泥地面上，杯子动量变化的时间较短，水泥地面对玻璃杯的作用力大，玻璃杯易碎；如果落到沙坑中，玻璃杯动量变化的时间较长，沙子对玻璃杯的作用力小，玻璃杯不容易碎。

跳远、跳高中经常用到沙坑和软垫，其作用就是增加人体与之作用的时间，从而减少作用力保护人体不受伤害。

（2）作用力 F 一定，此时力的作用时间越长，动量变化越大；力的作用时间越短，动量变化越小。如在图 14-2 中，若将玻璃板快速向右拉动，鸡蛋会掉进水杯中；而慢慢拉动则鸡蛋会随着玻璃板向右运动。

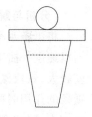

图 14-2

五、变力的冲量

1. 微元法

把物体的运动过程分为很多小的时间段，每一个小的时间段看作恒力，然后求力在每一个小的时间段上的冲量，再求和即可。

2. 平均值法

若 F 是时间 t 的线性函数，则平均力可用 $\vec{F} = \dfrac{F_1 + F_2}{2}$ 求出，再由 $I = \vec{F}t$ 求冲量。

3. "面积"法

在 $F\text{-}t$ 图像中的图像面积,在数值上等于力的冲量。下图 14-3 中的①、②图的阴影"面积"分别表示恒力和变力在一段时间内的冲量。

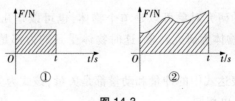

①　　　　　②

图 14-3

4. 用动量定理求冲量

动量定理的表达式为:$m\vec{v_2} - m\vec{v_1} = \vec{F}_合 t$,还可以写成 $m\vec{v_2} - m\vec{v_1} = \vec{I_1} + \vec{I_2} + \vec{I_3} + \cdots$,等式的左边是动量的变化,右边是合外力的冲量。可见,合外力的冲量或其中某一个力的冲量可通过此等式来求解。

【活题精析】

【例 1】　如图 14-4 所示,将一纸条放在水平桌面上,在其上面压着一铁块。已知当以速度 v 抽出纸条后,铁块掉在地面上的 P 点。那么,当以 $2v$ 的速度抽出纸条铁块会落在（　　　）。

A. 仍在 P 点

B. 在 P 点右侧

C. 在 P 点左侧

D. 在 P 点右侧,且水平位移增至原来的 2 倍

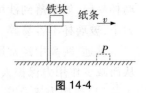

图 14-4

[分析与解]

将纸条水平抽出的过程中,铁块受到向前的滑动摩擦力的大小是一定的,当以速度 v 抽出时,铁块与纸条的作用时间较长,铁块动量变化大,铁块获得速度较大,铁块做平抛运动的水平位移也较大;如果以 $2v$ 的速度拉纸条,铁块和纸条的作用时间较短,铁块动量变化小,末速度小,之后做平抛运动的水平位移也较小,因此会落在 P 点的左侧,故选项 C 正确。

【例 2】　用电钻在建筑物表面钻孔时,钻头所受的阻力与深度成正比,若钻头匀速钻进时,第 1s 内阻力的冲量为 $100\mathrm{N} \cdot \mathrm{s}$ 时,求 5s 内阻力的冲量。

[分析与解]

因钻头受到的阻力与深度成正比,且钻头是匀速前进的,也就是说深度与时间成正比,故阻力与时间也成正比,因此可用力对时间的平均值来求变力的冲量。

不妨设阻力与时间的比例系数为 k,则可令 $f = kt$,因此,前 1s 内的冲量可表

示为：

$$I_1 = \frac{1}{2}(0 + kt_1)t_1 = \frac{1}{2}kt_1^2$$

前 5s 内的冲量表示为：

$$I_5 = \frac{1}{2}(0 + kt_5)t_5 = \frac{1}{2}kt_5^2$$

两式相除得：$I_5 = 25I_1 = 2500\text{N·s}$

【例 3】　一个质量是 40kg 的铁锤，从高为 5m 处自由落下，正好打在地面上的水泥桩上，已知跟水泥桩相撞的时间为 0.05s，求铁锤对水泥桩的冲量大小（g 取 10m/s^2）。

[分析与解]

铁锤与水泥桩碰撞过程中，铁锤受到向上的冲力和重力，使锤的动量发生了改变，由于重力的冲量很容易求出，但水泥桩对铁锤的冲力是变力，其冲量不能由定义直接求出，但根据动量定理易求。

不妨设铁锤下落 5m 后的速度为 v，由机械能守恒定律得：

$$mgh = \frac{1}{2}mv^2 \qquad\qquad ①$$

设铁锤受到桩的冲量为 I，取向下为正方向，则由动量定理得：

$$mg\Delta t + I = 0 - mv \qquad\qquad ②$$

①、②式联立得：

$$I = -mv - mg\Delta t = -420\text{N·s}$$

其中"$-$"号代表铁锤受到木桩的冲量方向向上，再根据牛顿第三定律可知，铁锤对木桩的冲量大小是 420N·s，方向竖直向下。

【例 4】　如图 14-5 所示，一个质量为 $m = 2\text{kg}$ 的物体，在水平力 $F = 8\text{N}$ 的作用下由静止开始沿水平面向右运动。已知物体与地面的动摩擦因数是 $\mu_1 = 0.2$，力 F 作用 $t_1 = 6\text{s}$ 后撤去，又经过 $t_2 = 2\text{s}$ 物体与竖直墙相碰撞，若物体与墙壁碰撞的时间是 $t_3 = 0.1\text{s}$，碰撞后反弹回的速度大小为 6m/s，求墙壁对物体的平均作用力是多少（g 取 10m/s^2）？

[分析与解]

这是一个多过程的问题，如果用牛顿定律来解是很烦琐的。用动量定理来解决就很快捷。

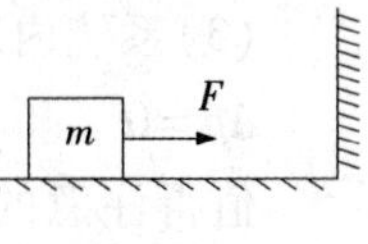

设墙壁对物体的平均作用力的大小为 $\vec{F}$，并规定水平向右的方向为正方向，则反向弹回的速度可写成 $v' = -6\text{m/s}$，现对物体运动的全过程进行研究，由动量定理得：

$$Ft_1 - \mu mg(t_1 + t_2) - \vec{F}t_3 = mv' - 0，代入数据得：$$

图 14-5

$$\vec{F} = \frac{Ft_1 - \mu mg(t_1 + t_2) - mv'}{t_3}$$

$$= \frac{8 \times 6 - 0.2 \times 20(6+2) + 2 \times 6}{0.1} = 280\text{N}$$

墙壁对物体的作用力的方向向左。

点拨：

动量定理的表达式是矢量式,对一维问题比较容易处理,但解题时必须先规定一个正方向。另外,动量定理解题的最大优势在于:不仅可以处理单一的物理过程,也可以处理多重过程的问题,这常常使复杂的物理过程大大简化。

第二讲 动量守恒定律

【考点导悟】

一、系统及内力、外力

1. 系统

相互作用的两个或几个物体组成的物体组叫作系统。

2. 内力和外力

系统内物体之间的相互作用力,称为内力;系统以外的物体对系统内的物体的作用力,称为外力。

二、动量守恒定律

1. 内容

如果一个系统不受外力,或者所受外力的合力为零,这个系统的总动量就保持不变,这个规律叫作动量守恒定律。表达式有三种形式:

(1)物体相互作用前的总动量等于相互作用后的总动量:

$p_1 + p_2 + p_3 + \cdots = p'_1 + p'_2 + p'_3 + \cdots$

(2)系统内的物体增加的动量等于减少的动量:

$\Delta p_1 = -\Delta p_2$

(3)系统内总动量的改变量为零:

$\Delta p = 0$

值得注意的是:无论使用哪一种表达式,式中各速度都是相对同一参考系的,一般以地面为参考系。

2. 动量守恒的条件

(1)系统不受外力或系统所受外力的合力为零时,系统的总动量保持不变。

（2）系统所受外力的合力虽然不为零，但系统内力远大于外力，如碰撞、打击、爆炸及绳绷紧等瞬间问题中，系统所受的重力、摩擦力等外力比系统内力小得多，以至于这些外力的冲量对系统动量影响可忽略不计，这时可认为系统的总动量守恒。

（3）系统在某一方向上不受外力或所受外力的矢量和为零，或外力远小于内力，则在该方向上动量守恒。

3. 动量守恒定律的适用范围

动量守恒定律是自然界的基本规律之一，它具有普适性，不仅适用于两个物体组成的系统，也适用于多个物体组成的系统；不仅适用于宏观物体组成的系统，也适用于微观粒子组成的系统。

4. 应用动量守恒定律解题的主要步骤

（1）确定研究对象和研究过程。

在一个物理过程中，系统的动量是否守恒，与系统的选取密切相关。因此，利用动量守恒定律解题时，一定要明确研究的是哪几个物体组成的系统及哪一个物理过程。

（2）判断系统的动量是否守恒。

对研究对象进行受力分析，搞清是内力还是外力，看看是否满足动量守恒的条件。只有满足动量守恒条件，才能应用动量守恒定律解决问题。

（3）规定正方向或建立直角坐标系，确定初、末状态动量的正、负。

（4）根据动量守恒定律列方程或方程组求解。

三、碰撞

1. 概念

碰撞是指物体间的相互作用的时间极短，而物体间相互作用力很大的现象。

2. 特点

（1）在碰撞问题中，一般系统的内力远大于外力且时间极短，系统以外的力的冲量可忽略不计，认为碰撞过程前后动量守恒。

（2）碰撞过程中，由于两个物体相互作用时间极短，这个极短的时间相对物体运动的全过程来说可以忽略不计。

（3）两个物体碰撞后，速度发生突变，但位置的变化可忽略不计。

（4）单纯的碰撞问题机械能不会增加，一般是碰前系统的机械能大于碰后系统的机械能。仅对弹性碰撞，碰前系统的机械能等于碰后系统的机械能。若有爆炸情况，机械能会增加。

3. 碰撞前后的速度关系

（1）碰前两物体速度同向,叫追击碰撞,碰撞前,后者速度 $v_{后}$ 大于前者速度 $v_{前}$,则发生追击碰撞。该碰撞发生后,原来在前的物体速度一定增大,在后面的物体速度一定减小。碰后的速度关系是 $v'_{前} \geqslant v'_{后}$。

（2）两物体相向运动发生碰撞,碰后两物体的速度方向不可能都不改变。

4. 散射

微观粒子碰撞时,微观粒子相互接近而不发生直接接触,这样的碰撞叫作散射。由于微观粒子发生对心碰撞的概率极小,所以多数粒子碰撞后飞向四面八方。

5. 分类

（1）弹性碰撞:指碰撞过程中机械能没有损失的情况,表现为碰撞前后系统的总动能不变。满足两个守恒:

$$m_1 v_{10} + m_2 v_{20} = m_1 v_1 + m_2 v_2 \qquad ①$$

$$\frac{1}{2} m_1 v_{10}^2 + \frac{1}{2} m_2 v_{20}^2 = \frac{1}{2} m_1 v_1^2 + \frac{1}{2} m_2 v_2^2 \qquad ②$$

①、②式联立得:

$$v_1 = \frac{(m_1 - m_2) v_{10} + 2 m_2 v_{20}}{m_1 + m_2}$$

$$v_2 = \frac{2 m_1 v_{10} + (m_2 - m_1) v_{20}}{m_1 + m_2}$$

特别的,若碰前一个小球的速度为零时,比如 $v_{20} = 0$,则上式为:

$$v_1 = \frac{(m_1 - m_2) v_{10}}{m_1 + m_2}$$

$$v_2 = 2 \frac{m_1 v_{10}}{m_1 + m_2}$$

讨论:

① $m_1 > m_2, v_1 > 0, v_2 > 0$,表示碰撞后一同向前运动。

② $m_1 < m_2, v_1 < 0, v_2 > 0$,$m_1$ 球被反向弹回。

③ $m_1 = m_2, v_1 = 0, v_2 = v_{10}$,两球交换速度。

④ $m_1 \ll m_2, v_1 = -v_{10}, v_2 \approx 0$,$m_1$ 球被原速率反弹,而 m_2 小球几乎不动。

（2）非弹性碰撞:指碰撞后系统的机械能小于碰撞前系统的机械能。

（3）完全非弹性碰撞:指碰撞后的两个物体黏在一起,具有共同的速度。发生这种碰撞时系统机械能损失最多。

【活题精析】

【例1】 木块 a 和 b 用一根弹簧连接起来,放在光滑水平面上,a 紧靠在墙壁上,在 b 上施加向左的水平力使弹簧压缩,如图 14-6 所示,当撤去外力后,下列说法中正确的是(　　)。

A. a 尚未离开墙壁前,a 和 b 组成的系统动量守恒

B. a 尚未离开墙壁前,a 和 b 组成的系统动量不守恒

C. a 离开墙壁后,a 和 b 组成的系统动量守恒

D. a 离开墙壁后,a 和 b 组成的系统动量不守恒

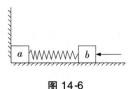

图 14-6

[分析与解]

本题考查的是动量守恒的条件。在 a 尚未离开墙壁前,a 和 b 组成的系统受到墙壁对它们的向右的作用力,这是外力,不满足动量守恒条件;只有 a 离开墙壁以后,a 和 b 组成的系统所受合外力为零,动量才守恒,故 B、C 选项正确。

答案:B、C

【例 2】　如图 14-7 所示,在光滑的水平面上有一辆平板车,上面站着一个人,车以速度 v_0 前进。已知车的质量为 m_1,人的质量为 m_2,某时刻人突然向后跳离车。设人跳离车时相对于车的速度为 v,求人跳车后车的速度。

[分析与解]

以人和车组成的系统为研究对象,由题意知此系统动量守恒。人跳车前后的两个时刻系统动量相等。

不妨设车前进的方向为正方向,设人跳车后车的速度为 v',则人相对地面的速度为 v'',由速度牵连关系有:

$$v'' = v' + v$$

由动量守恒定律得:

$$(m_1 + m_2)v_0 = m_1 v' + m_2 v''$$

两式联立解得:$v' = v_0 - \dfrac{m_2 v}{m_1 + m_2}$

点拨:

应用动量守恒定律时,表达式中各物体的速度,均必须相对同一个参考系,一般以地面为参考系。

【例 3】　现有两只小船相向航行,航线邻近,当它们头尾对齐时,由每一只船上各投质量为 $m = 50\text{kg}$ 的麻袋到对面一只船上去,如图 14-8 所示。结果载重较轻的船停了下来,另一只船以 $v = 8.5\text{m/s}$ 的速度向原来的方向航行。设两只船及船上的载重量分别为 $m_1 = 500\text{kg}$、$m_2 = 1000\text{kg}$,

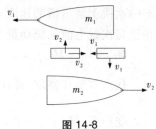

图 14-8

问在交换麻袋前两只船的速率分别为多少(不计水的阻力)?

[分析与解]

解题时只研究船在原方向上的动量守恒问题。由于惯性,将两麻袋垂直原来速度方向抛出时原运动方向的速度不变。设交换麻袋前两只船的速率分别是 v_1、v_2,并取 m_1 的速度方向为正。

先以轻船抛出麻袋后的部分和从重船投过的麻袋为一个系统,由动量守恒定律得:

$$(m_1 - m)v_1 - mv_2 = 0$$

同理,选取重船抛出麻袋后的部分和从轻船 m_1 投过的麻袋为一个系统,由动量守恒定律得:

$$-(m_2 - m)v_2 + mv_1 = -m_2 v$$

联立两式解得:

$$v_1 = 1 \text{m/s}, v_2 = 9 \text{m/s}$$

因此,交换麻袋前两只船的速率分别为 1m/s 和 9m/s。

【例4】 质量为 $M = 30 \text{kg}$ 的雪橇静止在水平的雪面上,一条质量为 $m = 10 \text{kg}$ 的小狗站在雪橇上,现在小狗从雪橇的后面跳下,随后又追赶并向前跳上雪橇,其后又从雪橇后方跳下、追赶并向前跳上雪橇……如图14-9所示,狗与雪橇始终沿一条直线运动,设狗总以速度 $v = 5 \text{m/s}$ 追赶和跳上雪橇,狗以相对雪橇的速度 u 大小为 4m/s 向后离开雪橇。求:

(1)狗第一次跳上前雪橇的速度。

(2)狗最多能跳上雪橇的次数。

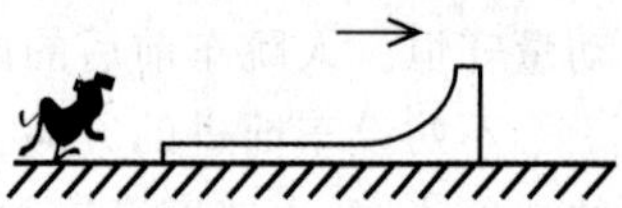

图 14-9

[分析与解]

(1)规定雪橇运动方向为正方向,则有 $v = 5 \text{m/s}$,$u = -4 \text{m/s}$,设狗第一次跳下时雪橇的速度为 v_1,对雪橇和小狗组成的系统,由动量守恒:

$$Mv_1 + m(v_1 + u) = 0$$

得:$v_1 = 1 \text{m/s}$

这个速度也是狗第一次跳上前雪橇的速度,即 1m/s。

(2)设狗第 n 次及 $n+1$ 次跳上前雪橇的速度为 v_n、v_{n+1},要注意的是狗 $n+1$ 次跳上前雪橇的速度 v_{n+1} 就是狗第 n 次跳上再离开雪橇瞬间雪橇的速度。由于每次跳上前系统动量与跳离后瞬间系统动量守恒,得:

$$Mv_n + mv = Mv_{n+1} + m(v_{n+1} + u)$$

代入数据并整理,得:$v_{n+1} = \dfrac{9}{4} + \dfrac{3}{4} v_n$

变形后,得:$v_{n+1} - 9 = \dfrac{3}{4}(v_n - 9)$

即：$\dfrac{v_{n+1}-9}{v_n-9}=\dfrac{3}{4}$

于是有：

$\dfrac{v_2-9}{v_1-9}=\dfrac{3}{4}$……（1）

$\dfrac{v_3-9}{v_2-9}=\dfrac{3}{4}$……（2）

$\dfrac{v_4-9}{v_3-9}=\dfrac{3}{4}$……（3）

……

$\dfrac{v_n-9}{v_{n-1}-9}=\dfrac{3}{4}$……（$n-1$）

各式相乘，得：

$\dfrac{v_n-9}{v_1-9}=\left(\dfrac{3}{4}\right)^{n-1}$

其中 $v_1=1\mathrm{m/s}$，故：$v_n=9-8\left(\dfrac{3}{4}\right)^{n-1}$

令 $v_n=5\mathrm{m/s}$，解得：$n=3.41$

这说明第三次跳上前雪橇的速度小于 $5\mathrm{m/s}$，狗可以再跳上雪橇，而第四次跳上前雪橇的速度大于 $5\mathrm{m/s}$，狗不能再追赶上雪橇，故狗最多可跳上 3 次，雪橇最终的速度是第四次跳上前的速度为：

$v_4=9-8\left(\dfrac{3}{4}\right)^3=5.625\mathrm{m/s}$

点拨：

本题是一个多次利用动量守恒定律且规律性极强的问题，搞清研究对象和研究过程是关键，同时对学习者的数学归纳能力要求也比较高。

第三讲　动量守恒定律的综合运用

【考点导悟】

一、动量守恒定律的综合问题

高考中，动量守恒定律常与能量转化与守恒定律相结合，用来解决碰撞、爆炸、打击、反冲等问题。这不仅因为这类问题是瞬间问题，还由于这类问题涉及到两个或两个以上的物体组成的体系，且系统内物体间的相互作用过程比较复杂,用动量守恒定律及能量的转化及守恒定律来解决这类问题,可以淡化物理过程的分析,使问题的解决更加快捷。

但应该注意的是,系统动量守恒时,机械能不一定守恒;反过来,系统机械能守恒时,动量也不一定守恒。如各种爆炸、碰撞及反冲现象中动量是守恒的,而机械能不守恒;小球与固定的弹簧相互碰撞的过程中,系统的动量不守恒,但机械能守恒。

除此之外,还要注意到动量守恒的条件及其矢量性。

二、常见物理模型

1. 人船模型

如图 14-10 所示,人站在静止的船头,若没有水的阻力,人向船尾走,船体就会向相反方向退去。对人船构成的系统动量守恒。设船和人相对地面的速度大小分别是 v_1、v_2,则有 $Mv_1 = mv_2$,由此可得在很短的时间 Δt 内必有:

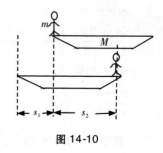

图 14-10

$Mv_1 \Delta t = mv_2 \Delta t$,在很短的时间内的运动可看成是匀速运动,故有:

$M\Delta s_1 = m\Delta s_2$

对全过程求和得:

$Ms_1 = ms_2$

即:$\dfrac{s_1}{s_2} = \dfrac{m}{M}$

这式表明,人、船相对地面位移的大小之比等于质量的反比。若船长为 L,由几何关系得:

$s_1 + s_2 = L$

联立求得船后退的距离是:$s_1 = \dfrac{mL}{M + m}$

2. 子弹打木块模型

这类模型的特点是木块最初静止于光滑的水平面上,子弹射入木块后留在木块内。此过程中子弹与木块组成的系统动量守恒。如图 14-11 所示。

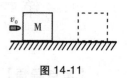

图 14-11

设最终速度为 v,则有:

$mv_0 = (M + m)v$

即:$v = \dfrac{mv_0}{M + m}$

若子弹的速度很大,以至于子弹在木块中穿行过程中所用时间很短,这时即使地面不光滑,由于摩擦力的冲量很小可以忽略不计,也可以认为系统动量守恒,且在子弹打木块这个瞬间,木块相对地面的位移可忽略不计,即在"原地"发生作用并结束。我们常常见到的"作用时间极短""子弹速度很大"等都隐含着这个意义。

应该注意的是,在子弹打木块的问题中,无论哪种情况,系统的机械能都不守恒,而是有部分机械能转化为内能,转化为内能的量 $Q = \dfrac{1}{2}mv_0^2 - \dfrac{1}{2}(M+m)v^2$。

3."迟钝物"模型

"迟钝物"是指在物体之间发生短暂的相互作用过程中,如爆炸、碰撞、打击、绳绷紧等瞬间问题中,速度不能发生突变的物体。

如图在 14-12 所示的水平面上,用轻弹簧相连的两车 A、B 以某一速度共向前运动,当有一黏性物从高空落下正好掉入 A 车并粘在一起的瞬间,弹簧来不及形变,B 车仍保持原来的速度运动,B 车就是迟钝物。

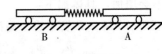

图 14-12

对 A 车与黏性物 m_0 组成的系统水平方向动量守恒。当 A 与 m_0 同速后,B 车压缩弹簧使 A 车受到向前的弹力而加速,B 车受到向后的弹力而减速,当 A、B 两车速度相等时,弹簧被压缩得最短,弹性势能最大。

在高中物理问题中,我们会遇到各种各样的"迟钝物",需要同学们用心去分析和体会,以使自己对物理过程的认识更加清晰,从而提高分析问题和解决问题的能力。

【活题精析】

【例 1】　质量为 $M = 300\text{kg}$,长 $L = 3\text{m}$ 的船静止在水中。某时刻一个质量为 $m = 60\text{kg}$ 的大人从船尾走向船头,站在船头的质量为 40kg 的小孩也开始向船尾走,若不计水的阻力影响,求:大人和小孩都走到船的另一头时,船的位移是多大。

[分析与解]

这是一个"人走船退"的问题,可以直接利用"人船模型"求解,但必须正确地等效:把大人 60kg 看成是 40kg 人和 20kg 的小孩,这 40kg 的人和站在船头的质量为 40kg 的小孩相向运动使船发生的位移互相抵消,只是增加了船的重量。因此,题中欲求的问题只相当于质量为 $m' = 20\text{kg}$ 的小孩从船尾走向船头、而船的质量 $M' = 380\text{kg}$ 在向后退产生的位移。

设小孩 m' 相对地面运动的距离为 x,船 M' 后退距离为 y。由"人船模型"的规律得:

$$\frac{x}{y} = \frac{M'}{m'}$$

$$x + y = L$$

联立得：$y = 0.15\text{m}$

因此，船后退的距离是 0.15m。

【例 2】 两个小球 A 和 B 在光滑水平导轨上同方向运动，已知 A、B 的动量分别是 $p_A = 5\text{kg} \cdot \text{m/s}$，$p_B = 7\text{kg} \cdot \text{m/s}$，球 A 从后面追上球 B 并发生了碰撞，碰撞后 B 的动量 $p'_B = 10\text{kg} \cdot \text{m/s}$，则两球的质量关系可能是（　　）。

A. $m_A = m_B$ B. $m_B = 4m_A$

C. $m_B = 2m_A$ D. $m_B = 6m_A$

[分析与解]

解决本题的思路是根据碰撞的规律求解，即碰撞过程中动量守恒，机械能不会增加。具体如下：

（1）因 A、B 发生追击碰撞，所以碰撞前必有：

$v_A > v_B$，即：$\dfrac{p_A}{m_A} > \dfrac{p_B}{m_B}$，解得：

$\dfrac{m_B}{m_A} > 1.4$，显然 A 选项错误。

（2）由动量守恒 $p_A + p_B = p'_A + p'_B$，解得：

$p'_A = 2\text{kg} \cdot \text{m/s}$，又碰撞后有：$v'_B \geq v'_A$，即：$\dfrac{p'_B}{m_B} \geq \dfrac{p'_A}{m_A}$

解得：$m_B \leq 5m_A$，故 D 选项错误。

（3）因碰撞后动能不增加，有：

$\dfrac{p_A^2}{2m_A} + \dfrac{p_B^2}{2m_B} \geq \dfrac{p'^2_A}{2m_A} + \dfrac{p'^2_B}{2m_B}$，解得：$m_B \geq \dfrac{17}{7}m_A$

故 C 选项错误，B 选项正确。

答案：B

【例 3】 如图 14-13 所示，在光滑水平桌面上有一个长 $L = 2\text{m}$ 的挡板 C，其质量 $m_C = 5\text{kg}$，在其正中央并排放着两个小滑块 A 和 B，$m_A = 1\text{kg}$，$m_B = 3\text{kg}$，开始时三个物体都静止，在 A、B 间夹有

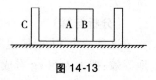

图 14-13

少量炸药，爆炸后 A 以 6m/s 的速度水平向左运动，且 A、B 中任意一块与挡板 C 碰撞后都粘在一起，若不计滑块与挡板表面的摩擦，求：

（1）炸药爆炸后的瞬间，B 的速度。

（2）当两滑块 A、B 都与挡板 C 碰撞后，挡板 C 的速度。

（3）A、C 碰撞过程中损失的机械能。

[分析与解]

(1)炸药爆炸前后的瞬间，A、B组成的系统动量守恒，有 $m_A v_A = m_B v_B$，又 $v_A = 6\text{m/s}$，故 $v_B = 2\text{m/s}$，方向向右。

(2)由于挡板与地面无摩擦，故 A、B、C组成的系统动量守恒，有：

$$(m_A + m_B + m_C)v_C = 0$$

故 $v_C = 0$，这表明滑块 A、B 都与挡板 C 碰撞后，三者黏在一起并停止运动。

(3)通过计算知，炸药爆炸后 $v_A > v_B$，说明 A 与挡板碰撞前挡板是静止不动的，根据物块 A 与挡板 C 碰撞前后的瞬间动量守恒，有：$m_A v_A = (m_A + m_C)v_{AC}$

$v_{AC} = 1\text{m/s}$，故损失的机械能为：

$$Q = \frac{1}{2}m_A v_A^2 - \frac{1}{2}(m_A + m_C)v_{AC}^2 = 15\text{J}$$

【例4】　在光滑的水平面上，一质量为 $m_1 = 20\text{kg}$ 的小车通过不可伸长的轻绳与另一个质量为 $m_2 = 25\text{kg}$ 的平板车相连接，在平板车上放着一个质量为 $m_3 = 15\text{kg}$ 的物块，它与平板车之间的动摩擦因数 $\mu = 0.20$，已知开始时平板车是静止的且绳子处于松弛状态，如图 14-14 所示。

现给小车一个初速度 $v_0 = 3\text{m/s}$，求：

(1)绳子绷紧瞬间，m_1、m_2、m_3 的速度分别是多大。

(2)三个物体最终的速度分别是多大。

(3)若平板车足够长，则物块 m_3 在平板车上滑动的距离。

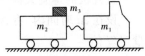

图 14-14

[分析与解]

绳子绷紧前后的瞬间，由于物块和平板车之间的摩擦力远小于绳子的张力，摩擦力的冲量很小可忽略不计，m_3 的速度不能突变，认为仍为零，m_1、m_2 组成的系统动量守恒。

(1)设绳子绷紧瞬间 m_1、m_2 共同速度为 v_1，由动量守恒有：

$$m_1 v_0 = (m_1 + m_2)v_1$$

解得：$v_1 = \frac{4}{3}\text{m/s}$

(2)当 m_2 以 v_1 运动后，因 m_3 跟不上而受到向前的摩擦力做加速运动，m_1 及 m_2 因受向后的摩擦力做减速运动，直到三者同速，设三个物体最终共同运动的速度为 v，由动量守恒得：

$$m_1 v_0 = (m_1 + m_2 + m_3)v$$

解得：$v = \dfrac{m_1 v_0}{m_1 + m_2 + m_3} = 1\text{m/s}$

(3)从 m_1、m_2 同速到三者共同运动，系统机械能的减少量转化为内能，数

值上等于 m_3 与 m_2 摩擦生热的值。设物块 m_3 在平板车上滑动的距离为 s，则有：

$$\frac{1}{2}(m_1+m_2)v_1^2 - \frac{1}{2}(m_1+m_2+m_3)v^2 = Q$$

$$Q = \mu m_3 g s$$

代入数值得：

$$s = \frac{1}{3}\text{m}$$

因此，物块 m_3 在平板车上滑动的距离为 $\frac{1}{3}$m。

【例5】 武装直升机逐渐显示了其强大的战斗力，美国"阿帕奇"武装直升机与其他直升机一样，除了水平主螺旋桨外，尾部还安有一副竖直小螺旋桨。若"阿帕奇"直升机的总质量为 M，悬停在空中时其主螺旋桨以速度 v 将空气向下推，求主螺旋桨对空气做功的平均功率。

[分析与解]

直升机的螺旋桨向下推空气获得反作用力 F 使其悬停在空中，故 $F = Mg$。

设在 Δt 时间内，将 Δm 的空气的速度由 0 变为 v，如图 14-15 所示。根据动量定理有：

$$F \cdot \Delta t = \Delta m \cdot (v - 0)$$

联立得：

$$\Delta m = \frac{Mg\Delta t}{v}$$

螺旋桨对空气做的功可由动能定理求出：

$$W = \frac{1}{2}\Delta m v^2 - 0 = \frac{Mgv\Delta t}{2}$$

图 14-15

平均功率：

$$\bar{p} = \frac{W}{\Delta t} = \frac{Mgv}{2}$$

或者：$\bar{p} = F\bar{v} = Mg \cdot \dfrac{v+0}{2} = \dfrac{Mgv}{2}$

或者：$\bar{p} = \dfrac{Fs}{\Delta t} = \dfrac{F\dfrac{v}{2}\Delta t}{\Delta t} = \dfrac{Mgv}{2}$

因此，主螺旋桨对空气做功的平均功率是 $\dfrac{Mgv}{2}$。

点拨：

直升机的螺旋桨将空气向下推，从而获取一个竖直向上的升力，在此过程中空气由原来的速度 0 增加到 v，获得了动能，这是螺旋桨对空气做功的结果。

值得注意的是，这里的研究对象是 Δt 时间内，向下推的 Δm 的空气，这些空气是位于一个圆柱体内，此圆柱体的高度是 $\frac{1}{2}v\Delta t$，而不是 $v\Delta t$，因为空气向下的运动是初速度为零、末速度为 v 的匀加速直线运动。

单元检测十四

1. 一平板小车静止在光滑水平面上，车上两人 A、B 分别站在车的两端，当两人同时相向运动时，如图检 14-1 所示。下列说法正确的是（　　）。

A. 若小车不动，两人速率一定相等

B. 若小车向左运动，A 的动量一定比 B 的大

C. 若小车向左运动，A 的动量一定 比 B 的小

D. 若小车向右运动，A 的动量一定比 B 的大

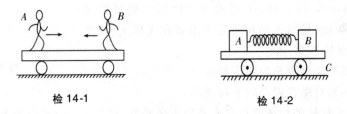

检 14-1　　　　　　　　　　检 14-2

2. 如图检 14-2 所示，A、B 两物体质量之比 $m_A : m_B = 3 : 2$，原来静止在平板小车 C 上，A、B 间有一根被压缩的弹簧，地面光滑，当两物体被同时释放后，则（　　）。

A. A、B 与平板车上表面间的动摩擦因数相同，A、B、C 组成的系统动量守恒

B. A、B 与平板车上表面间的动摩擦因数相同，A、B 组成的系统动量守恒

C. A、B 所受的摩擦力大小相等，A、B 组成的系统动量守恒

D. A、B 所受的摩擦力大小相等，A、B、C 组成的系统动量守恒

3. 火力采煤是利用高压水枪喷出的高压水柱冲击煤层，达到粉碎的目的，如图检 14-3 所示。设水柱的面积是 $S = 0.03\mathrm{m}^2$，喷出水的速度是 $v_1 = 50\mathrm{m/s}$，水柱沿水平方向垂直喷射到煤层表面上，且水冲击煤层后水流速度变为 0，求水柱对煤层的平均冲击力大小。

检 14-3

4. 一艘质量为 M 的小船在平静的水面上以速度 v_0 向前匀速行驶，质量为 m 的小孩站在船尾。若小孩以相对水面的速度大小为 v 水平向后跃入水中，不计水的阻力，则小孩跃出后船的速度为（　　）。

A. $v_0 - \dfrac{m}{M}v$ 　　　　　　　B. $v_0 + \dfrac{m}{M}v$

C. $v' = v_0 + \dfrac{m}{M}(v_0 + v)$ 　　D. $v' = v_0 + \dfrac{m}{M}(v_0 - v)$

5. 如图检 14-4 所示，在光滑的水平冰面上停着质量为 m 的冰块及总质量为 M 的冰车（包括小孩的质量），已知 $M : m = 31 : 2$，现在小孩将冰块以相对地面的速率为 v 推出，被前方挡板反弹回来后，又被小孩接住又推出……假若每次推出时相对地的速率不变，且冰块与挡板碰撞后都是被原速率弹回的，求小孩推几次后就再接不到冰块。

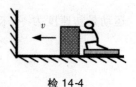

检 14-4

6. 火箭喷气发动机每次喷出气体的质量为 $m = 0.2$kg，喷出的气体相对地面的速度为 $v = 1000$m/s，设火箭初始质量 $M = 300$kg，发动机每秒喷气 20 次，在不考虑地球引力及空气阻力的情况下，求火箭在 1s 末获得的速度大小。

7. 一宇宙飞船以 $v_0 = 10^4$m/s 的速度进入均匀宇宙微粒尘区。已知飞船每前进 $s = 10^3$m，就要与 10^4 个微粒相碰，如图检 14-5 所示，假若每个微粒的质量都是 $m = 2 \times 10^{-7}$kg，且与飞船相碰后就附着在飞船上，为使飞船速度保持不变，求：

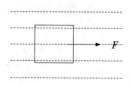

检 14-5

（1）飞船牵引力至少应该是多少。

（2）飞船对微粒做功的平均功率。

8. 质量为 M 的物体静止在光滑的水平面上，其上有一个半径为 R 的光滑半圆形轨道，现把质量为 m 的小球自轨道左侧最高点由静止释放，如图检 14-6 所示。求：

（1）小球运动到最低点时，小球和轨道的速度。

（2）轨道的振幅。

检 14-6

第十五章　量子论初步
原子核　核能

第一讲　量子论初步

【考点导悟】

一、光电效应

1. 内涵

(1)概念:在光的照射下从物体发射出电子的现象叫作光电效应。发射出来的电子叫作光电子。

(2)产生条件:入射光的频率大于金属板的极限频率。

2. 光电效应遵从的规律

(1)每种金属都有一个极限频率,入射光的频率必须大于这个极限频率才能发生光电效应。

(2)光电子的最大初动能随入射光的频率增大而增大,与入射光的强度无关。

(3)当入射光的频率大于极限频率时,光电效应的发生几乎是瞬时的,一般不超过 10^{-9}s。

(4)只要入射光的频率大于极限频率,光电流的强度与入射光的强度成正比。

3. 光子说

光是一份一份地不连续传播的,每一份叫作一个光子。光子的能量跟频率成正比,即 $\varepsilon = h\nu$

其中,$h = 6.63 \times 10^{-34}$J·s,称为普朗克常量。

4. 入射光的强度

入射光的强度简称光强,是指单位时间内照射到金属单位面积上的光能。设 n 表示单位时间内照射到金属单位面积上的光子数,则光强 $E = n \cdot h\nu$。对同一种光,$\varepsilon = h\nu$ 是定值,光强大,单位时间内照射到金属单位面积上的光子数多;在光强一定的情况下,不同频率的光单位时间内照射到金属单位面积上的光子数是不同的,频率大的单位时间内照射到金属单位面积上的光子数少,反之,频率小的单位时间内照射到金属单位面积上的光子数多。

5. 爱因斯坦光电效应方程

(1)逸出功:使电子脱离某种金属所需要做的最小功,用 W 表示。

(2)光电效应方程的表达式:$E_k = hv - W$。

对一定频率的入射光,只有金属表面上的电子吸收光子后克服原子核的引力逸出时才具有最大初动能。

6. 光电流和遏止电压

(1)光电流和饱和光电流。

如图 15-1 所示,是研究光电效应规律的实验装置。从金属板 K 飞出来的光电子到达阳极 A,便产生了电流,这个电流叫光电流。若用一定强度的某种单色光照射金属板 K,则在 1s 内有一定数目的光子射向光电管中的金属板,使金属板中的电子吸收光子后成为光电子,随着光电管 AK 两端的正向电压增大,将有更多光电子被拉向阳极形成光电流。当正向电压达到某个数值时,所有的光电子将会全

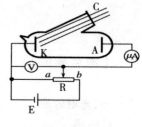

图 15-1

部被拉向阳极形成光电流,这时的光电流最大,用 I_m 表示,则 $I_m = n_0 e$,其中 n_0 是单位时间内飞向阳极的光电子数。以后再增加正向电压光电流也不会再增大,所以又把这个电流叫作饱和光电流。

(2)遏止电压。

在上图中,用频率为 v 的光照射光电管的阴极 K 时,观察到有光电子产生,电路中有电流。若将电源反接,这时光电管 K、A 间就加上了反向电压,这时光电子从阴极 K 出来后将向着阳极 A 做减速运动,光电流和反向电压可由图中电流表 G、电压表 V 读出。当电流表的示数恰好为零时,此时电压表的示数称为反向遏止电压 U_c,有:$eU_c = hv - W$,整理得:$U_c = \dfrac{h}{e}v - \dfrac{W}{e}$,表明 U_c 与 v 是一次函数关系。

二、波粒二象性

1. 实验证实

光的干涉和衍射现象说明光具有波动性,而光电效应和康普顿效应说明光具有粒子性,因此光具有波粒二象性。

2. 理解光的波粒二象性

(1)大量光子的运动规律表现为波动性,个别光子的行为表现出粒子性。

(2)波长越长的光,波动性越明显;波长越短的光,粒子性越明显。

(3)光是一种概率波。

爱因斯坦对光电效应的解释可理解光的粒子性,通过把曝光过程不同而曝光量很大的胶片上某种波的双缝干涉图样进行比较,可理解光是一种概率波,光的波动性是光子本身的属性,不是光子之间相互作用产生的,光子说并未否定光的波动性,但它不同于经典物理学中的粒子和波。

三、物质波

物质波是近代物理学对微观实物粒子的正确认识,它是由法国物理学家德布罗意首先提出来的,所以也叫德布罗意波。

1.物质波的特点

(1)物质波的提出,是德布罗意对光子的波粒二象性的推广,即光子和实物粒子都具有波动性和粒子性。

任何物质,小到电子、质子,大到行星、恒星都有一种波与之对应,我们平时观察不到宏观物体的波动性,是因为宏观物体对应的波长太小的缘故。但光子对应的是电磁波,而实物粒子对应的是物质波。

(2)物质波是一种概率波,在一般情况下,对于电子和其他微观粒子,不能用确定的坐标来描述它们的位置,也无法用轨道来描述它们的运动,但它们在空间各点出现的概率是受波动规律支配的,因此不能用宏观概念中的波来理解物质波。

(3)物质波的计算公式:

用 ε 和 p 分别表示实物粒子的能量和动量,用 v 和 λ 分别表示实物粒子对应波的频率和波长,则:

$$v = \frac{\varepsilon}{h}, \lambda = \frac{h}{p}$$

2.物质波的应用

光学显微镜观看细微结构时,由于受到衍射现象的影响而观察不清。而电子显微镜与质子显微镜就大大提高了显微镜的分辨本领。这是因为物质波的波长小,在观察微观结构时,不易受到衍射现象的影响,从而提高了分辨本领。

四、原子的核式结构

1.电子的发现

汤姆孙通过阴极射线的研究发现了电子,说明原子也是可分的。

2.α 粒子散射实验

卢瑟福用 α 粒子轰击金箔,结果发现绝大多数 α 粒子穿过金箔后仍沿原方向前进,少数 α 粒子发生较大角度偏转,极少数发生大角度偏转,甚至达到 180° 而反向弹回,并在这个实验中估计出了原子核的大小为 10^{-15} m。

3.原子核式结构学说

根据 α 粒子散射结果,卢瑟福提出了原子核式结构学说:在原子的中心有一个很小的核,叫原子核,它集中了原子的全部正电荷和几乎全部质量,带负电的电子在核外绕核旋转。

五、氢原子光谱

1. 光谱

用光栅或棱镜可以把光按波长展开,获得光的波长成分和强度分布的记录,即光谱。

2. 线状谱

原子发光产生的光谱是一条条的亮线,说明了原子只能发出某些频率的光。

3. 连续谱

光谱看起来不是一条条分立的谱线,而是连在一起的光带。

4. 特征谱线

不同原子的亮线位置不同,说明不同的原子的发光频率是不一样的,这些亮线称为原子的特征谱线。

5. 光谱分析

利用原子特征谱线来鉴别物质和确定物质的组成成分,这种方法称为光谱分析。

六、玻尔理论

1. 原子核式结构与经典物理学的矛盾

(1)按照经典物理学的理论,核外电子绕核运动时,要不断地辐射电磁波,使电子能量不断减少,其轨道半径也将不断减小,最终落于原子核上。也就是说,原子的核式结构是不稳定的,但事实上原子是稳定的。

(2)电子绕核运动时,辐射的电磁波的频率等于电子绕核运动的频率,由于电子轨道半径不断减小,使发射的电磁波的频率连续变化,但实际上,原子辐射的电磁波的频率只是某些特定的值。

2. 玻尔理论

(1)轨道量子化:围绕原子核运动的电子轨道半径只能取某些分立的数值。

(2)能量量子化:电子在不同的轨道对应着原子的不同的能量状态,在这些状态中,原子是稳定的,电子虽然做变速运动,但不向外辐射能量。

(3)跃迁条件:原子在不同的状态具有不同的能量,从一个定态向另一个定态跃迁时要辐射或吸收一定频率的光子,且光子的能量必须等于这两个定态的能量差。

玻尔模型的成功之处在于引收入了量子化的概念,但由于过多地保留了经典物理的理论,如电子轨道半径、速度、周期、动能、电势能等均可由牛顿运动定律、库仑定律及圆周运动的知识进行计算;各定态的能量为电子绕原子核运动的动能 E_k 和电势能 E_p 的代数和。这使玻尔理论只对最简单的氢原子才符合得较好。

3．玻尔的氢原子能级

(1)概念:原子各个定态的能量值叫作原子的能级。

$$E_n = \frac{E_1}{n^2} \; ; r_n = n^2 r_1$$

其中,n 叫作量子数($n = 1,2,3\cdots$),$n = 1$ 的状态叫作基态。

基态的能量和轨道半径为:

$$E_1 = -13.6\text{eV}, r_1 = 0.53 \times 10^{-10}\text{m}$$

(2)公式推导:

由经典力学知识,库仑力充当向心力,得:

$$\frac{k \cdot e^2}{r_n^2} = m \frac{v_n^2}{r_n} \qquad ①$$

动能为:$E_{kn} = \frac{1}{2}mv_n^2 = \frac{ke^2}{2r_n}$

取无穷远处为零电势能参考点,则有:

$$E_{pn} = -\frac{ke^2}{r_n}$$

所以定态的总能量为:

$$E_n = E_{kn} + E_{pn} = -\frac{ke^2}{2r_n} \qquad ②$$

按照玻尔提出的轨道量子化条件:

$$mv_n \cdot r_n = n \cdot \frac{h}{2\pi} \qquad ③$$

①、③式联立消去 v_n,得:

$$r_n = \frac{n^2 h^2}{4k\pi^2 me^2} \qquad ④$$

将④式代入②式,得:

$$E_n = -\frac{2k^2\pi^2 me^4}{n^2 h^2} \qquad ⑤$$

令 $n = 1$,由④、⑤式分别得:

$$r_1 = 0.53 \times 10^{-10}\text{m}$$

$$E_1 = -13.6\text{eV}$$

于是有:

$$r_n = n^2 r_1$$

$$E_n = \frac{E_1}{n^2}$$

由能量公式不难看出，n 越大，能量越高。当电子从高能级跃迁到低能级时，原子能量减少，减少的能量以光子形式发射出来，这就是原子发光现象。

（3）氢原子能级图：如图 15-2 所示。

七、原子跃迁与电离

根据玻尔理论，原子核外的电子从一个能级跃迁到另一个能级时，要吸收或放出一个光子，这个光子的能量必须等于这两个定态的能量差值，即 $h\nu = E_m - E_n$。但应该注意，此跃迁条件只适用于光子和原子作用使原子在各定态之间跃迁的情况，对下面两种情况不适用：

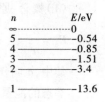

图 15-2

（1）当光子的能量达到或超过原子某一定态的电离能时，原子能够吸收这个光子并电离。如基态氢原子的电离能是 13.6eV，一个能量为 14eV 的光子被氢原子吸收发生电离，超出电离能的 0.4eV 将成为自由电子的动能。

（2）实物粒子和氢原子碰撞，只要实物粒子的能量达到或超过原子两个定态的能量差值就可以实现原子跃迁。这是因为实物粒子与原子的碰撞有多种形式，也就是说实物粒子的动能可以连续地改变。如用动能为 11eV 的外来电子去激发处于基态的氢原子，可以使处于基态的氢原子跃迁到 $n = 2$ 的能级上，电子还将剩余 0.8eV 的动能。

【活题精析】

【例1】　在光电效应实验中，下列说法正确的是（　　　）。

A. 入射光足够强，就可以有光电流

B. 遏止电压随入射光的频率增加而增大

C. 光照时间越长，光电流越大

D. 入射光频率大于极限频率，才会有光电子逸出

[分析与解]

本题是考查学生对光电效应实验规律的理解情况。如果入射光的频率小于金属的极限频率，尽管入射光再强也不会发生光电效应，因此光电流的有无与入射光的强度及光照时间长短无关，故 A、C 选项错误；遏止电压 U_c 满足 $eU_c = h\nu - W$，由此可知，遏止电压与入射光的频率成线性关系，并随入射光的频率增加而增大，故 B 选项正确；只有当入射光的频率大于极限频率时，才有光电子逸出，故 D 选项正确。因此，B、D 选项正确。

答案：B、D

【例2】　已知不同色光的光子能量如下表所示：

色光	红	橙	黄	绿	蓝-靛	紫
光子能量范围(eV)	1.61 ~ 2.00	2.00 ~ 2.07	2.07 ~ 2.14	2.14 ~ 2.53	2.53 ~ 2.76	2.76 ~ 3.10

处于某激发态的氢原子,发射的光的谱线在可见光范围内仅有 2 条,其颜色分别为( )。

A.黄、绿   B.红、蓝-靛

C.红、紫   D.蓝-靛、紫

[分析与解]

由给出的参考表可查出可见光光子能量范围为 1.61 ~ 3.10eV,结合氢原子能级图可知,光的谱线在可见光范围内仅有 2 条的是氢原子处于第 4 能级,其发出 2 条可见光,一条是 4→2,光子能量是 $\varepsilon_1 = E_4 - E_2 = 2.55eV$,属于蓝-靛光;另一条是 3→2,光子的能量是 $\varepsilon_2 = E_3 - E_2 = 1.89eV$,是红光。故 B 选项正确。

答案:B

【例 3】 用某一光电管研究 a、b 两种单色光产生的光电效应,得到光电流 I 与光电管两极间所加电压 U 的关系如图 15-3 所示。则以下说法正确的是( )。

A.用 a 光照射光电管时,逸出的光电子最大初动能较大

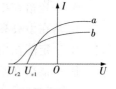

图 15-3

B.从同种玻璃射入空气发生全反射时,a 光的临界角大

C.用同一装置做双缝干涉实验时,a 光的相邻条纹间距大

D.它们通过同一个三棱镜时,a 光的偏折程度大

[分析与解]

从 I-U 图像可以看出,a 的遏止电压比 b 的小;又根据 $eU_c = h\nu - W$ 知,a 光的频率小。故 a 光折射率小,临界角大。

依光电效应方程知,用 a 光照射光电管时,逸出的光电子最大初动能较小,故 A 选项错误、B 选项正确;用同一装置做双缝干涉实验时,因 a 光的频率小,波长大,所以由 a 光得到的干涉条纹间距大,故 C 选项正确;当让两种光通过同一个三棱镜时,因 a 光的折射率小、偏折程度小,故 D 选项错误。因此,B、C 选项正确。

答案:B、C

【例 4】 现用能量介于 10 ~ 12.9eV 范围内的光子去照射一群处于基态的

氢原子,则下列说法正确的是( )。

A. 照射光中有三种频率的光子被吸收

B. 照射光中只有一种频率的光子被吸收

C. 氢原子吸收光子后发出六种不同频率的光

D. 氢原子吸收光子后发出三种不同频率的光

[分析与解]

原子吸收光子是要符合跃迁条件的,只有等于两个定态能量差值的才能被吸收而跃迁到高能级上去。根据氢原子能级图知,基态的氢原子吸收能量在 $10 \sim 12.9\,\text{eV}$ 范围内的光子只有 $10.20\,\text{eV}$、$12.09\,\text{eV}$、$12.75\,\text{eV}$ 三种,所以照射光中有三种频率的光子被吸收,故 A 选项正确、B 选项错误;其中吸收光子的最大能量为 $12.75\,\text{eV}$,使氢原子从基态跃迁到 $n = 4$ 的激发态上,由于处于激发态的氢原子不稳定,又会向低能级跃迁而发射光子,共有 $C_4^2 = 6$ 种不同频率的光,故 C 选项正确、D 选项错误。因此,A、C 选项正确。

答案:A、C

【例5】 实验表明,单缝衍射图样中的中央亮纹的光强占从单缝射入的整个光强的 95% 以上,如果现在只让一个光子通过单缝,则这个光子( )。

A. 一定落在中央亮纹处

B. 落在中央亮纹处的可能性最大

C. 一定落在亮纹处

D. 可能落在暗纹处

[分析与解]

根据光是一种概率波,大量光子通过单缝时,光子落在中央亮纹处的概率最大,占 95% 以上。而落在其他亮纹处的概率相对较小,尤其是落在暗纹处概率最小,但不是没有光子落在暗纹处。若只让一个光子通过单缝,这个光子落在哪个位置是不可确定的,落在中央亮纹的概率最大,但也可能落在亮纹处,也可能落在暗纹处。因此,B、D 选项正确。

答案:B、D

【例6】 假设某地太阳光是垂直射到地面上的,且已知地面上每 $1\,\text{m}^2$ 接收到的光的功率为 $p = 1.4 \times 10^3\,\text{W}$,其中可见光占 45%(可见光的波长为 $\lambda = 0.55 \times 10^{-6}\,\text{m}$)。求:

(1)太阳每秒辐射出的可见光子数。

(2)地球能接收到太阳光的总功率。

[分析与解]

本题将会涉及到一些常识性的知识,我们不妨先查出:地球到太阳的距离为 $R = 1.5 \times 10^{11}\,\text{m}$,地球半径 $r = 6.4 \times 10^6\,\text{m}$。

（1）设地球上每秒在 $1m^2$ 面积上接收的光子数为 n，则有：

$p \times 45\% = n \cdot h \dfrac{c}{\lambda}$，得：

$$n = \frac{0.45\lambda p}{hc}$$

$$= \frac{0.45 \times 0.55 \times 10^{-6} \times 1.4 \times 10^3}{6.63 \times 10^{-34} \times 3 \times 10^8}$$

$$= 1.74 \times 10^{21} 个$$

以太阳为中心，其所发出来的光，在相同的时间内将到达同一个球面上，如图 15-4 所示。因此，以太阳和地球之间的距离 R 为半径的球面上，每秒所接收到的可见光的光子数即为太阳每秒辐射出的可见光子数，即：

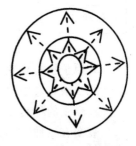

$$N = n \cdot 4\pi R^2$$

$$= 1.74 \times 10^{21} \times 4 \times 3.14 \times (1.5 \times 10^{11})^2$$

$$= 4.92 \times 10^{44} 个$$

图 15-4

（2）地球背着阳光的半个球面接收不到太阳光，而对着阳光的半个球面接收太阳光的有效面积为 πr^2，如图 15-5 所示，所以地球能够接收到太阳光能的总功率为：

$$p' = p \cdot \pi r^2$$

$$= 1.4 \times 10^3 \times 3.14 \times (6.4 \times 10^6)^2$$

$$= 1.80 \times 10^{17} W$$

点拨：

这是一道几何光学和光的量子论相结合的综合问题，一方面需要同学们有空间想象能力，同时还要有较强的做图能力和运算能力，需要学习者认真体会和领悟。

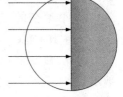

图 15-5

第二讲　原子核　核能

【考点导悟】

一、天然放射现象

1．内涵

（1）概念：原子序数大于 83 的元素能够自发地放射出某些射线的现象称为天然放射现象，而这些元素称为放射性元素。

（2）三种放射线性质对比表。

种类	本质	电离本领	穿透本领	速度
α 射线	^4_2He	最强	最弱（空气中几厘米或一张薄纸）	约光速 $\frac{1}{10}$
β 射线	$^0_{-1}e$	较弱	很强（几毫米铝板）	接近光速
γ 射线	光子	最弱	最强（几厘米的铅板）	光速

2. 原子核的衰变

原子核自发地放出某种粒子而转变为新核的变化叫原子核的衰变。

3. 衰变的种类

衰变有三种：即 α 衰变、β 衰变及 γ 衰变。

（1）α 衰变的实质：从原子核内同时放出 2 个质子和 2 个中子，这 4 个核子组成一个氦的原子核，即：

$$2^1_1H + 2^1_0n \rightarrow {}^4_2He$$

因此，每发生一次 α 衰变，新元素与原元素相比，核电荷数减少 2 个，质量数减小 4 个。

（2）β 衰变的实质：原子核内的一个中子变成质子而放出一个电子，即：

$$^1_0n \rightarrow {}^1_1H + {}^0_{-1}e$$

因此，每发生一次 β 衰变，新元素与原元素相比，核电荷数增加 1 个，质量数不变。

（3）γ 衰变的实质：是伴随着 α 衰变和 β 衰变同时发生的，不改变原子核的电荷数和质量数。这是因为在发生 α 衰变、β 衰变后，由于产生的新核处于高能级，在向低能级跃迁时放出能量即光子。

4. 半衰期

（1）概念：放射性元素的原子核有半数发生衰变需要的时间，叫半衰期。用符号"τ"表示。

（2）表达式：以 N_0、m_0 分别表示衰变前的放射性元素的原子核数和质量；以 $N_剩$、$m_剩$ 表示经过一段时间后，衰变剩下的原子核个数及质量。则有：

$$N_剩 = \frac{N_0}{2^{\frac{t}{\tau}}} \qquad m_剩 = \frac{m_0}{2^{\frac{t}{\tau}}}$$

（3）半衰期的特点：

首先，半衰期是由放射性元素的原子核自身的因素决定的，跟原子核所处的物理状态（如压强和温度等）或化学状态（如单质还是化合物）无关；其次，半衰期只具有统计意义,对大量原子核衰变时才适用,对少量原子核不适用。

二、放射性同位素的应用

1. 放射性同位素

放射性原子的核电荷数相同,但质量数不同,把这样一些具有相同核电荷数和不同中子数的放射性原子互称为放射性同位素。

2. 应用及防护

(1)应用:利用它的射线,如工业探测、医疗等;利用它作为示踪原子。

(2)防护:过量的射线会对环境造成污染,故要防止射线的外泄,尽可能远离放射源。

三、原子核的人工转变

1. 概念

用高能粒子轰击靶核,产生另一种新核的反应过程,叫作原子核的人工转变。

2. 利用原子核的人工转变获得三大发现

(1)1919 年,卢瑟福用 α 粒子轰击 $^{14}_{7}N$ 发现了质子:

$$^{14}_{7}N + ^{4}_{2}He \rightarrow ^{17}_{8}O + ^{1}_{1}H$$

(2)1932 年,查德威克用 α 粒子轰击 $^{9}_{4}Be$ 发现了中子:

$$^{9}_{4}Be + ^{4}_{2}He \rightarrow ^{12}_{6}C + ^{1}_{0}n$$

(3)1934 年,约里奥·居里夫妇用 α 粒子轰击发现放射性同位素和正电子:

$$^{27}_{13}Al + ^{4}_{2}He \rightarrow ^{30}_{15}P + ^{1}_{0}n$$

$$^{30}_{15}P \rightarrow ^{30}_{14}Si + ^{0}_{1}e$$

四、核反应方程的书写规则

(1)必须遵从两个守恒:电荷数守恒、质量数守恒规律。

(2)核反应方程中的箭头"→"表示反应进行的方向,不能把箭头改写成等号。

(3)书写核反应方程,要以实验为依据,不能随意编造。

五、核能与质量亏损

1. 核能

由于原子核中的核子间存在强大的核力,使得原子核成为一个坚固的集合体,要把原子核分裂成核子,就得克服核力而提供巨大的能量。反之,要把核子集合成一个原子核,就要放出巨大的能量。这种核子结合成原子核放出的能量或原子核分裂成核子吸收的能量,称为核能。

2. 爱因斯坦质能方程

$$E = mc^2$$

式中,m 是物体的质量;c 是真空中的光速。此式表明,物体的质量和能量间有一定联系,即物体具有的能量与质量成正比。

3. 质量亏损与核能计算

(1)质量亏损:在核反应中,反应前原子核及粒子的质量之和与反应后产生的新核及粒子质量之和的差叫作质量亏损。用 Δm 表示。

根据爱因斯坦质能方程不难得出,若核反应中出现质量亏损,将有对应的核能释放出来;若出现质量增盈,表明核反应吸收能量。其释放或吸收的能量为:$\Delta E = \Delta m c^2$。

(2)核能的常用计算方法:

① 根据公式 $\Delta E = \Delta m c^2$ 直接计算:要注意的是,计算时 Δm 的单位是 kg,光速的单位是 m/s,ΔE 的单位是 J。

② 根据 $\Delta E = \Delta m \times 931.5 \mathrm{MeV}$ 计算:要注意的是,Δm 的单位是 u(即原子质量单位),因 1u 对应 931.5MeV 的能量,因此计算出来 ΔE 的单位是 MeV。

③ 利用平均结合能计算。

4. 获得核能的重要途径

(1)重核裂变。

重核俘获一个中子后分裂成为两个或多个中等质量的核,同时会放出几个中子及大量核能。

(2)轻核聚变(热核反应)。

某些轻核结合成质量较大的核的反应过程,同时释放出大量的核能。

目前,核电站主要是利用重核裂变放出核能。

【活题精析】

【例 1】 据科学家研究发现,月球上含有丰富的 $_{2}^{3}\mathrm{He}$,是一种清洁高效又安全的核聚变燃料,它的一种核聚变反应为 $2\,_{2}^{3}\mathrm{He} \rightarrow 2\,_{1}^{1}\mathrm{H} + _{2}^{4}\mathrm{He}$,则下列说法正确的是(　　)。

A. 聚变反应产生了新的原子核

B. 聚变反应需要吸收能量

C. 我国当前核电站主要利用 $_{2}^{3}\mathrm{He}$ 聚变反应来发电的

D. 聚变反应也有质量亏损

[分析与解]

聚变反应过程中产生了新的原子核,故 A 选项正确;轻核聚变和重核裂变都出现质量亏损,因此要释放核能,故 B 选项错误、D 选项正确;我国当前核电站主要是利用重核裂变反应释放核能来发电的,故 C 选项错误。因此,A、D 选项正确。

答案:A、D

【例2】　假设两个氘核在一直线上相碰并发生聚变反应,生成氦的同位素和中子,已知氘核的质量是2.0136u,中子的质量是1.0087u,氦核同位素的质量是3.0150u,请:

(1)写出聚变的核反应方程式。

(2)求在聚变核反应中释放出的能量为多少。

(3)若氘核和氦核发生聚变后生成了锂核,其核反应方程为$_1^3H + _2^4He \rightarrow _3^7Li$,且各核子的比结合能分别为$E_H = 1.112MeV$、$E_{He} = 7.075MeV$、$E_{Li} = 5.603MeV$,求这一核反应释放的核能。

[分析与解]

(1)根据核反应遵从的两个守恒,易写出核反应方程为:

$$2_1^2H \rightarrow _2^3He + _0^1n$$

(2)先计算质量亏损:

$$\Delta m = 2m_H - m_{He} - m_n$$

$$= 2 \times 2.0136u - 3.0150u - 1.0087u = 0.0035u$$

故氘核聚变释放出的能量为:

$$\Delta E = \Delta m \times 931.5MeV$$

$$= 0.0035 \times 931.5MeV = 3.26MeV$$

(3)一个$_1^3H$和一个$_2^4He$分裂成7个核子所吸收的能量:

$$E_1 = 1.112 \times 3MeV + 7.075 \times 4MeV = 31.636MeV$$

又7个核子结合成一个$_3^7Li$核释放的能量:

$$E_2 = 5.603 \times 7MeV = 39.221MeV$$

因此,核反应释放的核能为:

$$Q = E_2 - E_1$$

$$= 39.221MeV - 31.636MeV = 7.585MeV$$

【例3】　恒星内部经常发生下面一系列的核反应:$p + _6^{12}C \rightarrow _7^{13}N$、$_7^{13}N \rightarrow _6^{13}C + e^+ + v$、$p + _6^{13}C \rightarrow _7^{14}N$、$p + _7^{14}N \rightarrow _8^{15}O$、$_8^{15}O \rightarrow _7^{15}N + e^+ + v$、$p + _7^{15}N \rightarrow _6^{12}C + \alpha$

其中,p为质子;α为氦核;e^+为正电子;v为中微子。已知质子的质量为$m_p = 1.672648 \times 10^{-27}kg$,$\alpha$粒子的质量为$m_\alpha = 6.644929 \times 10^{-27}kg$,正电子的质量为$m_e = 9.11 \times 10^{-31}kg$,中微子的质量可忽略不计。光速$c = 3.00 \times 10^8 m/s$,求这一系列的核反应完成后释放的能量。

[分析与解]

仔细观察这一系列核反应,不难发现前一反应的生成物正好是后一反应的反应物,若把这一系列核反应左右分别相加,就能消去中间的反应物,从而把系列核

反应等效为一个核反应,大大减少计算过程。将这 6 个核反应方程相加得:

$$4p \rightarrow {}_2^4\mathrm{H}_e + 2e^+ + 2v$$

其质量亏损为:

$$\Delta m = 4m_p - m_\alpha - 2m_e$$
$$= 4 \times 1.672648 \times 10^{-27} - 6.644929 \times 10^{-27} - 2 \times 9.11 \times 10^{-31}$$
$$= 4.3841 \times 10^{-29} \mathrm{kg}$$

由质能方程得出释放的核能为:

$$\Delta E = \Delta mc^2$$
$$= 4.3841 \times 10^{-29} \times (3.00 \times 10^8)^2 \mathrm{J}$$
$$= 3.95 \times 10^{-12} \mathrm{J}$$

【例 4】 电子和正电子互为反物质,它们的静止质量均为 m_0,电子电量为 $-e$,正电子的电量为 e。当二者以相等的动能 E_k 相向运动碰撞后将发生"湮灭"现象,若产生两个频率相同的光子,求这两个光子的频率 v 为多少。

[分析与解]

对微观粒子,在研究、处理能量问题时必须考虑到速度对质量的影响,因此要用到爱因斯坦相对论的知识。

解法一:用能量守恒求解。

设运动的电子质量为 m,则根据爱因斯坦相对论:运动物体的总能等于静止能量和动能之和,即:

$$mc^2 = m_0 c^2 + E_k$$

因核反应前后能量守恒,得:

$$2mc^2 = 2hv$$

二式联立得:

$$v = \frac{m_0 c^2 + E_k}{h}$$

解法二:从质量亏损释放核能的角度去思考。

根据爱因斯坦相对论的质量-速度关系:

$$m = \frac{m_0}{\sqrt{1 - \dfrac{v^2}{c^2}}}$$

当 $v \ll c$ 时,根据二项式定理把分母展开,有:

$$\frac{1}{\sqrt{1 - \dfrac{v^2}{c^2}}} = \left(1 - \frac{v^2}{c^2}\right)^{-\frac{1}{2}} = 1 + \frac{v^2}{2c^2}$$

所以具有速度 v 的电子质量:

$$m = m_0 \left(1 + \frac{v^2}{2c^2} \right) = m_0 + \frac{m_0 v^2}{2c^2}$$

在"湮灭"现象发生时质量亏损为：

$$\Delta m = 2m = 2 \left(m_0 + \frac{m_0 v^2}{2c^2} \right)$$

由质能方程得出释放的核能为：

$$\Delta E = \Delta m c^2 = 2m_0 c^2 + m_0 v^2 = 2m_0 c^2 + 2E_k$$

又 $2hv = 2m_0 c^2 + 2E_k$

故：$v = \dfrac{m_0 c^2 + E_k}{h}$

【例5】　如图 15-6 所示，静止在匀强磁场中的 $^{6}_{3}\text{Li}$ 核俘获一个速度为 $v_0 = 7.7 \times 10^4 \text{m/s}$ 的中子而发生核反应，$^{6}_{3}\text{Li} + ^{1}_{0}\text{n} \rightarrow ^{3}_{1}\text{H} + ^{4}_{2}\text{He}$，若 $^{4}_{2}\text{He}$ 速度为 $v_2 = 2.0 \times 10^4 \text{m/s}$，且方向跟中子运动方向相同，求：

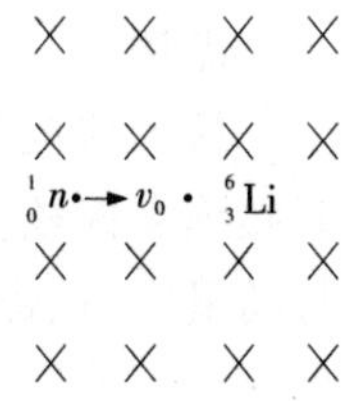

（1） $^{3}_{1}\text{H}$ 的速度。

（2） $^{3}_{1}\text{H}$ 核和 $^{4}_{2}\text{He}$ 核在磁场中做圆周运动的轨道半径之比。

图 15-6

（3）画出 $^{3}_{1}\text{H}$ 核和 $^{4}_{2}\text{He}$ 核运动轨迹，并确定两次相遇间隔的时间与 $^{3}_{1}\text{H}$ 核运动周期 T_H 的关系。

[分析与解]

由于核反应过程遵从动量守恒，我们可以先根据动量守恒定律求出 $^{3}_{1}\text{H}$ 的速度，再根据洛伦兹力充当向心力求出两个粒子在磁场中运动轨道半径之比。与此同时，要注意到两个原子核质量之比等于质量数之比，电量之比等于电荷数之比的关系。

（1）根据核反应前后动量守恒：

$$m_n \cdot v_0 = m_H \cdot v_1 + m_{He} \cdot v_2$$

得：$v_1 = \dfrac{m_n \cdot v_0 - m_{He} \cdot v_2}{m_H} = -1.0 \times 10^3 \text{m/s}$

"－"号表示 $^{3}_{1}\text{H}$ 的速度方向与中子运动方向相反。

（2）由 $qvB = m\dfrac{v^2}{R}$ 得：$R = \dfrac{mv}{qB}$

故：$\dfrac{R_H}{R_{He}} = \dfrac{m_H v_1}{q_H \cdot B} \times \dfrac{q_{He} \cdot B}{m_{He} \cdot v_2}$

$$= \frac{3 \times 1 \times 10^3}{1} \times \frac{2}{4 \times 2 \times 10^4} = \frac{3}{40}$$

（3）由左手定则，画出两新核运动轨迹，如图 15-7 所示。

$^3_1$H 核和 $^4_2$He 核运动周期之比为：

$$\frac{T_H}{T_{He}} = \frac{2\pi m_H}{q_H \cdot B} \times \frac{q_{He} \cdot B}{2\pi m_{He}} = \frac{3}{1} \times \frac{2}{4} = \frac{3}{2}$$

因为两粒子运动时间相同,故运动圈数之比为：

$$\frac{N_H}{N_{He}} = \frac{2}{3}$$

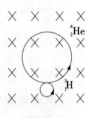

这说明, $^3_1$H 核运动 2 圈, $^4_2$He 核运动 3 圈,又相遇处也是
分离处,故两次相遇的时间间隔与 $^3_1$H 核运动周期 T_H 的关
系为：

图 15-7

$$\Delta t = 2T_H$$

点拨：

核反应问题很容易和力学、电磁学的知识联系在一起,这就要求我们不仅
要熟练掌握核反应方程、灵活运用核物理知识,同时还要具有处理核物理知识
与动量守恒、带电粒子在磁场中运动等知识相结合的综合问题的能力。

单元检测十五

1.用紫光照射某种金属时刚好不能发生光电效应,那么要使该金属能够发
生光电效应,可采取的措施是(　　)。

A.改用频率较大的紫外线照射

B.延长紫光的照射时间

C.改用强度较大的紫光照射

D.改用 X 射线照射

2.近年来,居室的装修常常要用到花岗岩、大理石等装饰材料,这些材料都
不同程度地含有放射性元素,下列有关放射性元素的说法正确的是(　　)。

A.氡的半衰期为 3.8 天,4 个氡原子核经过 7.6 天后就一定只剩下 1 个氡
原子核

B.β 射线与 γ 射线都是电磁波,但 β 射线穿透本领比 γ 射线弱

C.放射性元素发生 β 衰变时,释放的电子是原子的外层电子

D. $^{238}_{92}$U 衰变成 $^{206}_{82}$Pb 要经过 8 次 α 衰变和 6 次 β 衰变

3.关于物质的波粒二象性,以下说法不正确的是(　　)。

A.不仅光子具有波粒二象性,一切运动的微粒都具有波粒二象性

B.运动的微观粒子与光子一样,当它们通过一个小孔时,都没有确定的运
动轨道

C.宏观物体的运动有确定的轨道,所以宏观物体不具有波粒二象性

D. 波动性和粒子性,在宏观现象中是矛盾的、对立的,但在微观、高速运动的现象中是统一的

4. 某科学家提出年轻热星体中核聚变的一种理论,其中的两个核反应方程为:

$_1^1H + _6^{12}C \rightarrow _7^{13}N + Q_1$ 及 $_1^1H + _7^{15}N \rightarrow _6^{12}C + X + Q_2$,两个方程式中 Q_1、Q_2 表示释放的能量,有关的原子核质量见下表:

原子核	$_1^1H$	$_2^3He$	$_2^4He$	$_6^{12}C$	$_7^{13}N$	$_7^{15}N$
质量/u	1.0078	3.0160	4.0026	12.0000	13.0057	15.0001

以下推断正确的是(　　)。

A. X 是 $_2^4He$,$Q_2 > Q_1$　　　　　B. X 是 $_2^3He$,$Q_2 > Q_1$

C. X 是 $_2^3He$,$Q_2 < Q_1$　　　　　D. X 是 $_2^4H$,$Q_2 < Q_1$

5. ^{14}C 发生放射性衰变成为 ^{14}N,半衰期大约 5700 年。已知植物存活期间,其体内 ^{14}C 与 ^{12}C 的比例不变;死亡以后,^{14}C 的比例持续减少。现通过测量得知,一古木样品中 ^{14}C 的比例正好是现代植物的一半,则下列说法中正确的是(　　)。

A. ^{12}C、^{13}C、^{14}C 具有相同的中子数

B. 该古木的年代距今约 5700 年

C. ^{14}C 衰变为 ^{14}N 的过程中放出 β 射线

D. 增加样品测量环境的压强将加速 ^{14}C 的衰变

6. 人眼对绿光最敏感,正常人的眼睛接收到波长为 530nm 的绿光时,只要每秒有 6 个绿光的光子射入瞳孔,眼睛就能察觉到。已知普朗克常量为 $6.63 \times 10^{-34}J \cdot s$,光速为 $3.0 \times 10^8 m/s$,求:

(1) 人眼能察觉到绿光时所接收到的最小功率。

(2) 用这种波长的绿光照射以下五种材料,能产生光电效应的材料是哪几种。

材　料	铯	钙	镁	铍	钛
逸出功($\times 10^{-19}J$)	3.0	4.3	5.0	6.2	6.6

7. 氢原子处于基态时,原子的能量为 $E_1 = -13.6eV$,当处于 $n = 3$ 的激发态时,能量为 $E_3 = -1.51eV$,求:

(1) 当氢原子从 $n = 3$ 的激发态跃迁到 $n = 1$ 的基态时,向外辐射的光子的

波长。

（2）要使处于基态的氢原子电离，至少要用多大频率的电磁波照射氢原子。

（3）现有大量的氢原子处于 $n=3$ 的激发态，则在跃迁过程中可能释放出几种不同频率的光子。

8.已知用中子轰击锂核（^6_3Li）发生核反应，生成 α 粒子和氚核，同时放出 4.8MeV的能量。据此，回答下列问题：

（1）写出核反应方程。

（2）此核反应出现的质量亏损相当于多少个原子质量单位？

（3）若中子与锂核是以等值反向的动量相碰，则 α 粒子和氚核的动能之比。

参考答案

单元检测一

1.答案:B

解析:由速度随时间变化关系公式可得 $t=2\text{s}$ 时的速度为: $v=6t^2\text{m/s}$ $=6\times4\text{m/s}=24\text{m/s}$;由 x 与 t 的关系得出各时刻对应的位移,再利用平均速度公式可得 $t=0$ 到 $t=2\text{s}$ 间的平均速度为: $\overline{v}_1=\dfrac{\Delta x}{\Delta t}=\dfrac{19-3}{2}\text{m/s}=8\text{m/s}$,故 B 选项正确。

2.答案:A、D

解析:若初、末速度同向,则 $a=\dfrac{v-v_0}{t}=\dfrac{10-4}{1}\text{m/s}^2=6\text{m/s}^2$,方向与初速度的方向相同,故 A 选项正确、B 选项错误;若初、末速度反向, $a=\dfrac{v-v_0}{t}$ $=\dfrac{-10-4}{1}\text{m/s}^2=-14\text{m/s}^2$,方向与初速度的方向相反,故 C 选项错误、D 选项正确。

3.答案: 0.067m/s^2; 0.6m。

解析:(1)遮光板通过第一个光电门的速度为:

$$v_1=\frac{L}{\Delta t_1}=\frac{0.03}{0.30}\text{m/s}=0.10\text{m/s}$$

遮光板通过第二个光电门的速度为:

$$v_2=\frac{L}{\Delta t_2}=\frac{0.03}{0.10}\text{m/s}=0.30\text{m/s}$$

加速度 $a=\dfrac{v_2-v_1}{\Delta t}\approx0.067\text{m/s}^2$

(2)两个光电门之间的距离 $x=\dfrac{v_1+v_2}{2}\Delta t=0.6\text{m}$

4.答案: $N=\dfrac{2N_1N_2}{N_1+N_2}$

解析:无论是以地面为参考系还是以扶梯为参考系,上楼或下楼的时间应该是相等的,小孩数的梯数,能够代表小孩的相对位移。

设扶梯向上运动的速率为 v_0，实际的级数为 N，则小孩向上跑时相对地面的速率为 $v+v_0$，向下跑时相对地面的速率为 $v-v_0$，于是有下面两式：

$$\frac{N_1}{v} = \frac{N}{v+v_0}, \frac{N_2}{v} = \frac{N}{v-v_0}$$

两式联立得：$N = \dfrac{2N_1N_2}{N_1+N_2}$

5. 答案：B

解析：设甲、乙运动的加速度为 a，甲前进距离 s_1 所用时为 t_1，乙运动的时间为 t_2，则有：

$$s_1 = \frac{1}{2}at_1^2 \qquad\qquad ①$$

$$s - s_2 = \frac{1}{2}at_2^2 \qquad\qquad ②$$

$$s = \frac{1}{2}a(t_1+t_2)^2 \qquad\qquad ③$$

将③式展开，将 t_1、t_2 的二次项用①、②式整体代入，再将 t_1、t_2 项由①式和②式解出 t_1、t_2 表达式代入，整理后得：

$$s = \frac{(s_1+s_2)^2}{4s_1}$$

故正确答案为选项 B。

6. 答案：25m/s；−5m/s。

解析：竖直上抛运动的全过程中，加速度大小和方向始终为重力加速度，方向竖直向下，从上抛开始计时，整个过程可以看成是匀减速运动。

由位移公式 $s = v_0t + \dfrac{1}{2}at^2$

其中，$s = -30\text{m}$；$a = -g = -10\text{m/s}^2$。得：

$v_0 = 25\text{m/s}$

全程平均速度

$$\bar{v} = \frac{s}{t} = \frac{-30}{6}\text{m/s} = -5\text{m/s}$$

7. 答案：B

解析：沿 a 管滑下的小球在 AB 段的加速度比 BC 段小，则在速率-时间图像中 AB 段图线斜率比 BC 段图线斜率小。而沿 b 管滑下的小球，它的速率-时间图线 AD 段斜率比 DC 段斜率大，由机械能守恒定律知，两球滑到底端时速率相同，又考虑到两球加速度大小的关系，做出两球的速率-时间图线

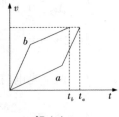

解 1-1

如图解 1-1 所示。要保证两球的路程相等,即"面积"相等,必有 $t_a > t_b$,因此选项 B 正确。

8.答案:8s

解析:首先做出 A、B 两车的 v-t 图像,如图解 1-2 所示,从图像可以看出在速度相等(t_0 时刻)以前,它们之间的距离是在逐渐拉大。若 A 追上 B,一定是发生在 t_0 以后。刹车后经过:

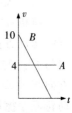

$t_1 = \dfrac{v_2}{a} = 5\text{s}$,$B$ 车停止。此时 A、B 车运动的距离分别是:

$S_1 = 4 \times 5\text{m} = 20\text{m}$

$S_2 = \dfrac{10+0}{2} \times 5\text{m} = 25\text{m}$

解 1-2

因为 $S_1 = 20\text{m} < S_2 + S_0 = 25 + 7 = 32\text{m}$,这说明在 B 车停止前 A 车没能追上 B 车,因此 A 车追上 B 车的时间是:

$t = \dfrac{S_2 + S_0}{v_1} = \dfrac{32}{4}\text{s} = 8\text{s}$

9.答案:0.5s;0.05s。

解析:两棒相遇的时刻是 A 的下端与 B 的上端相遇的时刻,可按照质点相遇问题处理。分离时刻是 A 的上端与 B 的下端相遇的时刻。本题我们用两种方法求解。

解法一:

(1)设经过时间 t 两棒相遇,即 A 的下端与 B 的上端相遇,此时有:

$\dfrac{1}{2}gt^2 + \left(v_0 t - \dfrac{1}{2}gt^2\right) = s$,得 $t = \dfrac{s}{v_0} = \dfrac{20}{40}\text{s} = 0.5\text{s}$

(2)从相遇开始到分离所用的时间,就是从 A 的下端与 B 的上端相遇开始到 A 的上端与 B 的下端相遇这段时间,设为 Δt,则:

$\left(v_A\Delta t + \dfrac{1}{2}g\Delta t^2\right) + \left(v_A\Delta t - \dfrac{1}{2}g\Delta t^2\right) = 2L$

其中,$v_A = gt$;$v_B = v_0 - gt$。代入后得:

$\Delta t = \dfrac{2L}{v_0} = \dfrac{2 \times 1}{40}\text{s} = 0.05\text{s}$

解法二:由于 A、B 两物体有相同的加速度,因此若以其中一个为参照物,则另一个做匀速运动,运算就会简便得多。不妨以 A 为参照物,那么 B 相对于 A 以 v_0 向上做匀速运动。

(1)设经过时间 t 两棒相遇,则:

$v_0 t = s$,得 $t = \dfrac{s}{v_0} = \dfrac{20}{40}\text{s} = 0.5\text{s}$

(2)设从相遇开始到分离所用的时间为 Δt,因从相遇开始到二者分离,B 向

上匀速运动的位移是2L,故有:

$$\Delta t = \frac{2L}{v_0} = \frac{2 \times 1}{40} \text{s} = 0.05 \text{s}$$

单元检测二

1. 答案: B、C、D

解析: P为主动轮,假设接触面光滑,B点相对于A点的运动方向一定与B点的运动方向相同,故A选项错误;Q为从动轮,D点相对于C点的运动趋势方向与C点的运动方向相反,Q轮通过静摩擦力带动,因此,D点所受的静摩擦力方向与D点的运动方向相同,故B、C选项均正确;主动轮靠摩擦带动皮带,从动轮靠摩擦被皮带带动,故D选项也正确。

2. 答案: B

解析: 以一粒谷粒为研究对象,可认为刚好处于平衡状态,这时有$mg\sin\theta = \mu mg\cos\theta$,即$\tan\theta = \mu$是定值,故应选择B选项。

3. 答案: A

解析: 由于两包装箱的质地相同,则动摩擦因数相同。无论两包装箱匀速、匀加速运动,a、b之间均无相对运动趋势,所以无相互作用力,包装箱b只受三个力的作用,故A选项正确、B选项错误;当传送带因故突然停止时,两包装箱加速度仍然相同,所以二者之间仍无相互作用力,C选项错误;传送带因故突然停止时,包装箱受到的摩擦力与停止前无法比较,所以D选项错误,故答案为选项A。

4. 答案: 如图解2-1所示

解析: 杆AB受三个力作用,重力G,方向竖直向下;绳的拉力沿绳BN方向。由于水平杆位置限定,所以墙对杆的作用力不一定沿着杆,这个力可以由三力平衡汇交原理确定。做出重力G和绳拉力的作用线,二者相交于C点,连结AC,则墙对杆的作用力方向由A指向C。

解 2-1

5. 答案: $v = \frac{4\pi r^2 \rho g}{3k} \approx 1.23 \text{m/s}$

解析: 此题的关键是雨滴达到"稳态速度"时,处于平衡状态,此时加速度为零,速度最大。能找到此条件,题目就可以迎刃而解了。

雨滴下落时受两个力作用:重力方向竖直向下;空气阻力方向向上。当二力平衡时,雨滴达到稳态速度,见图解2-2。

解 2-2

即：$mg - krv = 0$，又 $m = \dfrac{4\pi r^3 \rho}{3}$

解得：$v = \dfrac{4\pi r^2 \rho g}{3k} \approx 1.23\,\mathrm{m/s}$

6. 答案：A

解析：本题关键是进行正确受力分析，半球形容器对滑块的作用力沿着半径指向圆心，在三个力作用下处于平衡状态，此题有多种解法，我们用两种方法求解。

方法一：合成法。

滑块受力重力和推力的合力与支持力等大反向。如图解 2-3 所示，由几何关系得：

$\dfrac{mg}{F} = \tan\theta$，故：$F = \dfrac{mg}{\tan\theta}$

同理：$F_N = \dfrac{mg}{\sin\theta}$

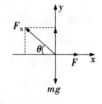

解 2-3

方法二：正交分解法。

建立如图解 2-4 所示的直角坐标系，并将滑块受的支持力沿着水平、竖直坐标轴方向分解，由平衡条件得：

$mg = F_N \sin\theta$，$F = F_N \cos\theta$

解得：$F = \dfrac{mg}{\tan\theta}$，$F_N = \dfrac{mg}{\sin\theta}$

解 2-4

7. 答案：OA 绳先达到最大值，先断，OA 绳与竖直方向的夹角 $\theta = 30°$，此时，AB 绳中拉力是：

$T_{AB} = G\tan 30° = 30 \times \dfrac{\sqrt{3}}{3} = 10\sqrt{3}\,\mathrm{N}$

解析：容易看出，OA 绳与竖直方向的夹角 θ 逐渐增大时，由平衡条件可知，OA 和 BA 绳中的拉力都逐渐增大。当有一根的拉力先达到它本身能承受的最大拉力时，就不能再增大角度了。经过分析，OA 绳中的拉力先达到这一要求，令 OA 绳子中的张力 $T_{OA} = 20\sqrt{3}\,\mathrm{N}$，则有：

$\cos\theta = \dfrac{G}{T_{OA}} = \dfrac{30}{20\sqrt{3}} = \dfrac{\sqrt{3}}{2}$

所以 $\theta = 30°$

此时，AB 绳中的拉力是：

$T_{AB} = G\tan 30° = 30 \times \dfrac{\sqrt{3}}{3} = 10\sqrt{3}\,\mathrm{N}$

单元检测三

1. 答案：B、D

解析：理解牛顿第一定律及伽利略的理想斜面实验是正确解答此题的前提。牛顿第一定律表明，物体在不受外力作用时，保持原有运动状态不变的性质叫惯性，所以牛顿第一定律又叫惯性定律，故 A 选项错误；牛顿运动定律都是在宏观、低速的情况下得出的结论，在微观、高速的情况下不成立，故 B 选项正确；牛顿第一定律说明了两点含义：一是所有物体都有惯性，二是物体不受力时的运动状态是静止或匀速直线运动，而牛顿第二定律并不能完全包含这两点意义，故 C 选项错误；伽利略的理想实验是牛顿第一定律的基础，故 D 选项正确。

2. 答案：A、B、D

解析：本题主要考查的是力与运动的关系，当力的方向与速度方向相同或与速度方向的夹角 $\theta \leq 90°$ 时，物体的速度逐渐增大，动能逐渐增大；当力的方向与速度方向相反时，物体做匀减速运动，速度逐渐减小到零后又反向逐渐增大，因此动能先减小后增大；当力的方向与速度的方向夹角 $90° < \theta < 180°$ 时，力的方向与速度的方向夹角逐渐减小，速度先逐渐减小，直到夹角等于 $90°$ 时速度达到最小值，而后速度逐渐增大，故动能先减小到某一非零的最小值、再逐渐增大，如斜上抛物体的运动。故选项 A、B、D 均正确。

3. 答案：B

解析：小球具有惯性，相对于列车向前运动，故列车在减速；相对于列车向北运动，故列车向南转弯，因此，B 选项正确。

4. 答案：C

解析：甲拉绳的力与绳拉甲的力是一对作用力与反作用力，故 A 选项错误；甲、乙对绳的拉力都作用在绳上，不是作用力与反作用力，故 B 选项错误；绳对甲、乙的作用力大小相等，根据牛顿第二定律，其产生加速度 $a = \dfrac{F}{m}$，若甲的质量比乙大，则甲向前运动的加速度小，将后到达分界线而赢得比赛的胜利，故 C 选项正确；胜负不是取决于收绳的速度，故 D 选项错误。

5. 答案：$a_1 = -\dfrac{m_2}{m_1}g$，"$-$"号表示方向向上；$a_2 = g$。

解析：对两物块及细线构成的整体，在细线剪断前处于平衡状态，即 $F_合 = 0$；在细线剪断后的瞬间，由于弹簧弹力不能发生突变，而细线中张力瞬间消失，故物块 m_2 的加速度大小 $a_2 = g$，方向竖直向下。

对整体由牛顿第二定律得：

$$F_{合} = m_1 a_1 + m_2 a_2 = 0$$

解出: $a_1 = -\dfrac{m_2}{m_1} g$, " – "号表示加速度方向向上。

6. 答案: 磁铁受地面摩擦力的方向向右。

解析: 通电导线与磁铁之间有相互作用力, 但直接
对磁铁进行受力分析, 电流对磁铁的作用力方向很难
判定, 但磁场对电流的作用力可根据左手定则, 很容易
得出导线受到磁场的作用力 F 如图解 3-1 所示, 根据牛
顿第三定律, 可知磁铁受到电流的作用力 F' 斜向左上方, 磁铁有向左运动的趋
势, 因此, 磁铁受地面摩擦力的方向向右。

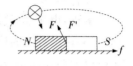

解 3-1

7. 答案: $\Delta F_N = \Delta G - \Delta G' = ma\left(1 - \dfrac{1}{k}\right)$

解析: 剪断悬线后, 小球加速下降而处于失重, 而同体积的水球以同样大小
的加速度上升而超重, 其余的部分仍保持平衡状态不变, 因此台秤示数的改变量
为两球超重和失重的差值。因小球以加速度下降, 故"失重"的量为 $\Delta G = ma$ (而
同体积的水球超重的量为: $\Delta G' = \dfrac{ma}{k}$), 因此台秤示数的减少量为:

$$\Delta F_N = \Delta G - \Delta G' = ma\left(1 - \dfrac{1}{k}\right)$$

8. 答案: (1)200m。(2) 45s。

解析: (1)滑块从 A 端出发先向右做减速运动, 能够再次回到 A 端, 最少是
满足了滑块速度为零时刚好到达 B 端。在这一过程中:

$$a = \mu g = 1\,\mathrm{m/s^2}, v_0^2 = 2aL$$

所以, $L = \dfrac{v_0^2}{2a} = \dfrac{400}{2 \times 1}\mathrm{m} = 200\,\mathrm{m}$。

(2)从 A 到 B 的时间为 $t_1 = \dfrac{v_0}{a} = \dfrac{20}{1}\mathrm{s} = 20\,\mathrm{s}$, 之后滑块又反向加速, 直到速度
为 $v = 10\,\mathrm{m/s}$ 与带同速, 所用的时间 $t_2 = \dfrac{v}{a} = \dfrac{10}{1}\mathrm{s} = 10\,\mathrm{s}$。这时, 滑块距离 B 的距
离为 $s_1 = \dfrac{vt_2}{2} = \dfrac{10}{2} \times 10\,\mathrm{m} = 50\,\mathrm{m}$, 距离 A 端 $L - s_1 = vt_3$。

解得: $t_3 = 15\,\mathrm{s}$

因此, 从 A 出发到再次回到 A 端所经历的总时间:

$$t = t_1 + t_2 + t_3 = 20\,\mathrm{s} + 10\,\mathrm{s} + 15\,\mathrm{s} = 45\,\mathrm{s}$$

单元检测四

1.答案:A、B

解析:由 x 方向的速度图像可知,在 x 方向的加速度为 1.5m/s^2,受力 $F_x = 3\text{N}$;由 y 方向的位移图像可知,在 y 方向做匀速直线运动,速度为 $v_y = 4\text{m/s}$,所以质点的初速度为 $v_0 = \sqrt{3^2 + 4^2} = 5\text{m/s}$,故 A 选项正确;受到的合外力为 3N,故 B 选项正确;初速度方向与合外力方向不垂直,故 C 选项错误;2s 末质点 x 方向速度 $v_x = 3 + 1.5 \times 2 = 6\text{m/s}$,所以 2s 末质点合速度为 $v = \sqrt{6^2 + 4^2} = 2\sqrt{13}\,\text{m/s}$,故 D 选项错误。因此,正确答案为选项 A、B。

2.答案:物体向上做变加速运动

解析:人的运动速度是合速度,把它沿绳方向和垂直于绳的方向分解。沿绳子方向的速度 $v_1 = v\cos\alpha$ 与物体运动的速度 $v_{物}$ 相等,即 $v_{物} = v\cos\alpha$。因 $\alpha\downarrow\cos\alpha\uparrow v_{物} = v\cos\alpha\uparrow$,故物体向上做变加速运动,但不是匀加速运动。

3.答案:B

解析:因小球落在斜面上,所以两次位移与水平方向的夹角是相等的,根据平抛运动规律得:

$$\tan\theta = \frac{\frac{1}{2}gt_1^2}{v_0 t_1} = \frac{\frac{1}{2}gt_2^2}{2v_0 t_2}$$

故有:$\dfrac{t_1}{t_2} = \dfrac{1}{2}$

4.答案:(1)3m/s。 (2)1.2m。 (3)2.4s。

解析:(1)由题意知,小球落到斜面上速度方向与斜面平行,如图解 4-1 所示,将速度分解,则 $v_y = v_0\tan53°$,而 $v_y^2 = 2gh$,代入数值得:

$v_y = 4\text{m/s}, v_0 = 3\text{m/s}$

(2)由 $v_y = gt_1$ 得 $t_1 = 0.4\text{s}$

$x = v_0 t_1 = 3 \times 0.4\text{m} = 1.2\text{m}$

(3)小球沿光滑斜面向下做匀加速直线运动,其加速度大小为 $a = g\sin53° = 8\text{m/s}^2$

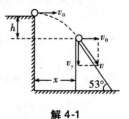

解 4-1

初速度 $v = \sqrt{v_0^2 + v_y^2} = 5\text{m/s}$

由匀变速运动位移公式得:

$$\frac{H}{\sin53°} = vt_2 + \frac{1}{2}at_2^2$$

得:$t_2 = 2s$(或 $t_2 = -\dfrac{13}{4}s$,不合题意舍掉),所以小球离开平台后到达斜面底端的时间为:$t = t_1 + t_2 = 2.4s$。

5. 答案:$2.80\,\text{rad/s} \leqslant \omega \leqslant 6.25\,\text{rad/s}$

解析:当 m 保持静止不动时,就是 M 做圆周运动的半径保持不变。M 做圆周运动的向心力是由绳拉力和静摩擦力的合力提供的。由于静摩擦力的大小、方向不定,所以以最大静摩擦力为临界,静摩擦力的方向有两种情况:

(1)当转盘转动角速度 ω 最小时,M 受到的静摩擦力方向沿半径向外,这时有 $mg - f_{max} = M\omega_{min}^2 r$,代入数据得:$\omega_{min} = 2.80\,\text{rad/s}$。

(2)当转盘转动角速度 ω 最大时,M 受到的静摩擦力方向沿半径指向圆心,这时有 $mg + f_{max} = M\omega_{max}^2 r$,代入数据得:$\omega_{max} = 6.25\,\text{rad/s}$。

因此,转盘转动角速度应该在一个范围内,即:

$2.80\,\text{rad/s} \leqslant \omega \leqslant 6.25\,\text{rad/s}$

6. 答案:$h = \dfrac{R}{2}$

解析:启动前测试仪对平台的压力 $F_{N1} = mg$,设火箭上升到离地面的高度为 h 时,测试仪对平台的压力为 F_{N2},根据牛顿第三定律,平台对测试仪的支持力也等于 F_{N2},对测试仪根据牛顿第二定律得:

$F_{N2} - mg' = m\dfrac{g}{2}$,又:$\dfrac{F_{N2}}{F_{N1}} = \dfrac{17}{18}$

联立各式得:

$g' = \dfrac{4}{9}g$

在忽略地球自转时,重力等于万有引力。有:

$mg = G\dfrac{Mm}{R^2}, \quad mg' = G\dfrac{Mm}{(R+h)^2}$

联立得:$h = \dfrac{R}{2}$

单元检测五

1. 答案:B

解析:功是标量,各外力做功的代数和即为合力所做的功,因此总功为 $3J + 4J = 7J$,选项 B 是正确的。

2. 答案:C、D

解析:电动机做功的过程是消耗电能的过程,在这一过程中,消耗的电能有两个去向,即转化为物体的动能及内能,而 $\frac{1}{2}mv^2$ 是物体动能的增量,而内能部分等于摩擦力乘以相对位移,易算出相对位移等于 $\frac{v^2}{2\mu g}$,所以产生的内能为 $Q = \mu mg \cdot \frac{v^2}{2\mu g} = \frac{1}{2}mv^2$,根据能量守恒可知,多做的功为 mv^2,故 A 选项错误;物体受到三个力作用,只有传送带的摩擦力对物体做功,根据动能定理可知,摩擦力对物体做的功为 $\frac{1}{2}mv^2$,故 B 选项错误;传送带受到的摩擦力是阻力,其克服摩擦力做功等于摩擦力与传送带相对地面位移的乘积,而这个位移是 $s = vt = v \cdot \frac{v}{\mu g} = \frac{v^2}{\mu g}$,所以克服摩擦力做功 $W = \mu mg \cdot s = mv^2$,故 C 选项正确;电动机增加的功率等于其多做的功与所用时间的比值,根据功率公式 $P = \frac{W}{t} = \frac{mv^2}{\frac{v}{\mu g}}$

$= \mu mgv$。故 D 选项正确。

3.答案: $W' = Fh\left(\dfrac{1}{\sin\alpha} - \dfrac{1}{\sin\beta}\right)$

解析:设绳对物体的拉力为 F_T,则人对绳的拉力 $F = F_T$,根据题意, F_T 大小不变,但其方向时刻在改变。因此,本题是一道变力做功的问题,不能根据功的公式对它直接求解。

又因为在绳的质量、滑轮的质量及滑轮与绳间的摩擦不计的情况下,人的拉力 F 对绳做的功就等于绳的拉力 F_T 对物体做的功。因此,只要求出恒力 F 对绳子做的功就可解决问题。于是把变力做功问题转化为恒力做功问题。

因人的拉力 F 对绳子做的功 W 等于拉力 F 与作用点的位移大小的乘积,而作用点的位移为:

$$\Delta s = h\left(\frac{1}{\sin\alpha} - \frac{1}{\sin\beta}\right)$$

由公式 $W = F \cdot s$ 可得:

$$W = F\Delta s = Fh\left(\frac{1}{\sin\alpha} - \frac{1}{\sin\beta}\right)$$

故绳子的拉力 F_T 做的功:

$$W' = Fh\left(\frac{1}{\sin\alpha} - \frac{1}{\sin\beta}\right)$$

4.答案: $W = (1 - \mu)mgR$

解析:物体在 AB 弧段所受的弹力一直在发生变化,摩擦力大小也随之改变,所以求克服摩擦力做的功,实际上是求变力做功问题,不能直接用功的公式求解。若对物体从 A—B—C 的全过程进行研究,用动能定理可间接求出物体在

AB 段克服摩擦力做的功。

设物体在 *AB* 段克服摩擦力所做的功为 *W*,对 *A*—*B*—*C* 的全过程,由动能定理得:

$mgR - W - \mu mgR = 0$

因此,$W = mgR - \mu mgR = (1 - \mu)mgR$。

5. 答案:$v = \dfrac{v_0}{2}$

解析:当汽车匀速行驶时,汽车的牵引力与阻力平衡,即 $F_0 = f = \dfrac{P}{v_0}$;t_1 时刻功率减为 $\dfrac{P}{2}$ 时,因为速度不能突变,故牵引力骤减为 $\dfrac{F_0}{2}$,这时因牵引力小于阻力,汽车做变减速运动,加速度大小 $a = \dfrac{f - \dfrac{P}{2v}}{m}$,随着速度逐渐减小,加速度 a 也在逐渐减小,当加速度 $a = 0$ 时,牵引力再次与阻力平衡,汽车做匀速运动,最终速度 $v = \dfrac{P}{2f} = \dfrac{v_0}{2}$。

6. 答案:(1)62.8 J。(2) -50J。(3)0。(4) -12.8J。

解析:(1)采用微元法。试想将圆弧 *AB* 分成很多小段,拉力在每小段上做的功为 $W_1, W_2, W_3 \cdots$ 因拉力 *F* 大小不变,方向与圆弧各点的切线均成37°角,故有:

$W_1 = F \cdot \Delta s_1 \cdot \cos 37°$

$W_2 = F \cdot \Delta s_2 \cdot \cos 37°$

$W_3 = F \cdot \Delta s_3 \cdot \cos 37°$

……

$W_n = F \cdot \Delta s_n \cdot \cos 37°$

$W_F = W_1 + W_2 + W_3 + \cdots W_n$

$= F\cos\theta(\Delta s_1 + \Delta s_2 + \Delta s_3 + \cdots \Delta s_n)$

$= F\cos\theta \cdot l$

$= 15 \times 0.8 \times \dfrac{\pi}{3} \times 5J = 62.8J$

(2)重力所做的功 $W_G = -mgR(1 - \cos\theta) = -50J$。

(3)由于支持力 F_N 始终与物体运动方向垂直(即与切线垂直),故 $W_{FN} = 0$。

(4)在本题中,摩擦力大小和方向都是变化的,无法用公式直接求出,现用动能定理求解。先进行受力分析,物体受四个力作用,其中重力做功、拉力做功都已经求得,支持力不做功,又由于物体是缓慢运动的,动能变化为零,即 $\Delta E_k = 0$,由动能定理知:$W_F + W_G + W_{FN} + W_f = 0$,得:

$$W_f = -W_F - W_G - W_{FN}$$

$$= -62.8J + 50J$$

$$= -12.8J$$

7. 答案：(1)4×10^5J。(2)1.6×10^5W。

解析：(1)以每秒流过水轮机的2.0 m³的水为研究对象，要使水对水轮机做的功最多，就是要求水的重力势能全部转给水轮机，这样每秒最多对水轮机做的功为：

$$W = mgh = \rho gvh = 10^3 \times 10 \times 2 \times 20 = 4 \times 10^5 J$$

(2)由$P = \dfrac{W}{t}$得发电机的功率为：

$$P = \frac{W \times 40\%}{t} = \frac{4 \times 10^5 \times 0.4}{1} = 1.6 \times 10^5 W$$

单元检测六

1. 答案：B

解析：带负电的金属球靠近不带电的验电器小球时，发生静电感应，验电器的上部电子向下移动到金属箔片，使验电器的上部带正电，金属箔片带负电，故B选项正确。

2. 答案：A

解析：由于粒子由a运动到b电场力做正功，可知电场力指向外侧，此时必有Q、q为同种电荷；又因电场线密集的地方电场强度大，对同一电荷必有$F_a > F_b$，故只有A选项正确。

3. 答案：B

解析：P、Q所在空间中各点的电场强度和电势由这两个点电荷共同决定，电场强度是矢量，P、Q两点电荷在O点的合场强为零，在无限远处的合场强也为零。

由此断定，从O点开始沿PQ垂直平分线向上、下至无穷远处，场强是先增大后减小，所以A点电场强度E_A不一定大于B点电场强度E_B；而电势是标量，由等量同种点电荷的电场线分布图可知，从O点沿中垂线向上、下至无穷远处，电势是一直降低的，故φ_A一定大于φ_B，因此选项B正确。

4. 答案：A、C

解析：由等势面的分布规律可知，这是单个点电荷形成的静电场。又因粒子带正电，轨迹$KLMN$向下弯曲，由此判断出场源电荷是正的点电荷。从$K \to L$，电场力做负功，电势能增加，所以A、C选项正确；但从L到N，能量变化并不是单调过程,而是电场力先做负功后做正功,电势能先增大后减小,动能先减小后增大,由此可知 B、D 选项错误,故 A、C 选项正确。

5. 答案:C、D

解析:在图检 6-5 中,静电计的金属棒接 A 极,外壳和 B 板均接地,静电计显示的是 A、B 两极板间的电压。当合上开关 S 后,A、B 两板与电源保持相连,极板间电压等于电源电压并保持不变,因此,静电计张角不变,故 A、B 选项错误;若断开 S,电容器电荷量保持不变,增大距离和减小正对面积,都将使电容减小,由 $C = \dfrac{Q}{U}$ 可知,板间电压 U 增大,即静电计指针张角增大,故 C、D 选项正确。

6. 答案:B

解析:保持 S 闭合时,移动滑片对电路没有影响,电容器两极板间电压等于电源电动势,是定值,电场力跟重力始终平衡,微粒始终静止不动,故选项 A 错误;断开 S 后,电容器所带电量不变,这时使两板靠近,由 $E = \dfrac{Q}{Cd} = \dfrac{Q}{\dfrac{\varepsilon S}{4\pi kd}d}$

$= \dfrac{Q}{\varepsilon S} \cdot 4\pi k \infty \dfrac{1}{\varepsilon S}$ 知,板间场强不变,电场力跟重力平衡,微粒仍保持静止,故选项 B 正确、选项 C 错误;断开 S 后,使两极板左右错开一定距离,场强 E 变大,微粒向上运动,故选项 D 错误,只有选项 B 正确。

7. 答案:(1) 2.4×10^{-3} m。 (2) 2.64×10^{-2} m。

解析:电子在电场中的运动是类平抛运动,飞出电场后做匀速直线运动,根据类平抛运动的规律,可求出在电场中的竖直偏移量,在电场外的运动可根据几何知识求解。

(1)电子在电场中飞越的时间 $t = \dfrac{L}{v_0}$,加速度 $a = \dfrac{qE}{m}$,故飞出电场时的竖直偏移量:

$$y = \dfrac{1}{2}at^2 = \dfrac{qL^2E}{2mv_0^2} = 2.4 \times 10^{-3} \text{m}$$

(2)根据偏转角 $\tan\theta = \dfrac{v_y}{v_0} = \dfrac{qLE}{mv_0^2} = 0.16$

由图中几何关系得:

$Y = y + D\tan\theta$

$= 2.4 \times 10^{-3} + 0.15 \times 0.16 = 2.64 \times 10^{-2} \text{m}$

即:荧光屏上的光点偏离中心 O 的距离为 2.64×10^{-2} m。

单元检测七

1. 答案:C

解析:因电场可视为匀强电场,$E = \dfrac{U}{L}$,由电流微观表达式可知 $I = nevS$,由

电阻定律 $R = \rho\dfrac{L}{S}$ 及欧姆定律 $U = IR$,则两端电压 $E = \dfrac{IR}{L} = \dfrac{nevS \cdot \rho\dfrac{L}{S}}{L} = nev\rho$,故 C 选项正确。

2. 答案:A

解析:这是一道直流电路动态分析问题,重在考查学生对直流电路变化及分析问题的能力。由图可以看出,当向下滑动变阻器 R_0 的滑片时,R_0 接入电路的电阻变小,于是电路中总电阻变小,总电流变大,电源内电压变大,外电压变小,即电压表示数变小;又 R_1 两端的电压变大,故 R_2 两端电压变小,定值电阻 R_2 中的电流变小,也就是电流表示数变小,所以 A 选项正确。

3. 答案:$40\Omega \cdot m$

解析:根据 U-I 图像知,电阻 $R = \dfrac{U}{I} = 2000\Omega$,又沿着电流方向导线的长度为 a,由 $R = \rho\dfrac{L}{S} = \rho\dfrac{a}{bc}$ 解得:$\rho = \dfrac{Rbc}{a} = 40\Omega \cdot m$。

4. 答案:A、B

解析:这是一个含有电动机的非纯电阻电路,电炉是纯电阻,电动机是非纯电阻,由于电炉和电动机是串联关系,故二者电流相等,由焦耳定律知 $Q = I^2Rt$,二者的热功率也相等。而电动机对外做机械功,因此电动机的功率大于电炉,由公式 $P = UI$ 知,电炉两端电压小于电动机两端电压,故 A、B 选项正确,C、D 选项错误。

5. 答案:A、C

解析:电源是将其他形式的能转化为电能的装置,是通过电源内部非静电力做功来实现的,所以非静电力做功,电能就增加,故 A 选项正确;电动势是反映电源将其他形式的能转化为电能本领的物理量,它在数值上等于移送单位正电荷所做的功。因此,不能说电动势越大、非静电力做的功就越多,也不能说电动势越大、被移送的电荷量越多,所以选项 B、D 错误,C 选项正确,即 A、C 选项正确。

6. 答案:约 2.5V 和 1Ω

解析:根据闭合电路欧姆定律 $E = I(R + r)$ 得:$R = \dfrac{E}{I} - r$,由此可知,$R - \dfrac{1}{I}$

直线的斜率是电源电动势的值,即 $E \approx 2.5V$,图线与纵轴交点坐标的绝对值是电源内阻,故 $r \approx 1\Omega$。

7.答案:B

解析:此题关键是确定中值电阻,由多用电表工作原理得:$I_g = \dfrac{E}{R_中}$,故

$R_中 = \dfrac{E}{I_g} = 5000\Omega \gg R_0 + r_g = 150\Omega$。因此串联固定电阻 R_0 后,不会影响欧姆调

零。当被测电阻等于中值电阻时,指针指在中值上,即 $R_x = 5000\Omega$。又因使用欧姆表读数时,在中值电阻 5000Ω 左右读数最准确,所以能准确测量的阻值范围是 $3 \sim 8$ kΩ,故 B 选项正确。

单元检测八

1.答案:C

解析:磁感线是人们为了形象描述磁场分布情况而引入的一些假想的曲线,曲线上某点切线方向为该点的磁场方向。假如磁感线相交,则说明此处有两个方向,这是不可能的,故 A 选项错误;磁感线是闭合曲线,在磁体外部是由 N 极指向 S 极,而内部是由 S 极到 N 极,故 B 选项错误;磁场的方向规定为小磁针静止时,N 极的指向为该处的磁场方向,故 C 选项正确;通电导线与磁场平行时不受力,因此不能得出导线不受力磁感应强度为零的结论。可见 A、B、D 选项均错误,只有 C 选项正确。

2.答案:导体在整个运动过程中,在逆时针转动的同时还要向下运动。

解析:将导线 AB 从中心 O 分成左右两段,它们所在处的磁感线见图解 8-1 中①图所示,由左手定则可判断出 AO 段所受安培力方向垂直纸面向外,而 BO 段所受安培力方向垂直纸面向里。因此,自上向下看,导线绕 O 点做逆时针转动。

又当导线转过 90° 这个特殊位置时,电流如图解 8-1 中②图所示,容易判断导体受到向下的安培力作用。这种向下运动实际上在转动过程中就已经开始了,因此,导体在整个运动过程中,在逆时针转动的同时还要向下运动。

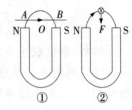

解 8-1

3.答案:C

解法一:经验法。

根据同向电流相吸、异向电流相斥,可判断出线圈 L_1 将逆时针转动,故 C 选项正确。

解法二:等效法。

将 L_1 这个环形电流等效为小磁针,则上端为 N 极,又 L_2 电流产生的磁场在环内是垂直于纸面向里,故 L_1 将逆时针转动。因此,C 选项正确。

4.答案:$0.14\text{A} \leqslant I \leqslant 0.46\text{A}$

解析:当通过 ab 的电流较大时,静摩擦力沿斜面向下,达到最大静摩擦力时,对应电流的最大值;相反,当最大静摩擦力沿斜面向上时,对应通过 ab 电流的最小值。

由 ab 中的电流方向,可根据左手定则判断其所受的安培力方向沿斜面向上。杆 ab 共受四个力的作用,设通过 ab 电流的最大值为 $I_{\max}$,此时安培力为 F_1;最小电流为 $I_{\min}$,安培力为 F_2,两种情况下的受力图,见图解 8-2 所示。

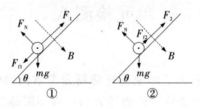

解 8-2

对①图列出平衡方程:

$$F_1 - mg\sin\theta - F_{f_1} = 0$$

其中,$F_1 = BdI_{\max}$;$F_{f_1} = \mu mg\cos\theta$。

解方程得:$I_{\max} = 0.46\text{A}$

对②图列方程:

$$F_2 - mg\sin\theta + F_{f_2} = 0$$

其中,$F_2 = BdI_{\min}$;$F_{f_2} = \mu mg\cos\theta$。

解方程得:$I_{\min} = 0.14\text{A}$

因此,通过 ab 杆的电流范围是 $0.14\text{A} \leqslant I \leqslant 0.46\text{A}$。

5.答案:$(1)\ \dfrac{2m(\pi - \theta)}{qB}$。 $(2)\ \dfrac{2mv\sin\theta}{qB}$。

解析:带电粒子在匀强磁场中做匀速圆周运动,当从同一直线边界射入又从这一边界射出时,速度方向与边界的夹角是相等的,画出轨迹图。见图解 8-3 所示。

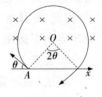

解 8-3

(1)圆弧轨迹所对的圆心角为 $2\pi - 2\theta$,所以运动时间为:

$$t = \frac{2\pi - 2\theta}{2\pi} \cdot T = \frac{\pi - \theta}{\pi} \cdot \frac{2\pi m}{qB} = \frac{2m(\pi - \theta)}{qB}$$

（2）设粒子离开磁场的位置与入射点的距离为 x，则：

$$x = 2r\sin\theta = 2 \cdot \frac{mv}{qB} \cdot \sin\theta = \frac{2mv\sin\theta}{qB}$$

6. 答案：A、B

解析：做出两粒子运动轨迹如图解 8-4 所示，根据圆周的几何知识知，分别从 P、Q 点射出时，径迹圆弧所对的圆心角相同，由运动时间公式：$t = \frac{\alpha}{2\pi}T$

$= \frac{\alpha}{2\pi} \cdot \frac{2\pi m}{qB} = \frac{\alpha m}{qB}$，因两粒子比荷相同、运动时间也相同，故 A 选项正确、C 选项错误；又由 $R = \frac{mv}{qB}$ 知，在同一磁场中，如果比荷相同、速度大者半径大，显然从 Q 点射出的粒子轨道半径大、速度大，故 B 选项正确、D 选项错误。

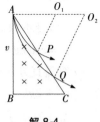

解 8-4

7. 答案：（1）0.3m。（2）5.23×10^{-5}s。（3）0.993m。

解析：（1）粒子在磁场中做圆周运动，洛伦兹力提供向心力，由 $qv_0B = m\frac{v_0^2}{r}$，解得 $r = \frac{mv_0}{qB} = 0.3$m。

（2）根据题意，大致画出粒子运动轨迹如图解 8-5 所示，根据几何知识可知，粒子的运动轨迹所对的圆心角为 $\frac{5\pi}{3}$，所用时间为 $t = \frac{5}{6}T$，而粒子圆周运动周期为：

$$T = \frac{2\pi m}{qB} = 6.28 \times 10^{-5}\text{s}$$

代入上式得：

$$t = \frac{5}{6} \times 6.28 \times 10^{-5}\text{s}$$

$$\approx 5.23 \times 10^{-5}\text{s}$$

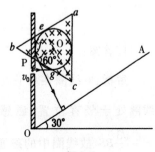

解 8-5

（3）最小的正三角形是以进入磁场和出射磁场点的连线为底边、另两边与圆周相切的正三角形，由几何知识得其最小边长为：$L = \frac{2r + r\cos30°}{\cos30°} = 0.993$m。

8. 答案：（1）$E = \frac{mg}{q}$，方向竖直向上。（2）$v_0 = \frac{qBl}{2m}\cot\theta$。（3）$h = \frac{q^2B^2l^2}{8m^2g}$。

解析：（1）因小球在电场、磁场及重力场的三场复合场中恰能做匀速圆周运动，必有 $mg = qE$。故：

$$E = \frac{mg}{q}$$，其方向竖直向上。

（2）小球做匀速圆周运动，画出运动轨迹如图解8-6所示。其中 O' 为圆心，MN 为弦长，$\angle MO'P = \theta$，设圆周的半径为 r，由几何关系得：

$$\frac{l}{2r} = \sin\theta \qquad\qquad ①$$

$$qvB = m\frac{v^2}{r}，解得：$$

$$v = \frac{qBr}{m} \qquad\qquad ②$$

由速度的合成与分解知识得：$\dfrac{v_0}{v} = \cos\theta \qquad ③$

由①、②、③式联立得：$v_0 = \dfrac{qBl}{2m}\cot\theta \qquad ④$

（3）设小球运动到 M 点时的竖直分速度为 v_1，则：

$$v_1 = v_0\tan\theta \qquad\qquad\qquad\qquad\qquad⑤$$

对竖直方向由匀加速直线运动规律得：

$$v_1{}^2 = 2gh \qquad\qquad\qquad\qquad\qquad⑥$$

由④、⑤、⑥式联立得：$h = \dfrac{q^2B^2l^2}{8m^2g}$

解 8-6

单元检测九

1. 答案：C

解析：取线圈在水平位置穿过线圈的磁通量为正，则 $\Phi_1 = BS\sin30° = \dfrac{1}{2}BS$。线圈处于竖直位置，磁感线从线圈另一面穿过，磁通量 $\Phi_2 = -BS\cos30°$ $= -\dfrac{\sqrt{3}}{2}BS$。故线圈中的磁通量的改变量 $\Delta\Phi = \Phi_2 - \Phi_1 = -\dfrac{\sqrt{3}+1}{2}BS$，即改变量大小 $|\Delta\Phi| = \dfrac{\sqrt{3}+1}{2}BS$。

2. 答案：B

解析：如图解9-1所示为通电直导线的磁场分布图，把线框向右运动过程分画成几个节点位置：1、2、3、4、5，依次 1→2→3→4→5 可分为单调的四个过程：

1→2：穿过回路的磁通量增多，由楞次定律可判断出感应电流的磁场与原磁场方向相反，由右手定则知，感应电流为顺时针方向，即 $dcba$。

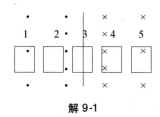

解 9-1

2→3:穿过回路的净磁通向外,磁通量减少,由楞次定律可判断出感应电流的磁场与原磁场方向相同,由右手定则知,感应电流为逆时针方向,即 $abcd$。

3→4:穿过回路的净磁通向里,磁通量增多,由楞次定律可判断出感应电流的磁场与原磁场方向相反,由右手定则知,感应电流为逆时针方向,即 $abcd$。

4→5:穿过回路的磁通向里,磁通量减少,由楞次定律可判断出感应电流的磁场与原磁场方向相同,由右手定则知,感应电流为顺时针方向,即 $dcba$。

由此可见,在线框穿过导线过程中,回路中电流先 $dcba$、后 $abcd$、再 $dcba$。故 B 选项正确。

3. 答案:C

解析:本题的关键是感应电动势应如何计算。因速度与 MN 垂直,故切割磁感线的有效切割长度是 $L = \dfrac{d}{\sin\theta}$,根据动生电感应电动势的公式 $E = BLv$ $= \dfrac{Bdv}{\sin\theta}$,由闭合电路的欧姆定律得:$I = \dfrac{Bdv}{R\sin\theta}$,所以选项 C 正确。

4. 答案:C

解析:刚接通电键 S 瞬间,自感系数很大的自感线圈中电流不能突变,只能慢慢增大,好像电流全部从 D_1 通过,D_1 是 D_2 和 R 的干路,D_1 中电流又通过 D_2 和 R 两个支路,所以 D_1 先达最亮;当电路稳定后,D_1、D_2 一样亮。

当开关 S 断开时,电源电流立即为零,D_2 也立刻熄灭,而 D_1 则不然,由于通过线圈的电流突然减弱,线圈中产生自感电动势,使线圈 L 和 D_1 组成的闭合电路中仍有感应电流,所以 D_1 后熄灭,故选项 C 正确。

5. 答案:B、D

解析:金属杆从导轨上由静止滑下,受到三个力作用,分别为重力、支持力和安培力。其中,安培力随着速度增大而增大,当下滑力与安培力大小相等时,加速度为零,速度达到最大值,以后金属杆以最大速度 v_{max} 做匀速运动。对金属杆列方程有:

$$mg\sin\alpha = \frac{B^2L^2v_{max}}{R}，则\ v_{max} = \frac{mgR\sin\alpha}{B^2L^2}$$

由此可见，B 增大，v_{max} 减小；α 增大，v_{max} 增大；R 变大，v_{max} 变大；m 变大，v_{max} 变大。故选项 B、D 正确。

6.答案:(1)2.8J。(2)0.55J。

解析:(1)根据能量守恒知，金属棒下落过程中重力势能减少，转化为动能和焦耳热、摩擦生热，机械能的减少量为：

$$E_{减} = mgh - \frac{1}{2}mv^2 = 3J - 0.2J = 2.8J$$

(2)速度最大时，金属棒 ab 产生的电动势为：

$E = BLv = 4V$，对应的感应电流为：

$$I = \frac{BLv}{r + \frac{R}{2}} = 0.2A，安培力\ F_{安} = BIL = 0.4N$$

由平衡条件得:摩擦力 $f = mg\sin\theta - F_{安} = 0.1N$

摩擦生热 $Q_1 = f \cdot \dfrac{h}{\sin\theta} = 0.6J$

下滑过程中产生的总的电热为：

$Q_2 = E_{减} - Q_1 = 2.2J$

这是由上、下电阻及电源内部电阻共同产生的，其中上面电阻产生的焦耳热占总值的 $\dfrac{1}{4}$，即 $Q_3 = \dfrac{Q_2}{4} = 0.55J$。

单元检测十

1.答案:B

解析:导体棒匀速向右切割磁感线运动时，变压器输入端为恒定电流，穿过副线圈的磁通量不变化，因此，电流表 A_2 读数为零。

2.答案:C

解析:正方形线圈在绕垂直于磁场的轴匀速转动产生正弦交流电，感应电动势的最大值 $E_m = Bl^2 \cdot 2\pi n = 2\pi nBl^2$，其有效值 $E = \dfrac{2\pi nBl^2}{\sqrt{2}}$，由于只有小灯泡有电阻，故电动势等于小灯泡的电压，于是小灯泡的额定功率 $P = \dfrac{E^2}{R}$，即 $R = \dfrac{E^2}{P}$

$= \dfrac{2\pi^2 n^2 B^2 l^4}{P}$，故 C 选项正确。

3. 答案:B、C

解析:因为当 $t=0.005\text{s}$ 时,电动势达到最大值 311V,故此时磁通量变化率最大而不是零,故 A 选项错误;$t=0.01\text{s}$ 时,电动势为零,磁通量最大,线圈平面与中性面重合,故 B 选项正确;由图像知,交变电流电动势峰值为 311V,有效值为 220V,交变电动势频率为 $f=50\text{Hz}$,故 C 选项正确,D 选项错误。

4. 答案:B

解析:熔断电流 2A 是指电路中电流的有效值,该交流电动势的有效值为 $U=\dfrac{U_{\text{max}}}{\sqrt{2}}=220\text{V}$,故电阻的最小阻值 $R_{\text{min}}=\dfrac{U}{I}=\dfrac{220}{2}\Omega=110\Omega$。因此,B 选项正确。

5. 答案:C、D

解析:由于原线圈电压 U_1 不变,对理想变压器,由 $\dfrac{U_1}{U_2}=\dfrac{n_1}{n_2}$ 知,V_1、V_2 示数不变,故 A、B 选项均错误;又 A_1、A_2 中电流就是原、副线圈中电流,由 $\dfrac{I_1}{I_2}=\dfrac{n_2}{n_1}$ 可推出 $\dfrac{\Delta I_1}{\Delta I_2}=\dfrac{n_2}{n_1}$,又 $\Delta I_1=0.2\text{A}$、$\Delta I_2=0.8\text{A}$,可知 $\dfrac{n_1}{n_2}=4$ 即为降压变压器,且变压比为 4,故 C 选项正确;因副线圈两端电压 U_2 不变,但电流变大,说明电阻变小,因此滑动变阻器滑片是沿 $c\rightarrow d$ 方向滑动,故 D 选项正确。

6. 答案:见解析

解析:接直流电时,灯泡较亮,接交流电时灯泡较暗。这是因为通入直流电时,当电路稳定后电感线圈只相当于导线;而接交流电时,电感线圈发生自感现象,产生的自感电动势总要阻碍线圈中电流的变化,使线圈上总有一定的电势降落,电灯得不到电源的全部电压,故电灯接交流电时要暗一些。

但要注意的是,虽然电感线圈阻碍交流电,但线圈本身并不消耗电能。通过交流电时,发生自感,一部分电能转变为磁场能储存在线圈的磁场中,但随着电流的变化,这些磁场能又可以转变成电能,故电感线圈只起着吞吐能量的作用,本身不消耗电能。

在物理学中,把电感线圈对交流电的阻碍作用叫作感抗。感抗与自感系数 L、交流电的频率 f 有关,可表示为 $X_L=2\pi fL$。可见,交流电的频率越高,自感系数 L 越大,感抗越大,影响也越大,因此有铁芯的线圈较无铁芯时对交流电的影响大。在电工和电子技术中使用的扼流圈,就是利用电感对交变电流的阻碍作用制成的。

单元检测十一

1. 答案:(1)A。(2)$\Delta E < Q$。

解析:(1)因下方气体上升,气体整体重心升高,内能转化为重力势能,故理想气体温度降低,A选项正确。(2)吸收的热量一部分用来使重力势能增加,另一部分使内能增加 ΔE,故 $\Delta E < Q$。

2. 答案:(1)减小,因为气泡膨胀对外做功。(2)不变,因为温度不变。在上升过程中吸收热量完全用来对外做功。

3. 答案:C、D

解析:对 A 选项,先等压膨胀,则 $\frac{V}{T} = k$(常数),$V\uparrow T\uparrow$;再等容降温,$\frac{p}{T} = k'$(常数),$p\downarrow T\downarrow$,其温度可能比起始温度高或相等,故 A 选项错误;对 B 选项,先等温膨胀,$pV = k$(常数),$p\downarrow V\uparrow$,再等压压缩 $V\downarrow$,其体积可能高于或等于起始体积,故 B 选项错误;对 C 选项,先等容升温,$\frac{p}{T} = k$(常数),$p\uparrow T\uparrow$,再等压压缩,则 $\frac{V}{T} = k'$(常数),$V\downarrow T\downarrow$,其温度可能等于起始温度,故 C 选项正确;对 D 选项,先等容加热,$\Delta U_1 = Q(>0)$,再绝热压缩,$\Delta U_2 = W(>0)$,$\Delta U = Q + W(>0)$,故 D 选项正确。因此,C、D 选项正确。

4. 答案:$1.2 \times 10^{-29} \text{m}^3$

解析:一个铜原子的质量是:

$m_0 = 1.67 \times 10^{-27} \times 64 = 1.07 \times 10^{-25} \text{kg}$

每立方米中含铜原子个数是:

$n = \dfrac{\rho V}{m_0} = \dfrac{8.9 \times 10^3 \times 1}{1.07 \times 10^{-25}} = 8.3 \times 10^{28}$ 个

每个铜原子所占的体积是:

$V_0 = \dfrac{1}{n}\text{m}^3 = \dfrac{1}{8.3 \times 10^{28}}\text{m}^3 = 1.2 \times 10^{-29}\text{m}^3$

5. 答案:(1)1.88×10^{26} 个。(2)$2.66 \times 10^{-28}\text{m}^3$。(3)$0.64 \times 10^{-9}\text{m}$。

解析:10kg 的氧气中分子数是:

$n = \dfrac{m}{M}N_A = \dfrac{10 \times 10^3}{32} \times 6.02 \times 10^{23} = 1.88 \times 10^{26}$ 个

每个氧分子占据的体积是:

$V_0 = \dfrac{V}{m} = \dfrac{0.05}{1.88 \times 10^{26}} = 2.66 \times 10^{-28}\text{m}^3$

相邻分子间的距离:

$$d = \sqrt[3]{V_0} = \sqrt[3]{2.66 \times 10^{-28}} = 0.64 \times 10^{-9} \text{m}$$

6. 答案: $8.25 \times 10^{-10} \text{N}$

解析:本题的关键是求出断面处铁原子数 N。

一个铁原子的体积是: $V_0 = \dfrac{M_A}{\rho N_A} = 1.17 \times 10^{-29} \text{m}^3$

所以原子直径是: $d = \sqrt[3]{\dfrac{6V_0}{\pi}} = 2.82 \times 10^{-10} \text{m}$

原子球的最大圆面积是: $S = \dfrac{1}{4}\pi d^2 = 6.25 \times 10^{-20} \text{m}^2$

又铁晶断面的面积是: $S' = \dfrac{1}{4}\pi D^2 = 2.01 \times 10^{-12} \text{m}^2$

断面处排列的原子数: $N = \dfrac{S'}{S} = 3.2 \times 10^7$ 个

故: $f = \dfrac{F}{N} = 8.25 \times 10^{-10} \text{N}$

7. 答案:(1)5cm。(2)气体 A 是向外放热。

解析:(1)对气体 B:因体积不变,由 $\dfrac{p_B}{T_B} = \dfrac{p'_B}{T'_B}$ 得:

$$p'_B = \dfrac{T'_B}{T_B}p_B = \dfrac{273+127}{273+27}p_B = \dfrac{4}{3}p_B$$

对气体 A:因温度不变,由 $p_A V_A = p'_A V'_A$ 得:

$$V'_A = \dfrac{p_A V_A}{p'_A}$$

因细管中活塞是自由的,故: $p_A = p_B$, $p'_A = p'_B$

联立各式解得: $V'_A = \dfrac{3}{4}V_A$

因此, A 中活塞向右移动的距离为:

$$\Delta x = \dfrac{V_A - V'_A}{S} = \dfrac{\dfrac{1}{4}V_A}{S} = 5\text{cm}$$

(2)以 A 气体为研究对象,由于在向右推活塞过程中,温度不变,故 A 气体内能不变,但因 A 气体体积减小,是外界对气体 A 做功,由热力学第一定律 $\Delta U = W + Q$ 可知,气体 A 是向外放热的。

8. 答案:(1) $T = \dfrac{(h_0 + d)T_0}{h_0}$。(2) $\Delta U = Q - (mg + p_0 S)d$。

解析:(1)外界的空气温度等于封闭气体的温度,由盖-吕萨克定律得:

$\dfrac{h_0}{T_0} = \dfrac{h_0 + d}{T}$,可得:$T = \dfrac{(h_0 + d) T_0}{h_0}$

(2)气体吸热做等压膨胀,对外界做功:

$W = -(mg + p_0 S) d$

根据热力学第一定律 $\Delta U = W + Q$,得:

$\Delta U = Q - (mg + p_0 S) d$

单元检测十二

1.答案:A

解析:振子在平衡位置处回复力为零,加速度也是零;最大振幅处加速度最大,且方向总指向平衡位置,振子经过四分之一周期,A、C 选项中振子具有最大加速度,B、D 选项中振子加速度为零,故 B、D 选项错误;但因加速度沿 x 轴正方向,故 A 选项正确、C 选项错误。

2.答案:D

解析:设 c、d 是振动过程中两侧的最远点,根据简谐运动的对称性可知,$t_{0b} = 0.1\,\text{s}$、$t_{bc} = 0.1\,\text{s}$,所以,$\dfrac{T}{4} = 0.2\,\text{s}$,$T = 0.8\,\text{s}$,$f = \dfrac{1}{T} = 1.25\,\text{Hz}$。因此,D 选项正确。

3.答案:B

解析:洗衣机通电后波轮转动是受迫振动,当波轮的运转频率等于洗衣机固有频率时发生共振,此时振动最剧烈,因此③正确、④错误;切断电源后,洗衣机波轮转动频率逐渐减小的过程中发生了共振现象,说明正常工作时的频率大于洗衣机的固有频率,故①正确、②错误。因此,B 选项正确。

4.答案:$\dfrac{\sqrt{2}}{2}\,\text{min}$

解析:设天体密度为 ρ,半径为 r,则天体质量为:

$M = \rho \cdot \dfrac{4}{3} \pi r^3$

由重力加速度的定义知,天体表面重力加速度 $g_星 = \dfrac{GM}{r^2}$

两式联立得:

$g_星 = \dfrac{4 G \pi \rho}{3} r$;同理,$g_地 = \dfrac{4 G \pi \rho R}{3}$

因此,$\dfrac{g_星}{g_地} = 2$

根据单摆周期公式得：$\dfrac{T_{星}}{T_{地}} = \sqrt{\dfrac{1}{2}}$

又由摆钟结构及工作原理得：$\dfrac{t_0}{N_0} = \dfrac{t}{N}$

设 t_x 是摆钟在天体上秒针走一圈的实际时间，注意到：

$t_0 = t = 1\min$，则：$N_0 = \dfrac{t_0}{T_{地}}$，$N = \dfrac{t_x}{T_{星}}$

故有：$t_x = \dfrac{\sqrt{2}}{2}\min$

5. 答案：C、D

解析：由波形图看出 $\lambda = 4\mathrm{m}$，波的周期为 $T = \dfrac{\lambda}{v} = 0.1\mathrm{s}$，故 $t = \dfrac{1}{40}\mathrm{s} = \dfrac{T}{4}$。又

根据振动与波的关系知，在 $t = 0$ 时刻质点 M 向上运动，经过 $\dfrac{T}{4}$ 时，质点 M 相对

平衡位置在 x 轴上方，也就是说位移为正值，且速度方向沿 y 轴负方向（即与位移方向相反），故 A、B 选项均错误；质点 M 的加速度方向沿 y 轴负方向，与速度方向相同，故 C 选项正确；质点 M 的加速度方向与相对平衡位置的位移方向是相反的，故 D 选项正确。因此，C、D 选项正确。

6. 答案：5 处

解析：先确定在 A、B 之间有几条振动减弱线。在 A、B 间任取一点 P，其距离 A 为 x，则 $PB = 5 - x$，根据振动减弱的条件有：

$|PA| - |PB| = (2n + 1)\dfrac{\lambda}{2}$，代入数值得：$2x - 5 = 2n + 1$，即 $x = n + 3$，又

$0 < x < 5$，即 $0 < n + 3 < 5$、$-3 < n < 2$。故 $n = -2, -1, 0, 1$。这说明 A、B 之间有四条振动减弱线，有两条与 PQ 相交，有 4 个振动减弱点。又考虑到 $|OA| -$

$|OB| = 5 \cdot \dfrac{\lambda}{2}$，O 点也是振动减弱点，因此在直线 PQ 上共有 5 个振动减弱点。

7. 答案：$v = \dfrac{442}{10n + 3}$；$v = \dfrac{442}{10n + 7}$（$n = 0, 1, 2, 3, \cdots$）。

解析：由图知：$T = 0.1\mathrm{s}$

若波由 $a \rightarrow b$ 传播，如图解 12-1 所示，则有：

$4.42 = n\lambda + \dfrac{0.03}{0.1}\lambda$

$\lambda = \dfrac{44.2}{10n + 3}$，故：$v = \dfrac{\lambda}{T} = \dfrac{442}{10n + 3}$

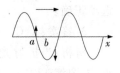

解 12-1

若波由 $b \to a$ 传播,如图解 12-2 所示,则有:

$4.42 = n\lambda + \dfrac{0.07}{0.1}\lambda$

$\lambda = \dfrac{44.2}{10n + 7}$

$v = \dfrac{\lambda}{T} = \dfrac{442}{10n + 7}$ ($n = 0, 1, 2, 3 \cdots$)

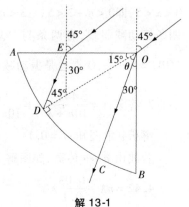

解 12-2

8. 答案: $x = 2.5 \pm 20n$ ($n = 0, 1, 2, 3 \cdots$)

解析:因 a、b 两列波的波长是 2.5m 和 4.0m,它们的最小公倍数是 20m,因此从 $x = 2.5$ m 分别向左、右每隔 20m 就有一个波峰重合点,故重合点的坐标是 $x = 2.5 \pm 20n$ ($n = 0, 1, 2, 3 \cdots$)。

单元检测十三

1. 答案:C

解析:本题是考查光的波长与折射率的关系,根据公式可知,波长越长、光的折射率越小。由于红光的波长最长,故折射率最小、折射程度最小。而紫光的波长最短、折射率最大、折射程度最大,因此 C 选项正确。

2. 答案:A

解析:这是一个有关全反射的问题,通过做光路图可知,从 O 点射入的光线折射后,沿着径向从圆弧上 C 点射出,其入射角为零;从 O 到 E 的入射光线折射后,在弧 C-D 段入射角逐渐增加但均小于临界角 C,也就是说这一段上有光从弧面射出;从 D-A 段均发生全反射没有光射出,如图解 13-1 所示。

研究刚好发生全反射的点 E,由临界角公式 $\sin C = \dfrac{1}{n} = \dfrac{\sqrt{2}}{2}$,故光在玻璃柱体中发生全反射的临界角为 $C = 45°$,由数学知识知 $\angle AOD = 15°$,弧 C-D 所对圆心角 $\theta = 45°$。其所对的弧长为 $L = \dfrac{1}{8} \times 2\pi R = \dfrac{1}{4}\pi R$。因此,A 选项正确。

解 13-1

3. 答案:A、C

解析:当折射光线刚好射到 D 点时角最小,如图解 13-2 中①图所示,根据几何关系,

有 $\sin i = \dfrac{\sqrt{5}}{5}$，由折射定律 $n = \dfrac{\sin\theta}{\sin i}$ 得：$\sin\theta = n\sin i = \dfrac{\sqrt{5}}{5}n$，即 $\theta = \arcsin\dfrac{\sqrt{5}n}{5}$，故 A 选项正确、B 选项错误。

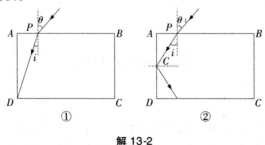

解 13-2

设入射角为 θ_1 时，此光束在 AD 面上刚好发生全反射，如图解 13-2 中②图所示。根据 $\sin C = \dfrac{1}{n}$ 及几何关系得：

$$\sin i_1 = \cos C = \sqrt{1 - \dfrac{1}{n^2}} = \dfrac{\sqrt{n^2 - 1}}{n}$$

于是 $\sin\theta_1 = n\sin i_1 = \sqrt{n^2 - 1}$，$\theta_1 = \arcsin\sqrt{n^2 - 1}$，又考虑到同时要满足折射光线照射到 AD 面上的条件，故必有：$\arcsin\dfrac{\sqrt{5}n}{5} < \theta \leqslant \arcsin\sqrt{n^2 - 1}$。因此，C 选项正确、D 选项错误。

4. 答案：A、D

解析：白光照到薄膜上，经薄膜前后两个面反射回来的光再相遇时会产生干涉现象，人从左侧向右看时，可以看到清晰的彩色条纹，故 A 选项正确、B 选项错误；又因为薄膜从上至下逐渐变厚，在同一水平线上的厚度相同，所以彩色条纹是水平排列的，故 C 选项错误、D 选项正确。

5. 答案：B

解析：透射光最强时，P、Q 的透光方向相同。若这时将 P 转动 90°，则 P、Q 的透光方向垂直，没有光线透过偏振片 Q，故选项 B 正确。

6. 答案：B、C

解析：因缝越窄，越接近光的波长，衍射现象越显著，故 A 选项错误、B 选项正确；光波的波长越长、越接近缝的宽度、衍射越显著，而光的频率越高、波长越小、衍射越不显著。故 C 选项正确、D 选项错误。

7. 答案：2.8×10^5 周

解析：由法拉第电磁感应定律知，环形室内的感应电动势为：

$$E = \dfrac{\Delta\Phi}{\Delta t} = \dfrac{1.8 - 0}{4.2 \times 10^{-3}} \approx 429\text{V}$$

每加速一周,电场力做的功为eE,N圈做的总功为$N \cdot eE$。

对电子由动能定理得:$E_k = N \cdot eE$

故:$N = \dfrac{E_k}{eE} = \dfrac{120 \times 10^6 \times 1.6 \times 10^{-19}}{1.6 \times 10^{-19} \times 429} \approx 2.8 \times 10^5$ 周

单元检测十四

1. 答案:B

解析:两人及车构成的系统动量守恒。若小车不动,两人的动量大小一定相等、方向相反。因不知两人的质量关系,故无法比较二者速度的大小,所以 A 选项错误;若小车向左运动,则两人的总动量应该向右,即 A 的动量一定比 B 的大,故 B 选项正确,C 选项错误;若小车向右运动,A 和 B 的总动量一定向左,即 A 的动量一定比 B 的小,故 D 选项错误。因此,B 选项正确。

2. 答案:A、C、D

解析:无论 A、B 与车的动摩擦因数是否相同,对 A、B、C 组成的系统,总动量都守恒,故 A、D 选项正确;若以 A、B 构成的系统为研究对象,当动摩擦因数相等时,所受的摩擦力大小并不相等,系统所受合外力不为零,不满足动量守恒条件,故 B 选项错误;当 A、B 所受摩擦力大小相等时,A、B 组成的系统动量守恒,故 C 选项正确。

3. 答案:$7.5 \times 10^4 \text{N}$

解析:水喷出时速度方向与水受到煤层的作用力方向相反,使水的速度减小,为方便研究问题,取面积为 $S = 0.03 \text{m}^2$、长为 $L = v_1 \times \Delta t$ 的水柱为研究对象,则在 Δt 的时间内,柱内所有水分子均到达煤层并减速为零,如图解 14-1 所示。柱内水的总质量为 $m = \rho SL$,取水的初速度 v_1 方向为正,对柱内水由动量定理得:

$$-\overline{F} \cdot \Delta t = 0 - mv_1$$

代入数值得:

$$\overline{F} = 7.5 \times 10^4 \text{N}$$

由牛顿第三定律知,水柱对煤层的平均冲击力大小是 $7.5 \times 10^4 \text{N}$。

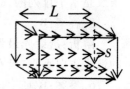

解 14-1

4. 答案:C

解析:不计水的阻力,小孩与船构成的系统动量守恒,取船前进的方向为正方向,则有:

$$(M + m)v_0 = Mv' + m(-v)$$

解得：$v' = v_0 + \dfrac{m}{M}(v_0 + v)$。因此，C 选项正确。

5. 答案：9 次

解析：小孩每次接冰块前和推出后两个时刻动量都是守恒的，现规定水平向右为正方向，由动量守恒的表达式 $\Delta p_1 = -\Delta p_2$ 寻找规律：

第一次小孩将冰块推出动量增加 mv，以后每次推冰块后小孩增加的动量为 $2mv$，设小孩推出 n 次后再不能接到冰块，此时小孩的速度大小为 v'，则有：

$$mv + (n-1) \cdot 2mv = Mv'$$

又 $M : m = 31 : 2$

联立得：

$$v' = \frac{2}{31}(2n-1)v$$

当小孩接不到冰块时，必有 $v' \geqslant v$。故 $n \geqslant 8.25$。

这说明小孩推冰块 9 次后接不到冰块。

6. 答案：13.5m/s

解析：设火箭喷气 20 次后火箭的速度为 v'，并规定为正方向，由动量守恒得：

$(M - 20m)v' = 20mv$，代入数值得：

$$v' = \frac{20mv}{M - 20m} \approx 13.5 \text{m/s}$$

故火箭在 1s 末获得的速度大小为 13.5m/s。

7. 答案：(1) 200N。(2) 10^6W。

(1) 飞船经过 $t = \dfrac{s}{v_0} = \dfrac{10^3}{10^4} \text{s} = 0.1 \text{s}$，就与 $n = 10^4$ 个微粒相碰撞并附在一起，动量增加 nmv_0，对飞船与微粒组成的系统由动量定理得：$Ft = nmv_0$

解得：$F = 200 \text{N}$

(2) 对微粒由动能定理得：

$W = \dfrac{1}{2}nmv_0^2 - 0 = 10^5 \text{J}$，平均功率为：

$$\overline{p} = \frac{W}{t} = 10^6 \text{W}$$

或者 $\overline{p} = F \overline{v} = F \times \dfrac{v_0}{2} = 10^6 \text{W}$

8. 答案：(1) $v_1 = \sqrt{\dfrac{2MgR}{M+m}}$，$v_2 = \dfrac{m}{M}\sqrt{\dfrac{2MgR}{M+m}}$。(2) $\dfrac{2mR}{M+m}$。

解析：(1) 因地面光滑，故小球和轨道组成的系统水平方向动量守恒。设小球运动到最低点时，小球、轨道的速度分别是 v_1、v_2，则有：$mv_1 = Mv_2$　　①

又因地面及轨道均光滑,小球与轨道构成的系统机械能守恒,有:

$$mgR = \frac{1}{2}mv_1{}^2 + \frac{1}{2}Mv_2{}^2 \qquad ②$$

联立①、②式得:$v_1 = \sqrt{\dfrac{2MgR}{M+m}}$,$v_2 = \dfrac{m}{M}\sqrt{\dfrac{2MgR}{M+m}}$

（2）当小球运动到轨道右侧最高点时,二者同速且为零,这时轨道向左运动达到最远处。设小球、轨道相对地面发生的水平位移的大小分别是 x 和 y,根据水平方向动量守恒并结合"人船模型",有:

$$mx = My,\ x + y = 2R$$

联立解得:$y = \dfrac{2mR}{M+m}$

因此,轨道左右平移的振幅是 $\dfrac{2mR}{M+m}$。

单元检测十五

1. 答案:A、D

解析:要产生光电效应,必须使入射光的频率大于金属的极限频率,因紫光照射刚好不能发生光电效应,换用频率比紫光大的光就可以发生光电效应。根据电磁波谱排列次序知,紫外线和 X 的频率比紫光的频率大,因此,用紫外线和 X 射线照射能够发生光电效应。故 A、D 选项正确。

2. 答案:D

解析:半衰期只有统计意义,对少量原子核不成立,故 A 选项错误;β 射线是电子流,γ 射线才是电磁波,故 B 选项错误;放射性元素发生 β 衰变时所释放的电子是原子核内的中子转化为质子时产生的,故 C 选项错误;$^{238}_{92}$U 衰变成 $^{206}_{82}$Pb,质量数减少了 32,即发生了 $\dfrac{32}{4} = 8$ 次 α 衰变,这 8 次 α 衰变使核电荷数减少 16 个,而实际上核电荷数只减少 10 个,因此发生了 $16 - 10 = 6$ 次 β 衰变,故只有 D 选项正确。

3. 答案:C

解析:光既有波动性又有粒子性,大量光子运动的规律表现出光的波动性,而单个或少量光子的运动表现出光的粒子性,且光的波长越长、波动性越明显;而频率越高,粒子性越明显。运动的微观粒子与光子一样,都具有波动性,是一种概率波,故 A、B 选项是正确的;而宏观物体对应的德布罗意波波长很小,很难观察到其波动性的一面,并不是没有波粒二象性,故 C 选项错误;波动性和粒子性在宏观现象中是矛盾的、对立的,但在微观高速运动的现象中是统一的,故 D

选项正确。因此,符合题意的只有选项 C。

4. 答案:A

解析:核反应方程 $_1^1H + _6^{12}C \rightarrow _7^{13}N + Q_1$ 的质量亏损为 $\Delta m_1 = 1.0078u + 12.0000u - 13.0057u = 0.0021u$,而根据电荷数守恒和质量数守恒可知,核反应 $_1^1H + _7^{15}N \rightarrow _6^{12}C + X + Q_2$ 中的 X 为 $_2^4He$,故质量亏损为 $\Delta m_2 = 1.0078u + 15.0001u - 12.0000u - 4.0026u = 0.0053u$,根据爱因斯坦质能方程知:$Q = \Delta mc^2 \propto \Delta m$,故 $Q_2 > Q_1$。因此,只有选项 A 正确。

5. 答案:B、C

解析:^{12}C、^{13}C、^{14}C 具有相同的质子数,由于质量数不同,所以中子数不相同,故 A 选项错误;因古木样品中 ^{14}C 正好是现代植物的一半,可见已经经历了一个半衰期,即古木的年代距今大约 5700 年,故 B 选项正确;因 ^{14}C 与 ^{14}N 相比,质量数相同但质子数少了 1 个,由核反应电荷数守恒可知是发生了 β 衰变,故 C 选项正确;又因半衰期与温度及压强等外界环境因素无关,故 D 选项错误。因此,B、C 选项正确。

6. 答案:(1) 2.25×10^{-18} W。(2) 只有铯 1 种。

解析:(1) 单个绿光光子的能量是:

$$E_0 = h\frac{c}{\lambda} = \frac{6.63 \times 10^{-34} \times 3.0 \times 10^8}{530 \times 10^{-9}} \approx 3.75 \times 10^{-19}J$$

由题意知,人的眼睛最少要每秒获得 6 个绿光的光子才能察觉到光,故:

$$P = \frac{6E_0}{t} = \frac{6 \times 3.75 \times 10^{-19}}{1} \approx 2.25 \times 10^{-18}W$$

(2) 根据发生光电效应的条件知,只有当光子的能量大于金属的逸出功时,才能发生光电效应,而 E_0 只比铯的逸出功大,故只有一种金属铯能够发生光电效应。

7. 答案:(1) 1.03×10^{-7}m。(2) 3.28×10^{15}Hz。(3) 3 种。

解析:(1) 根据跃迁条件公式:

$$h\nu = E_3 - E_1,\ 又\ h\nu = \frac{hc}{\lambda}$$

两式联立得:$\lambda = \frac{hc}{E_3 - E_2} = 1.03 \times 10^{-7}m$

(2) 要使基态的氢原子电离,至少有 $h\nu = |E_1|$

故:$\nu = \frac{|E_1|}{h} = \frac{13.6 \times 1.6 \times 10^{-19}}{6.63 \times 10^{-34}} = 3.28 \times 10^{15}Hz$

(3) 大量氢原子从 $n = 3$ 的激发态向低能态跃迁时,可释放出的光子有 $C_3^2 = 3$ 种。

8. 答案:(1) $_3^6Li + _0^1n \rightarrow _2^4He + _1^3H + 4.8$ MeV。(2) $\Delta m = 0.0052u$。(3) $E_{k\alpha} : E_{kH} =$

$\dfrac{3}{4}$。

解析:这是一道核反应与动量和能量相结合的问题。

(1)核反应方程为:

$${}_{3}^{6}\mathrm{Li} + {}_{0}^{1}\mathrm{n} \rightarrow {}_{2}^{4}\mathrm{He} + {}_{1}^{3}\mathrm{H} + 4.8\mathrm{MeV}$$

(2)由放出的能量 $\Delta E = \Delta mc^2$ 得:

$$\Delta m = \dfrac{\Delta E}{c^2} = \dfrac{4.8}{931.5}\mathrm{u} = 0.0052\mathrm{u}$$

(3)中子与锂核相碰发生核反应前后动量守恒,故有:

$m_\alpha v_\alpha + m_\mathrm{H} v_\mathrm{H} = 0$,即 $p_\alpha + p_\mathrm{H} = 0$

又因 $E_\mathrm{k} = \dfrac{p^2}{2m}$,故:$E_{\mathrm{k}\alpha} = \dfrac{p_\alpha{}^2}{2m_\alpha}$,$E_{\mathrm{kH}} = \dfrac{p_\mathrm{H}{}^2}{2m_\mathrm{H}}$

于是,$E_{\mathrm{k}\alpha} : E_{\mathrm{kH}} = \dfrac{m_\mathrm{H}}{m_\alpha} = \dfrac{3}{4}$